Werner Steinkellner / Eva-Maria Steinkellner

Krebstherapie in der Praxis

Meiner Mutter gewidmet,
für die alles, was ich als Arzt noch
dazulernen wollte,
zu spät kam.

Werner Steinkellner / Eva-Maria Steinkellner

Krebstherapie in der Praxis

Tumorbiologie, Labor, Immunbiologie, Ernährung, Psychotherapie, onkologische Datenbank

Hippokrates

Die Deutsche Bibliothek – CIP-Einheitsaufnahme

Steinkellner, Werner:
Krebstherapie in der Praxis : Tumorbiologie, Labor, Immunbiologie, Ernährung, Psychotherapie, onkologische Datenbank / Werner Steinkellner ; Eva-Maria Steinkellner. – Stuttgart : Hippokrates Verl., 1998
ISBN 3-7773-1273-8

Anschrift der Verfassers:

Dr. med. Werner Steinkellner
Eva-Maria Steinkellner
Onkologische Schwerpunktpraxis
A-4594 Grünburg 366

Wichtiger Hinweis

Wie jede Wissenschaft ist die Medizin ständigen Entwicklungen unterworfen. Forschung und klinische Erfahrung erweitern unsere Erkenntnisse, insbesondere was Behandlung und medikamentöse Therapie anbelangt. Soweit in diesem Werk eine Dosierung oder eine Applikation erwähnt wird, darf der Leser zwar darauf vertrauen, daß Autoren, Herausgeber und Verlag große Sorgfalt darauf verwandt haben, daß diese Angabe dem Wissensstand bei Fertigstellung des Werkes entspricht.
Für Angaben über Dosierungsanweisungen und Applikationsformen kann vom Verlag jedoch keine Gewähr übernommen werden. Jeder Benutzer ist angehalten, durch sorgfältige Prüfung der Beipackzettel der verwendeten Präparate und gegebenenfalls nach Konsultation eines Spezialisten festzustellen, ob die dort gegebene Empfehlung für Dosierung oder die Beachtung von Kontraindikationen gegenüber der Angabe in diesem Buch abweicht. Eine solche Prüfung ist besonders wichtig bei selten verwendeten Präparaten oder solchen, die neu auf den Markt gebracht worden sind. Jede Dosierung oder Applikation erfolgt auf eigene Gefahr des Benutzers. Autoren und Verlag appellieren an jeden Benutzer, ihm etwa auffallende Ungenauigkeiten dem Verlag mitzuteilen.
Geschützte Warennamen (Warenzeichen) werden nicht besonders kenntlich gemacht. Aus dem Fehlen eines solchen Hinweises kann also nicht geschlossen werden, daß es sich um einen freien Warennamen handele.

ISBN 3-7773-1273-8

Printed in Germany 1998
Satz: Fotosatz Sauter GmbH, Donzdorf
Druck: Druckerei Schäuble, 70195 Stuttgart

An die Anwender ...

Das vorliegende Buch ist als Hilfe sowohl für Ärzte als auch für Patienten gedacht und konzipiert.

Beiden, Behandlern wie Behandelten, soll ans Herz gelegt sein, daß Immuntherapien nicht eine individuelle »Spielerei« darstellen, sondern auch den Richtlinien der Vergleichbarkeit und Reproduzierbarkeit unterstellt werden müssen.

Die Entwicklung zahlloser biologischer Präparationen hat zu entsprechend vielen »Kombinationen« geführt, was all diese – zunächst gut gemeinten – Therapiansätze nicht mehr abschätzbar machte.

Die Entwicklung von standardisierten Konzepten ist daher eine unumgängliche Notwendigkeit, auch wenn diese eine scheinbare Einschränkung darstellen.

Es wird natürlich nicht bestritten, daß einzelne Therapiemodalitäten außerhalb dieser Standards noch gewisse subjektive Verbesserungen bewirken können. Ein Buch wie dieses hat jedoch die Aufgabe, durch eine möglichst standardisierte Basistherapie eine sichere und abschätzbare Konzeption im onkologischen Spektrum festzuschreiben.

Prognose =

tumorreduzierende (meist klinische) Ersttherapie

plus immunbiologische Basistherapie

Für den Arzt ...

Der engagierte Kollege wird seinem Patienten dort zu helfen versuchen, wo die »übliche« Hilfe des »Medizinsystems« nicht (mehr) ausreicht.

Auch für ihn kann es zunächst ein regelrechter Dschungel sein, die Spreu vom Weizen zu trennen; dies erfordert viel Arbeit und ein nie erlahmendes Interesse am Thema.

Trotz aller Hilfe, die er ab einer gewissen Kenntnis seinen Patienten angedeihen lassen kann, werden Enttäuschungen nicht ausbleiben, bis er lernt, daß auch oft nur ein paar Prozente an Benefit einen Gewinn für Leib und Seele seiner Kranken darstellen können.

Für den Patienten ...

Das **Nicht**-Fallenlassen in das immerhin durch brave Beitragszahlungen »gekaufte« Versicherungssystem (»ich bin dort mit meiner Diagnose gut aufgehoben«) zieht oftmals eine wilde Odyssee durch den gesamten »Biomarkt« nach sich.

Was immer dann »wirkt« oder »nicht wirkt«, der, das oder jenes ist schuld. Die Abfolge von Ausprobiertem verstellt jedoch mit Sicherheit den Blick auf Sein und Schein.

Ein »**Merke**« für den Betroffenen:
Erst nach der Planung und nach dem Beginn immunbiologischer Standardmaßnahmen kann und darf es – auch – noch individuelle Therapiezusätze geben.

Inhaltsverzeichnis

Kapitel V

Inhaltsübersicht zum schnellen Zugriff

Anhang

Kapitel I

1. Immun- und molekularbiologische Aspekte der Tumorentstehung
2. Stoffwechselaberrationen maligner Tumoren
3. Freie-Radikale-Biopathologie
4. Tumorentwicklung nach Zeit und Größe
5. Prävention maligner Erkrankungen
   Basisprogramm KREBSPRÄVENTION

»Ein alter Irrtum hat mehr Freunde als eine neue Weisheit«

(aus: »Weisheit der Völker«)

Kapitel I
Molekularbiologische Grundlagen einer Tumorerkrankung

1. Immun- und molekularbiologische Aspekte der Tumorentstehung

Es ist heute gesichertes Wissen, daß entartete Zellen in jedem Menschen (jedem zellulären Gemeinwesen) zu jeder Zeit vorhanden sind und daß es eine ständige Auseinandersetzung (Kampf) zwischen Immunsystem und Fremdlingen jedweder Art (Viren, Bakterien, Parasiten) und Tumorzellen gibt.

Die Entwicklung eines faßbaren Tumors muß demgemäß bedeuten, daß es zu einem beträchtlichen Ungleichgewicht zwischen Abwehrkräften und malignen Zellansammlungen gekommen ist.

Eine erste Zellentartung ist somit noch keine elementare Katastrophe, solange die Immunüberwachung (»Immun- surveillance«) ein »normales« Tumorzell-Quantum garantieren kann.

Daher ist es sinnvoll und wichtig, diejenigen Entartungsstufen nachzuvollziehen, die für einen späteren therapeutischen Zugang bedeutsam sind. Es ist indes nicht Aufgabe dieser Publikation, in diffizile molekularbiologische oder genetische Details vorzudringen, die sich unseren therapeutischen Möglichkeiten - noch - entziehen. Das Maß der Praktikabilität eines therapeutischen Konzepts für die Praxis steht im Vordergrund.

Nur soviel:

Die Funktion eines jeden Gewebes ist abhängig von der jeweiligen Zellzahl und deren Aufbau. Die Aufrechterhaltung einer konstanten Zellzahl erfordert eine ausgewogene zelluläre Geburten- und Sterberate: Nullwachstum durch strikte Geburtenregelung. Diese Balance wird genetisch durch Protoonkogene und Suppressorgene gesteuert.

Biologische Regulationen laufen stets unter doppelter Kontrolle ab:

- Einer Aktivierung steht immer eine Hemmung entgegen.

- Einem durch Protoonkogene kontrollierten aktivierten Signalübertragungsmechanismus steht ein über Suppressorgene gesteuerter hemmender Kommunikationsweg gegenüber.

Tumorentstehung

- ➜ Entartete Zellen sind in jedem zellulären Gemeinwesen vorhanden.
- ➜ Der ständige Kampf des Immunsystems gegen Viren, Bakterien, Parasiten UND Tumorzellen ist obligatorisch.
- ➜ **Der sichtbare Tumor ist eine Störung des Gleichgewichts zwischen IMMUNSYSTEM und TUMORZELLEN.**

Biologische Doppelkontrolle
»Zweizügel-Kontrolle«

Wachstumsfaktoren	Wachstumshemmung
Reifung	Alterung
Protoonkogene	Suppressorgene
Transkriptionsfaktoren	Hemmfaktoren (Silencer)
Proteinsynthese	Proteinabbau

Autokrine Dysregulation

Protoonkogene werden aktivierte ONKOGENE durch	SUPPRESSORGENE werden defekt durch
➔ Mutation • Viren • Strahlen • Radikale • Chemische Verbindungen	➔ Inaktivierung ➔ Verlust (Deletion)
➔ Verschleppung auf falsche Chromosomen (Translation)	

➔ Defekte Scavanger-Enzyme und
➔ Defekte Repair-Enzyme durch „Freie Radikale“

Es führt somit eine Reihe von Störungen zur genetisch programierten Zellentartung: »Freie Radikale«, Punktmutationen, genetische »Disposition« bzw. Aberrationen (z.B. Translokation, Amplifikation, Deletion) und andere Gründe mehr. Allen ist gemeinsam, daß das (über-)geordnete Zellprogramm durcheinandergeraten ist. Folglich sind geregelte Abläufe nicht mehr möglich.

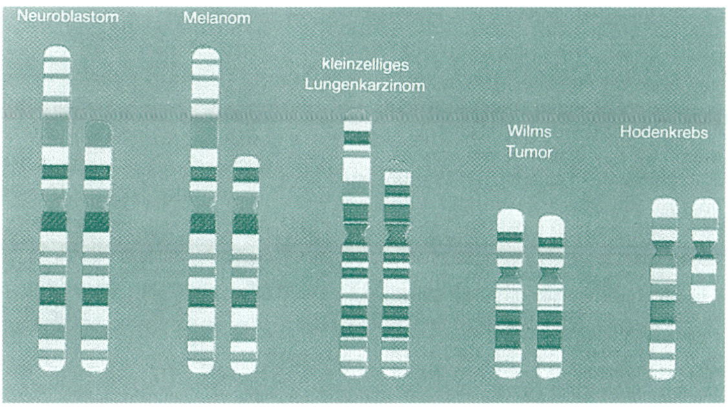

Bei einigen Krebsarten kann bei jeweils einem bestimmten Chromosom ein Stückverlust mikroskopisch nachgewiesen werden. Beim Neuroblastom fehlt beispielsweise ein Stück des Chromosoms 1, während beim Wilms-Tumor das Chromosom II unvollständig ist.

Der Frankfurter Chirurg Ludwig Rehn zeigte 1895, daß Blasenkrebs bei Anilinarbeitern durch chemische Stoffe am Arbeitsplatz verursacht wurde.

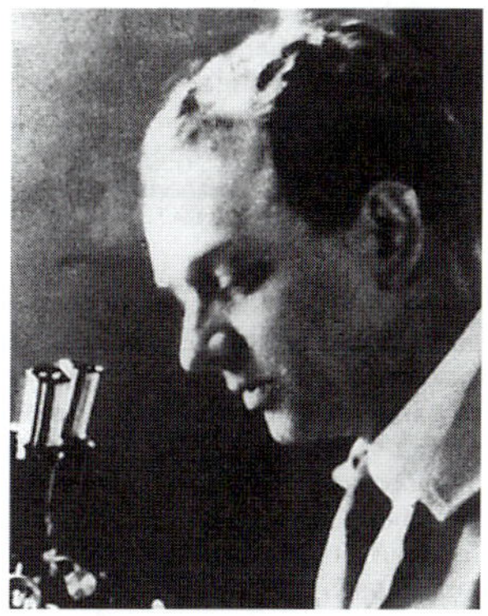

Der Amerikaner Peyton Rous vermutete bereits 1922 eine Beteiligung von Viren bei der Krebsentstehung.

Veränderung des Genoms

Amplifikation
Deletion
Translation
Mutation
Virusinfektion

Nun ist es nicht so, daß die Zelle selbst ihre innere Unordnung akzeptiert. Es gibt jede Menge von Reparatureinrichtungen (Repair-Enzyme), die Abweichungen von Normstrukturen wieder in Ordnung bringen. Jedoch können Schwächen gerade dieser Repair-Systeme dazu führen, daß die übliche Selbsthilfe versagt. Störungen und/oder Zerstörungen ganz bestimmter Abschnitte des genetischen Bauplanes können das Wissen der Zelle um ihre Einordnung löschen.

Die nächsten Kontrollorgane sind die Zellen der Umgebung, die ihrerseits versuchen, die offensichtlich irritierte Zelle in ihrer Mitte zur Räson zu bringen. Auch in dieser Situation sind es zunächst Hilfestellungen im Sinne von Reparaturversuchen, dann folgen erste Signale an übergeordnete Systeme. Zellen, die nicht reparabel sind, müssen, um größeren Schaden für das Gemeinwesen zu vermeiden, eliminiert werden. Bei Versagen der »Nachbarschaftshilfe« ist daher eine gezielte immunologische Attacke erforderlich.

Nunmehr ist die zur Tumorzelle transformierte Zelle aber ihrerseits bereits auf den Verteidigungsfall eingerichtet. Da sie zunächst als einzelne Zelle die unterlegene ist und einer konzertierten Aktion des Immunsystems wohl kaum standhalten könnte, bedient sie sich einiger Listen, deren erste auch eine ganz logische ist: Sie versucht sich zu verbergen – beschrieben als Escape-Phänomen.

Verschiedene Escape-Phänomene werden ventiliert, so z.B.:

➜ »Einziehen« entsprechender Rezeptoren, um den herannahenden immunkompetenten Zellen die Kontaktaufnahme zu erschweren. Das biologische »Sehen« ist ein »handshaking«, also ein Zell-Zell-Kontakt, der für alle Beteiligten eine Orientierung ermöglicht bzw. der den Zellen das Wissen vermittelt, wo sie sind und mit wem sie es jeweils zu tun haben. Eine ausgestreckte »Hand« (Rezeptor), die niemand »ergreift«, tastet sozusagen blind durch den Raum. Eine immunkompetente Zelle, die auf diese Weise einer Tumorzelle die Hand eben **nicht** schütteln kann, übersieht sie daher, muß sie geradezu übersehen.

➜ Eine andere Möglichkeit für die Tumorzelle, sich dem »Gespür« von patroullierenden Immunzellen zu entziehen ist, sich ein »Mäntelchen« umzuhängen. Dies kann sie in Form von Mukopolysaccharidverbindungen tun, die ihre Rezeptoren bedecken und somit wiederum das »handshaking« unmöglich machen.

Oft genug (soll sein: ausreichend oft genug) aber funktioniert diese Tumorzellerkennung. Dies führt zur Auslösung der gesamten Immunkaskade, die letztendlich in der erfolgreichen Vernichtung dieser »erkannten« Zelle gipfelt.

Es ist sicher kaum in Zahlen auszudrücken, wie oft ein derartiger erfolgreicher »Verteidigungsfall« eintritt - jedenfalls muß eine beinahe 100%ige Quote angenommen werden, da ansonsten das Überleben unserer Spezies nicht gewährleistet wäre. Aber eben diese - biologisch gesehen geradezu lächerliche - minimale Quote der »Versager« führt zu diesem meist einmaligen Erlebnis der Entgleisung aus dem **Gleichgewicht zwischen Immunsystem und Tumorzellen.**

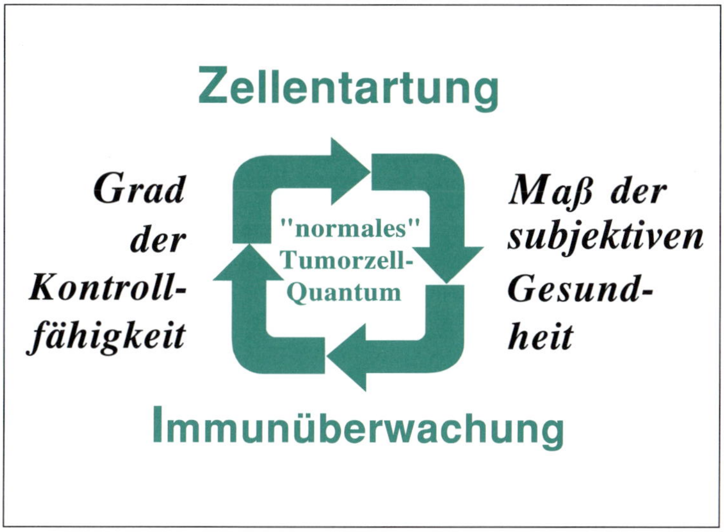

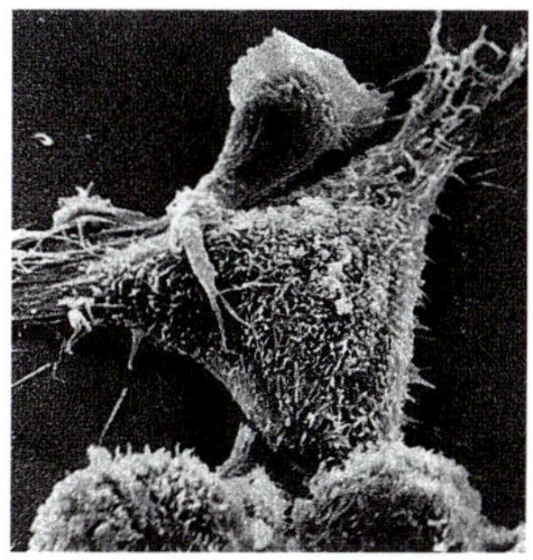

Ein stimulierter Lymphozyt (oben) tastet mit einem Ausläufer, dem Uropoden, eine noch intakte Krebszelle ab. Damit wird die Zerstörung eingeleitet (aus: Krebsforschung heute, Bericht aus dem Deutschen Krebsforschungszentrum 1992).

Zunächst sehr stabile, später labile Gleichgewichtszustände können somit im Verlauf unseres Lebens dazu führen, daß durch den **Verlust der Kontrollfähigkeit das notwendige Maß ausreichender subjektiver Gesundheit** nicht mehr garantiert werden kann. Erst diese Situation fixiert den Startpunkt für eine nicht mehr zu kompensierende maligne Entwicklung.

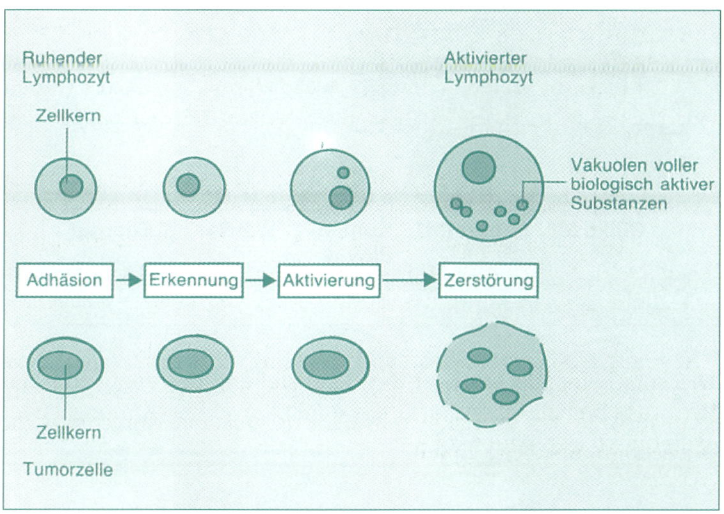

Der erste Schritt zur Zerstörung einer Tumorzelle ist das Aneinanderhaften (Adhäsion). Dann folgt das Erkennen durch die Immunzelle und anschließend ihre Aktivierung.

Otto Heinrich Warburg
(geb. am 8. 10. 1883 in Freiburg im Breisgau, gest. am 1.8.1970 in Berlin).
Wichtigste Arbeiten:
- Über den Stoffwechsel in Tumoren (1926)
- Über die katalytischen Wirkungen der lebendigen Substanz (1928)
- Ideen zur Fermentchemie der Tumoren (1947)

1931 Nobelpreis für Medizin

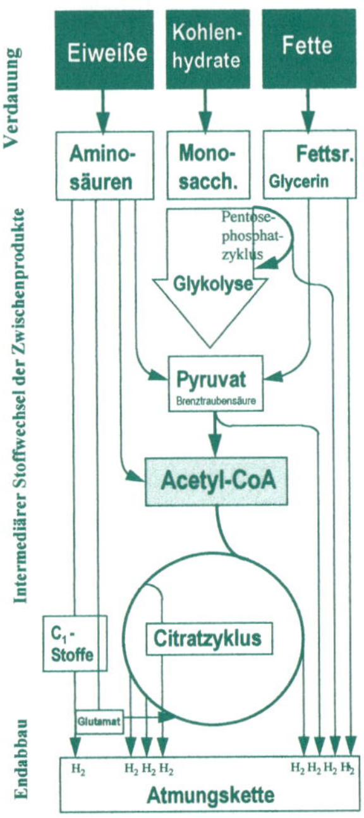

Gemeinsame Stoffwechselwege der Nahrungsbestandteile Eiweiße, Kohlenhydrate und Fette.

2. Stoffwechselaberrationen maligner Tumoren (Gärung, Peroxidation)

Schon in den Jahren 1923 bis 1926 machte der spätere Nobelpreisträger Prof. Otto Warburg die Entdeckung, daß Krebszellen nicht »atmen«, sondern »gären«. Er fand heraus, daß ausdifferenzierte Zellen und Tumorzellen zwar keinen Unterschied hinsichtlich ihres Sauerstoffverbrauchs zeigen, daß jedoch Glukose als Energieträger in Gegenwart von Sauerstoff unterschiedlich verwertet wird.

Rufen wir uns kurz die biochemischen Vorgänge beim Abbau der Nahrungsbestandteile - Eiweiße, Kohlenhydrate und Fette - ins Gedächtnis. Verdauung, die intermediäre Verstoffwechselung der Zwischenprodukte und der Endabbau in der Atmungskette dienen der Energiegewinnung insofern, als sie die nötigen Wasserstoffionen zur Verfügung stellen.

Zunächst zur physiologischen Bedeutung der Glykolyse (Embden-Mayerhof-Weg):
Ihr biologischer Nutzeffekt unter aeroben Bedingungen liegt im Gewinn von 38 Mol ATP aus einem Mol Glukose. Unter anaeroben Bedingungen ist die »Ausbeute« jedoch nur 2 Mol ATP und 2 Mol Laktat.

anaerob

$C_6H_{12}O_6$	→	$2\ C_3H_6O_3$	+	2 ATP
Glukose		**Laktat**		**Energie**

aerob

$C_6H_{12}O_6$	+	$6\ O_2$	→	$6\ CO_2$	+	$6\ H_2O$	+	38 ATP
Glukose		**Sauerstoff**		**Kohlendioxid**		**Wasser**		**Energie**

Die entscheidende Stufe ist die Bereitstellung des energiereichen Pyruvats (Brenztraubensäure), das durch die aerobe Atmung weiter exergonisch abgebaut wird.

Durch die oxidative Decarboxylierung und die Verbindung mit dem Coenzym A ensteht energiereiches Acetyl-Coenzym A (»aktivierte Essigsäure«), das als Schlüsselsubstanz beim Endabbau des C-Gerüsts im Citratzyklus dient.

0
||
CH_3 - C - CoA

Acetyl-Coenzym A
(»aktivierte Essigsäure«)

Der Citratzyklus stellt die gemeinsame Endstrecke für den Stoffwechsel aller Gruppen von Nahrungsstoffen dar. Seine Aufgabe ist es, durch Dehydrierung und Decarboxylierung jene Wasserstoffionen bereitzustellen, die zur entscheidenden energieliefernden Reaktion unseres Organismus notwendig sind: zur **Wasserbildung aus molekularem Sauerstoff und Wasserstoff**.

Diese Vereinigung erfolgt in mehreren miteinander gekoppelten Schritten in der Atmungskette, die wandständig an der inneren Mitochondrienmembran lokalisiert ist.

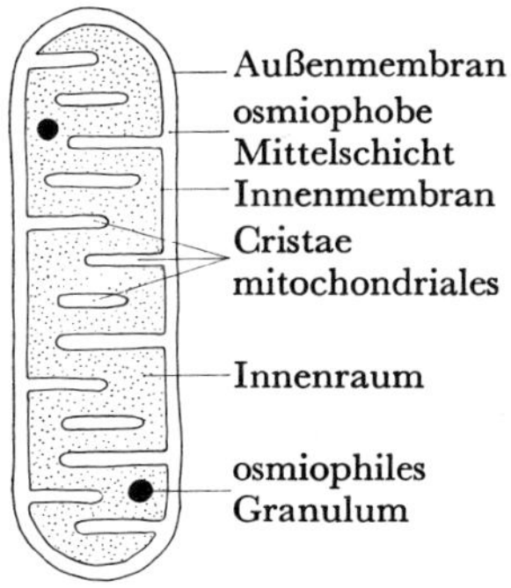

Aufbau eines Mitochondriums.

Die Vereinigung von Wasser- und Sauerstoff ist uns aus der Chemie als »Knallgasreaktion« wohl bekannt. Da unser Organismus mit Wärme alleine wenig anfangen könnte, sondern auf die Bereitstellung ubiquitärer chemischer Energie angewiesen ist, muß die Spannungsdifferenz zwischen beiden Elementen in Form von speicherbarer Energie (ATP) langsam angeglichen werden.

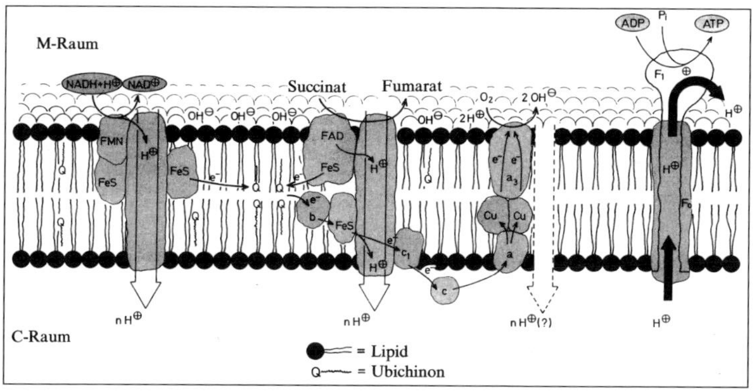

Enzymtopologie der inneren Mitochondrienmembran (schematisch). Die Enzymkomplexe sind grau unterlegt. Von links nach rechts:
Komplex I: NADH-Dehydrogenase
Komplex II: Ubichinon (Q), Succinat-Dehydrogenase
Komplex III
Komplex IV: Cytochrom-Oxidase
Komplex V: ATP-Synthase mit Kopplungsfaktor F
(aus: Karlson, 1980)

Für den Karzinomstoffwechsel interessiert zunächst der gestörte Kohlenhydratabbau.

Trotz der Gegenwart von Sauerstoff (also bei durchaus aeroben Verhältnissen) wird das in der Glykolyse entstehende Pyruvat zu Laktat umgesetzt, obwohl dabei lediglich 2 Mol ATP gewonnen werden können.

Warum wird dieser doch eher energieverschwendende Weg des glykolytischen Abbaues beschritten?

Die Forschungsarbeiten besonders aus der Universität Gießen haben weitere Klärung gebracht:

COOH 2 H COOH
| |
C=O ⟶ H – C – OH
| |
CH CH

Pyruvat **Laktat**

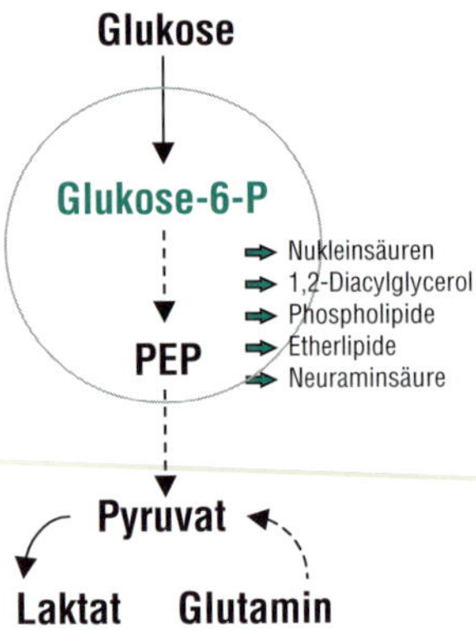

Durch die Abweichung von »üblichen« Enzymaktivitäten kommt es zu einer Anhäufung von Phosphatmetaboliten, die die Tumorzelle als Zellbausteine einsetzt (aus: Eigenbrot et al, 1992).

Tumorzellen beziehen ihre Energie überwiegend aus einem anderen Weg: In erster Linie ist es die Umsetzung der Aminosäure Glutamin zu Laktat, die der Energiegewinnung dient. Die anfallenden Bausteine aus der gesteigerten Glykolyse dienen indes einem ganz anderen Zweck: Sie stellen Ausgangssubstanzen bereit, die das notwendige Kohlenstoffskelett für viele wichtige Synthesereaktionen liefern.

Letztlich ist die Tumorzelle auch einem Sauerstoffmangel nicht hilflos ausgeliefert - ganz im Gegenteil hat sie einen zusätzlichen Überlebensmechanismus (Narbentumoren).

Nach Warburgs Meinung war dieser Gärungsstoffwechsel die Ursache der »Verkrebsung« von Zellen. Aus heutiger Sicht ist diese Stoffwechselbesonderheit eine parallele Entwicklung in der Malignisierungsphase und eine Anpassung an die Notwendigkeiten und Überlebensprinzipien der Tumorzelle für Migration und Metastasierung.

Nun liegen in Tumorzellen verschiedene Schlüsselenzyme der Glykolyse, wie z.B. die Hexokinase, in einer hyperaktiven Form vor, was zu einer Anhäufung von für Tumorzellen wichtigen Phosphometaboliten führt. Andere Enzyme wie die Pyruvatkinase zeigen ein abnormes Verhalten durch strukturelle Besonderheiten.

Normalerweise kommt es am Pyruvat mittels eines Multi-Enzym-Komplexes zu einem »Ausgleich« zwischen »Angebot und Nachfrage« im Sinne eines Umschaltmechanismus, der je nach Stoffwechsellage in den Weg der **Atmung** oder der **Gärung** mündet.

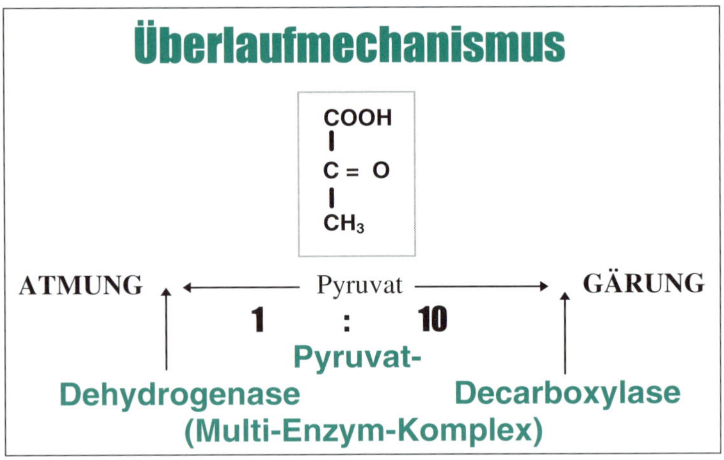

»Umschaltmechanismus« zwischen Atmung und Gärung. Die oxidative Decarboxylierung von Pyruvat zu Acetyl-CoA wird durch einen Multi-Enzym-Komplex aus drei verschiedenen Enzymen katalysiert: Thiaminpyrophosphat (TPP), Liponamid und Flavin-Adenin-Dinukleotid (FAD).

In Tumorzellen liegt eine Isoform des Enzyms vor in Form der M2-Pyruvatkinase. Die inaktive Form führt ebenfalls zur Anhäufung von Phosphometaboliten, die wiederum für die Synthese von Zellbausteinen genützt werden.

Ein gesteigertes Glukoseangebot über die Nahrung aktiviert aber das Enzym, und es entsteht wieder vermehrt Laktat.

Die Tumor-M2-Pyruvatkinase läßt sich in Tumoren mittels monoklonaler Antikörper nachweisen. Dabei korreliert die Malignität eines Tumors mit dem Gehalt an dem erwähnten Enzym.

Andere Systeme der »normalen« Energiegewinnung sind an der abnormen Stoffwechselsituation durchaus mitbeteiligt. Störungen im Bereich des Citratzyklus und der Atmungskette fördern die Tendenz der Tumorzelle, den Weg der Gärung zu beschreiten.

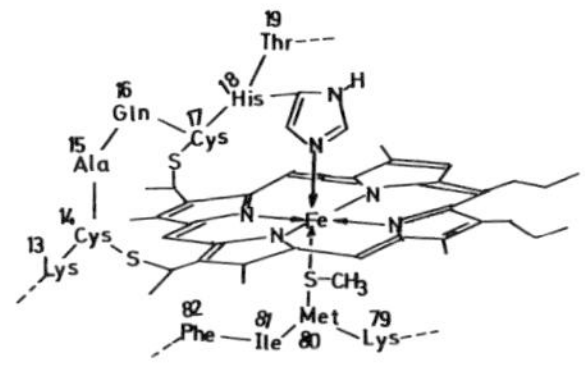

Cytochrom c

In jedem System stellt das Energiebereitstellungssystem ein besonders heikles, verwundbares Gebilde dar. Störungen durch Umwelteinflüsse, aber auch endogener Natur, können leicht zu irreparablen Schäden führen.

So ist es nicht verwunderlich, daß gerade die empfindlichsten Teile der Atmungskette, die entwicklungsgeschichtlich jüngsten Teile des Cytochromkomplexes, ganz besonders störanfällig sind.

Die Atmungskette dient der Vereinigung von Wasserstoff und Sauerstoff zum Zwecke der Energiegewinnung (Endausbeute). Dies erfolgt über das Redox-System, über welches die Protonen kaskadenartig wie über einen Wasserfall herabgleiten.

Dieses hydrodynamische Bild ist nützlich zum Verständnis des Elektronenflusses. In lebenden Zellen strömen Elektronen nicht wie Flüsse, sondern »fallen« über eine Serie von abrupten, unterschiedlich hohen Stufen hinab. Der Höhendifferenz der Wasserreservoirs entspricht bei den Elektronenreservoirs das Oxidations-Reduktions-Potential der jeweiligen Redoxpaare. Aus der Höhendifferenz zweier Bassins lassen sich Fließrichtung und maximale Arbeitsleistung errechnen (aus: Christian de Duve, 1984).

Protonenstau

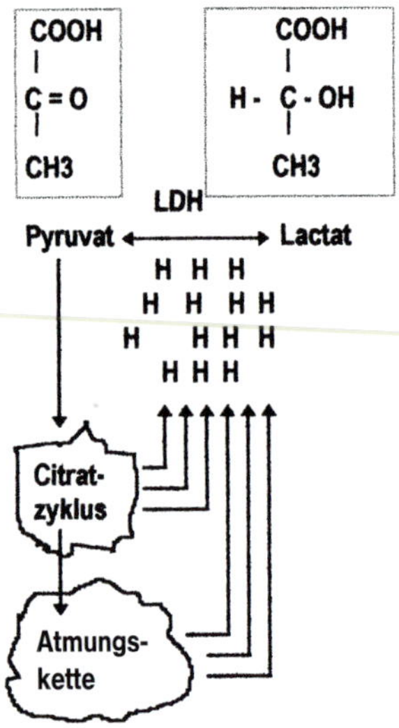

Protonenstau infolge von Schädigungen des Citratzyklus und der Atmungskette:
- Toxische Einflüsse
- Strahlenschäden
- »Freie Radikale«
- Viren
- Genetische Störungen

u.a.

Vermehrtes Glukoseangebot über die Nahrung beeinflußt das Wachstum des Tumors

Über den Cytochromkomplex werden zuletzt nur noch die Elektronen weitergereicht, die paarweise auf ein O_2-Molekül übertragen werden müssen. Ist das System aber gestört, gleiten Elektronen nurmehr einzeln weiter, so daß am Ende der Atmungskette nicht H_2O ensteht, sondern die radikale Verbindung H_2O_2 - also Wasserstoffperoxid.

Die auf diese Weise entartende Zelle steht unter einer beträchtlichen Überflutung mit »hausgemachten« Freien Radikalen (Autooxidation). Sind die installierten Radikalfänger-Enzyme defekt oder ungenügend funktionstüchtig, sind weitere Schäden - z.B. am Genom - nicht mehr aufzuhalten.

Der gleichzeitig damit verbundene Protonenstau führt zu einer Wasserstoffanschoppung, und diese kommt der Tumorzelle gerade recht.

Der Wasserstoff-»Überdruck« tut das seinige durch seine stark reduzierende Wirkung: Er erleichtert den Übergang von Brenztraubensäure zur reduzierten Milchsäure wesentlich. Womit sich der Kreis zur Gärung und der damit verbundenen vermehrten Bereitstellung von Phosphometaboliten für eine gesteigerte Syntheserate schließt.

So erklären sich letztlich auch die Glukoseabhängigkeit von Tumorzellen sowie der auszehrenden Charakter des malignen Stoffwechsels.

Bösartige Zellen brauchen bis zu 20mal mehr Zucker (Glukose, Fruktose) als eine Normalzelle, um ihren gesteigerten Energieverbrauch decken zu können.

3. »Freie-Radikale«-Biopathologie

Die biochemische Grundlagenforschung der letzten zwei bis drei Jahrzehnte gewährt einen umfangreichen Einblick in die elementaren Schutz- und Reparaturmechanismen. Zentrale Bedeutung für Verständnis und Klärung kausaler Zusammenhänge erlangten die »Freien Radikale« – aggressive chemische Moleküle bzw. Atome und Strahlenpartikelchen, denen in ihrer Reaktionsbereitschaft ein anregendes, aber auch zerstörerisches Potential innewohnt.

Die zweite Hälfte des 20. Jahrhunderts brachte dem Planeten Erde eine noch nie dagewesene Hyperradikalie, die in ihrer Bedeutung und Gefährlichkeit weit unterschätzt wird. Dementsprechend ungenügend sind wirkungsvolle Gegenmaßnahmen.

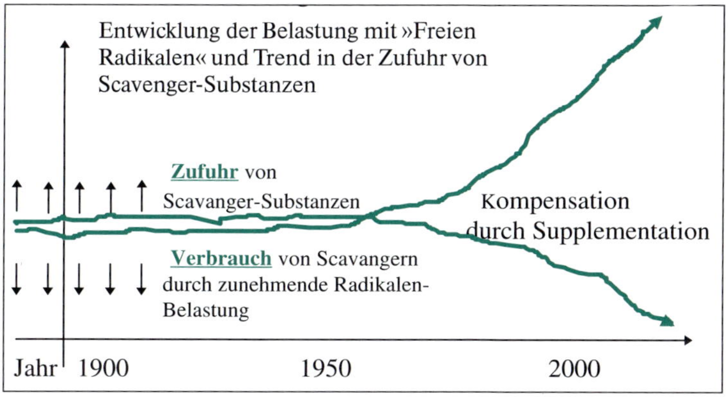

Entwicklung der Dysbalance des Scavanger-Enzym-Systems.

Das biologische Instrumentarium des Organismus bietet indes die Chance, dieser Hyperradikalie erfolgreich zu begegnen, wie dies ja auch im Verlaufe der Evolution ein ständiges Überlebensprinzip gewesen sein mußte.

Die Entwicklung von Scavanger-Systemen ist in der Evolution eng mit der Adaptierung des Lebens an neue Entwicklungsschritte in einer neuen Umweltsituation geknüpft. Besonders der Schritt der »Landnahme« entriß das sich weiterentwickelnde Leben dem schützenden Medium Wasser, das somit einer wesentlich feindlicheren Umwelt ausgesetzt war. Die Erhaltung von Leben war in dieser

Hyperradikalie

Ursachen

Belastung durch:

Radioaktivität
seit Jahrmillionen höchste Dosis

UV-Einstrahlung
Abnahme der Ozonschicht, FCKW…

Emission
Industrie, Autos, Hausbrand…

Chemikalien
Nahrung, Medikamente, Reinigungsmittel u.a.

Div. Behandlungsmethoden (radioaktiver Abfall, Radiatio)

Verarmung unserer Nahrung
Hochgradige Denaturierung

(»Mangel im Überfluß«)

Ursuppe mit ersten organischen Verbindungen, möglicherweise katalytisch aktive Ribonukleinsäuren.

Fünf Sechstel seiner Zeit blieb das Leben auf Einzeller beschränkt.

Artenexplosion im Kambrium.

Entwicklung des antioxidativen Systems

vor
4,2 – 3,5 Mrd. Jahren
kein elementarer Sauerstoff

Ursuppe
Erste organische Materialien

vor ca.
2,3 Mrd. Jahren

erster freier Sauerstoff

Urglykolyse
Urcyanobakterien
Erste phototrope Formen
(anaerobe Photosynthese)

erste Scavanger-Enzyme entstehen

vor ca.
1,5 Mrd. Jahren

Sauerstoff wird mehr und mehr, was zwingend zum Entstehen von **»Freien Radikalen«** führt:
OH°, H_2O_2

Aus Prokaryonten (Einzeller **ohne** Zellkern) entwickeln sich durch Einwachsen von Plastiden und später Mitochondrien die ersten
Eukaryonten
(Einzeller **mit** Zellkern) mit eigenem Zellstoffwechsel und einem genetischen System.
Die aerobe Photosynthese führt zu immer mehr Sauerstoff aus Wasserstoffspaltung

vor
1 Mrd. Jahren

Pasteur-Punkt

Sauerstoff-Konzentration beträgt **1%** von heute

Entwicklung der **Ozonschicht** durch »Aufprall« energiereicher Strahlungen auf oberste Sauerstoffschichten

Sauerstoff-Konzentration **10%** von heute

Ozonschicht ist dick genug für eine wirkungsvolle **UV-»Bremse« - »Landnahme« durch erste Organismen**

vor ca.
500 Mio. Jahren
(Beginn Kambrium)

»Kambrische Explosion«
(Artenvielfalt)

Phase daher nur über die Bereitstellung bzw. Perfektionierung besonderer (antioxidativer) Schutzsysteme möglich.

Damals wie heute war und ist der Organismus einer Unzahl belastender Einflüsse ausgesetzt, wie geologische und paläo- klimatische Forschungen sowie neueste biochemische Forschungen zeigen.

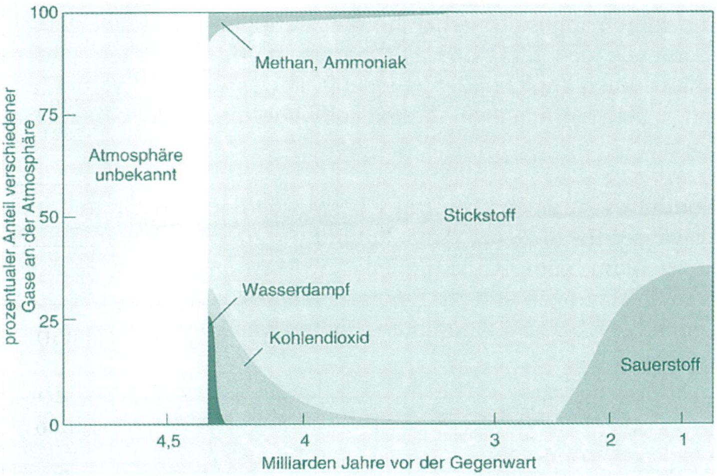

Die Zusammensetzung der heutigen Atmosphäre wurde wesentlich durch das entstehende und sich fortentwickelnde Leben beeinflußt. Enthielt die Uratmosphäre noch viel Wasserdampf und Kohlendioxid sowie Ammoniak, Methan und Stickstoff, nahm der Anteil an Sauerstoff nach dem Auftreten erster Organismen sukzessive in einem Ausmaß zu, wie er für das sich weiterentwickelnde Leben existentiell notwendig war. Kohlendioxid, Methan und Wasserdampf sind in der Atmosphäre heute nur noch in Spuren vorhanden (aus: Allegre et al., 1995).

Nach diesem Ausflug in die erdgeschichtliche Historie wenden wir uns nun wieder unseren heutigen »radikalen« Problemen zu, die ja in ihrem Ausmaß eher eine evolutionäre Kehrtwendung bedeuten. Die täglichen »Treffer«, die ein heute lebender Organismus einzustecken hat, sind beträchtlich und übersteigen bei weitem unser Vorstellungsvermögen.

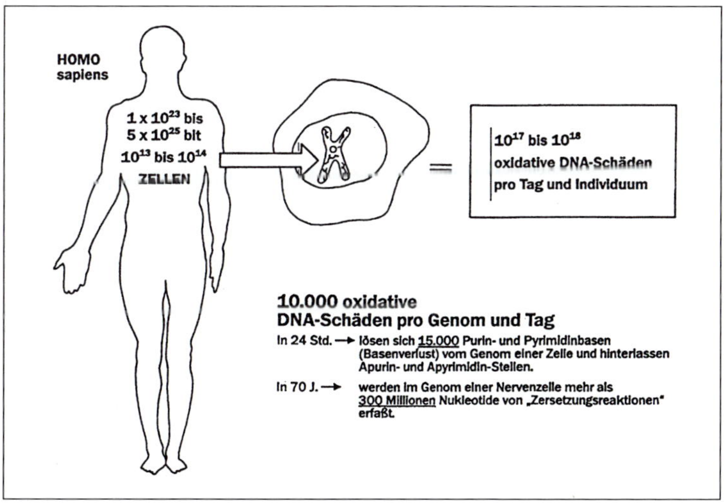

Quantitatives Ausmaß oxidativer Schäden am menschlichen Genom (aus: Ohlenschläger, 1991).

Um so klarer sollte aber gerade für den »Hausgebrauch« erkannt werden, was ein Organismus alles zu verkraften hat. Aus weiteren Grundkenntnissen soll letztendlich eine Strategie für sinnvolle Vor- und Nachsorgemaßnahmen erklärlich sein.

Zu Beginn soll eine vereinfachte Übersicht nach G. Ohlenschläger das breite Spektrum aufzeigen, in dem »Freie Radikale« ihr Unheil anrichten. Zahllose Ursachen führen zur Bildung von Radikalen: Störungen des Elektronentransportes in Mitochondrien und in Mikrosomen, molekularer Sauerstoff, Polyensäuren in Verbindung mit Übergangsmetallen, Fremdstoffentgiftung, Enzymreaktionen u.v.a.m.

Kommt es zu einer Krise mit Überwiegen der Radikale und/oder Scavanger-Insuffizienz, dann kommt es zu Mutationen, Translationsfehlern, zum »Cross-linking« an Makromolekülen, zu Membranschädigungen und zur Lipofuscinbildung – und in der Folge zu den in der Übersicht zusammengefaßten Krankheitsbildern.

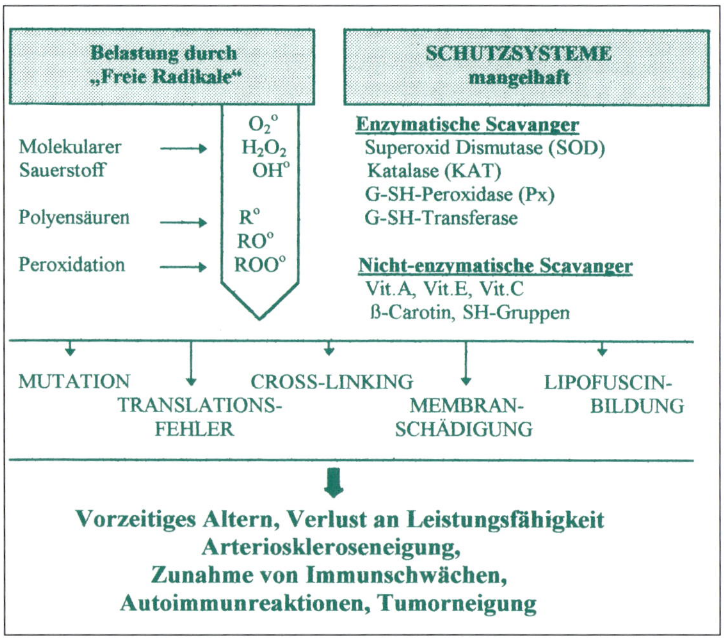

Mögliche molekularpathologische und klinische Konsequenzen einer Hyperradikalie, eines »oxidativen Stresses« und/oder einer Insuffizienz von enzymatischen und nichtenzymatischen Scavenger-Systemen (mod. nach: Ohlenschläger, 1992).

Als Beispiel für eine eingreifende radikalische Zerstörung sei die Lipidperoxidation herausgegriffen, weil daran gut die Wirkung von Radikalfängern studiert und verstanden werden kann.

Das Biradikal molekularer Sauerstoff löst sich im Lipidmilieu besser als in hydrophilen Kompartimenten und wird in allen Zell-, Zellorganell- und Mitochondrien-Membranen leicht zum Superoxid-Anion-Radikal ($O°_2$), Hydroxyl-, Peroxyl- oder Singulettsauerstoff metabolisiert und aktiviert.

Die mehrfach ungesättigten Fettsäuren aller biologischen Membranen sind oxidativen »Angriffen« gegenüber besonders empfindlich. Angriffspunkt sind die Alpha-Methylen-C-Atome der unkonjugierten Doppelbindungen, was zur Lipidperoxidation führt.

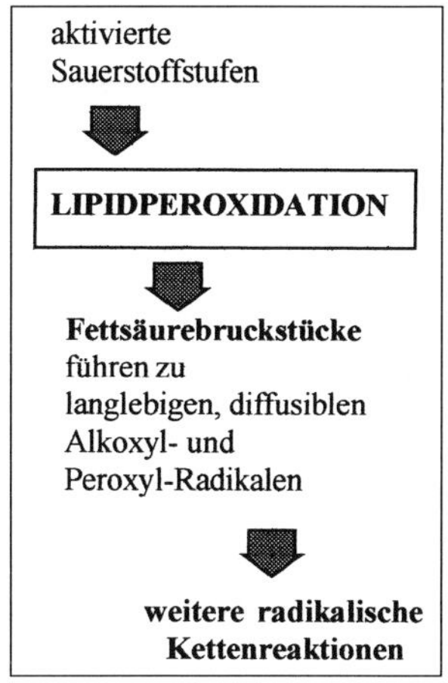

In einer Kettenreaktion laufen radikalische Reaktionen über mehr als hundert Kettenglieder, bis es zur Terminierung unter Bildung von Di- bzw. Polymeren über Sauerstoffbrückenbildung kommt.

Daraus resultieren aber Veränderungen, Dislokationen und Zerstörungen von Membranen, Membranenzymen und Membranrezeptoren. Darüber hinaus werden die Transportmechanismen zerstört, und letzendlich bedeutet dies das Todesurteil für die Zelle.

Ein anderes Beispiel wäre die Oxidation von Ammoniak, was zur Bildung einer Hydroxylamin-Verbindung führt. Auch diese ist Ausdruck einer peroxidatischen Stoffwechsellage. Der Hydroxylamin-Test nach Neunhoeffer, modifiziert nach Klemke, ist und war eine Möglichkeit, peroxidatische Reaktionen zur (Früh-)Diagnose maligner Erkrankungen heranzuziehen. Die aufwendige Laborarbeit hat diesen Test aber nie in die Routine eingehen lassen.

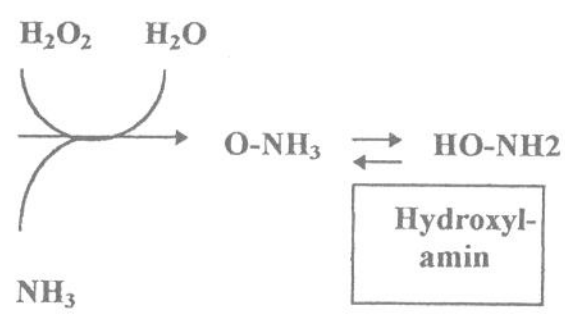

Vermehrter Zelltod in einem Zellverband bedeutet Degeneration, gleichzusetzen mit Qualitäts- und Funktionsverlust, Beschwernis und Altern.

Es sollte daher in unserer heutigen Zeit eine gesundheitspolitische Aufgabe ersten Ranges sein, der Stärkung des Radikalfängersystems oberste Priorität einzuräumen. Vielfältige schädigende (auch mutagene) Einflüsse von »freien Radikalen« auf den Kohlenhydrat-, Fett- und Proteinstoffwechsel können ansonsten nicht mehr ausreichend abgefangen werden.

»Freie Radikale« verursachen aber ebenso Defekte an den Reparatur-Systemen, die maßgebend dafür sorgen müssen, die zahllosen Defekte an den Feinstrukturen der Zelle bis hin zur DNA auszubessern bzw. zerstörte Strukturen abzuräumen.

Ist diese Restaurierung nur ungenügend, können z.B. punktuelle Mutationen an der DNA nicht mehr »herausgeschnitten« werden. Damit können vormals normale Protoonkogene zu Onkogenen werden – und eine möglicherweise nicht mehr zu kontrolliernde Zellwucherung nimmt ihren unheilvollen Anfang.

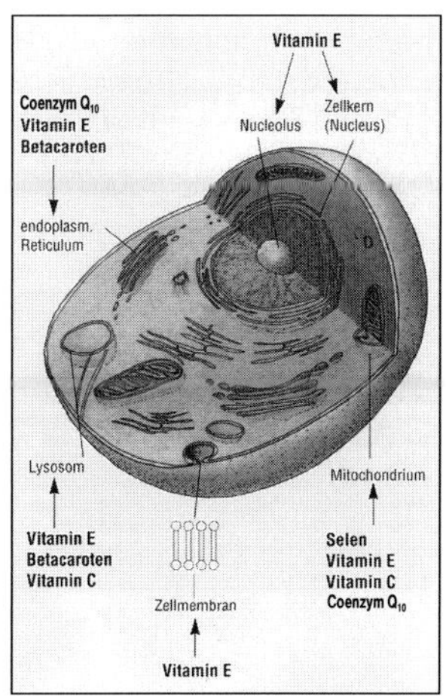

Essentielle Antioxidanzien zum Schutz subzellulärer Struktureinheiten.

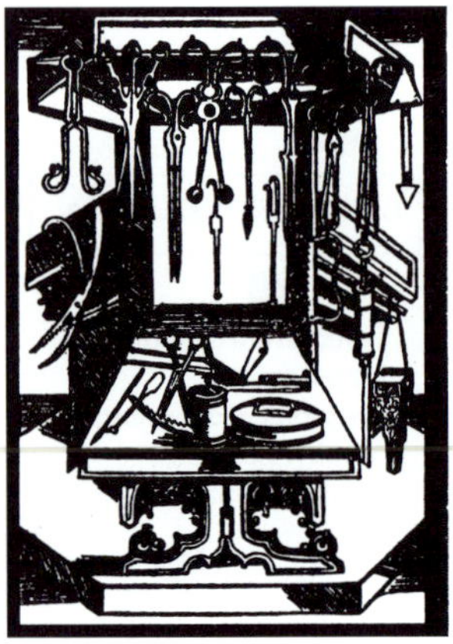

Chirurgische Instrumente aus einem Werk des Wundarztes H. Brunschwig.

4. Tumorentwicklung nach Zeit und Größe

Die vorangestellten Kapitel behandelten unser Wissen über die Entstehung und das ungenügende Abräumen radikalischer Verbindungen mit der möglichen Konsequenz immunologischer Defizienzen.

Dies sollte die Grundlage bilden sowohl für das Verständnis eines »Losgehens« eines malignen Prozeßes als auch für therapeutische Schritte, die aus dem Versagen dieser biochemischen und immunologischen Mechanismen resultieren.

G. Ohlenschläger hat dies in einer klaren Drei-Stufen-Folge dargestellt. Erst beim Versagen mehrerer Schutzebenen bekommt ein Tumorgeschehen das Übergewicht mit einem entsprechend verhängnisvollen Eigenleben.

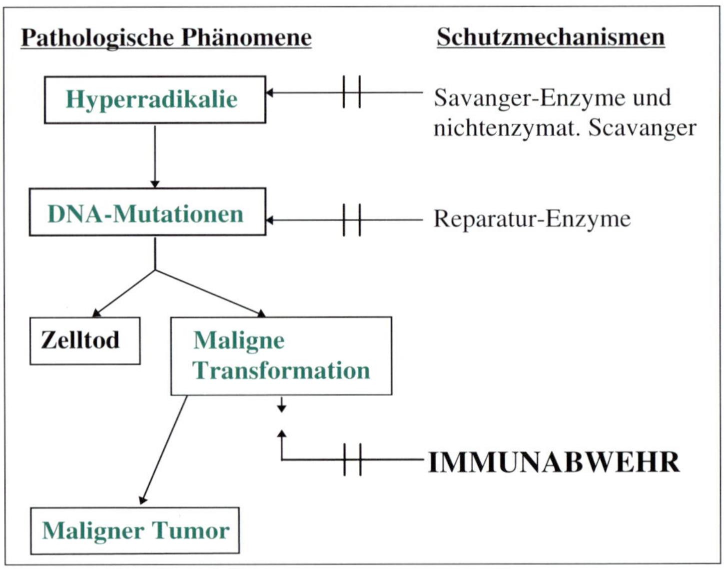

Pathologische Phänomene der Krebsentstehung und mögliche Schutzmechanismen bzw. deren Versagen führen in einer Drei-Stufen-Folge nach erfolgter maligner Transformation einer Zelle zur endgültigen Tumorbildung (mod. nach Ohlenschläger, 1992).

In der Folge ist beispielhaft besonders von langsam wachsenden epithelialen Karzinomen die Rede.

Das Heranwachsen eines sichtbaren Tumors von einer ersten mutierten Einzelzelle bis zu einer Größe von ca 0,8 bis 1 cm Ø dauert bei einer durchschnittlichen Reduplikationszeit von 50 bis 150 Tagen etwa 8–10–12 Jahre. Rechnet man zu dieser Zeit noch eine Art

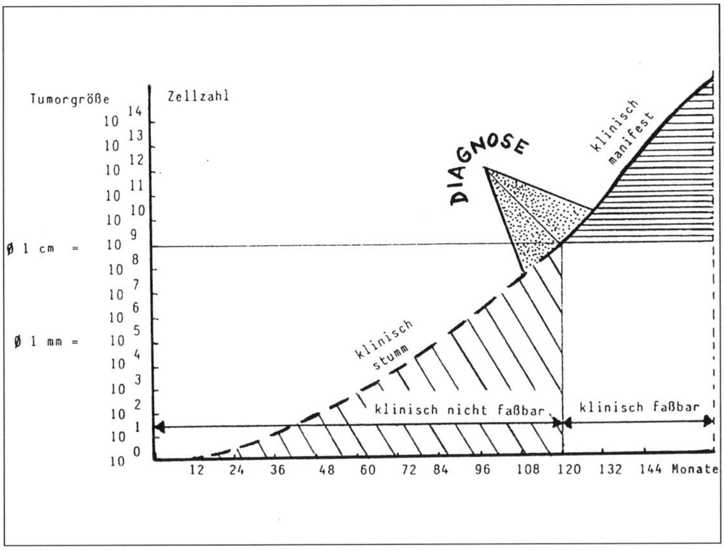

Tumorentwicklung in Abhängigkeit von Zeit und Größe. Zu unterscheiden sind eine

- klinisch nicht faßbare und eine
- klinisch faßbare Phase.

Die untere Grenze bildgebender Erfaßbarkeit kann bei ca. 0,5 cm (Magnetresonanz-Tomografie) bis 0,8 cm (konventionelle Mammografie) angesetzt werden.

»Übergangsphase« hinzu (präkanzeröse Phase), so liegen die Wurzeln eines malignen Geschehens oft 15 bis 20 Jahre vor dem klinisch faßbaren Tumor.

Fortschritte in der Verfeinerung bildgebender diagnostischer Maßnahmen dürfen nicht darüber hinwegtäuschen, daß der größenmäßigen Auflösung Grenzen gesetzt sind. Wenn in ein paar Jahren die heutige Technik überholt sein wird, ist immer noch die subjektive Entdeckbarkeit (z.B. Eigenuntersuchung der weiblichen Brust) als Triebfeder für weitere Untersuchungen die maßgebliche Grenze für die bildgebende Diagnostik.

Tatsache ist, daß ein diagnostizierter Tumor auch von vielleicht nur 0,8 cm fast 1 Milliarde Zellen beinhalten kann und solcherart kein »Anfänger« mehr ist. Umgelegt auf das Tumoralter heißt dies, einen Tumor von ca. 5 bis 10 Jahren vor sich zu haben. Das bedeutet aber auch, daß die bildgebende Aufdeckung lediglich den Beginn der klinisch manifesten Phase markiert, der Tumor sich aber bereits im letzten Drittel seiner Existenz befindet.

Die oft geäußerte »plötzliche« Entdeckung eines Knotens, z.B. in der Brust, kann somit niemals mit einer akut geänderten Wachstumsgeschwindigkeit korrelieren. Vielmehr sind es Faktoren wie Traumen (Schläge gegen die Brust, thermische Einflüsse wie heiße Bäder, Sonneneinstrahlung u.a.) und damit verbundene perifokale Ödeme, die den Tumor von einem Tag auf den anderen (be)greifbar/tastbar machen.

George J. Piwell: »Death's Disspensary«, Bleistiftzeichnung um 1866. Die Zeichnung illustriert die Bedeutung des Trinkwassers bei der Verbreitung der Cholera. Die damalige Erkenntnis, daß Krankheiten nicht nur schicksalsgegeben sind, sondern bei ihrer Entstehung und Ausbreitung faßbare Faktoren eine Rolle spielen, ist Grundlage jeder Public-Health-Bewegung geworden.

Nicht:
Krankheiten behandeln

Sondern:
Krankheiten müssen versiegen

5. Prävention maligner Erkrankungen

Public Health

Oben skizzierte Sichtweise sollte die Grundlage sein für **präventives Denken**, wenn klar ist, daß auch bei noch so peniblem Vorantreiben technischer bildgebender Verfahren das Feststellen eines Tumors eine Spätdiagnose bleibt. Es sollten und müßten daher in viel größerem Ausmaß Maßnahmen propagiert werden, die den Schutz durch Radikalfänger deutlich herausstellen.

In einem Basisprogramm sollten alle derzeit erprobten und bekannten Möglichkeiten in ein wirksames gesundheitspolitisches Ziel umgesetzt werden.

In einem ersten Schritt sollte die nachstehende **Krebsvorsorge** besonders für Risikogruppen etabliert werden, d.h. bei:

- (hoher) familiärer Krebsbelastung
- besonderer Umweltbelastung
- gefährdender Lebensführung u.a.

Die **Primärprävention** muß in ihrer Wertigkeit über sekundär kurative Heilungsversuche gestellt werden, soll das gesamte Gesundheitssystem bezahlbar bleiben.

Krankheiten müssen versiegen

- das ist der zentrale Grundsatz, der dieser noch viel zu schwachen Bewegung **Public Health** als Leitmotto dienen sollte.

KrebsPrävention

Basis-programm

Stärkung des Radikalfängersystems

Eine Reihe von Studien beweisen, daß der Einsatz bzw. die gegebene gute Versorgung mit Antioxidanzien (»Radikalfänger«) eine Senkung der Krebsinzidenz um bis zu 50% bewirkt. Die angegebenen Spurenelemente und Vitamine stellen **die aktiven Bausteine** zur »Entsorgung« freier Radikale dar. Empfohlen ist die tägliche Einnahme dieser Substanzen lebenslang.

	Österreich	Deutschland
Selen 200 µg	**2 Selamin plus**	**Selenase**
β-Carotin 25 mg	**1 Carotaben**	**Carotaben**
Vitamin E 400	**1 Etocovit**	**Detulin 400**
Vitamin C 1 - 3 g	**1 g Ascorbinsäure**	**Ascorbinsäure**

Radikalfänger

»Pflege« des Immunsystems

Im Vordergrund muß wieder ein Denken zur **»Pflege des Immunsystems«** stehen. Darunter ist besonders zu verstehen:

- »Zulassen« und »Ausleben« von (fieberhaften) Infekten und somit
- Vermeidung aller unterdrückenden Substanzen, besonders Antipyretika = iatrogene Schädigung des Abwehrsystems
- Keine kritiklose Fiebersenkung bei diversen Infekten besonders im Kindesalter
- Keine unbedachten »antigrippalen Therapien« bei Erwachsenen
- Vermeidung einer Störung des Second-messenger-Systems durch Prostaglandinhemmer

Immunsystem

Nicht:
Beweis der Schädlichkeit fordern

Sondern:
Beweis der Unschädlichkeit erbringen

Wir, die Gesellschaft also, besonders die gewinnorientierte Wirtschaft in allen ihren Facetten ist sehr darauf bedacht, nachzuweisen, daß die produzierten Toxine und andere Probleme **nicht zwingend** auch irgendwelche gesundheitliche Schäden nach ziehen müßte.

Die Gesamtheit aller Lobbies hält es nicht für notwendig, ständig und immer den Nachweis erbringen zu müssen, ob einzelne Produkte oder Nebenprodukte tatsächlich keinerlei Schäden verursachen könnten.

Die für das Jahr 2000 prognostizierte Krebsinzidenz ist sicherlich die höchste in der Geschichte der Menschheit:
Jeder zweite Bewohner der sogenannten westlichen Indutriestaaten wird im Laufe seines Lebens eine maligne Erkrankung erleiden (müssen).

4 Kriterien sind ausschlaggebend für diesen traurigen Rekord:

- Die
  zunehmende Verschlechterung unserer Umweltbedingungen
  erhöht die Anzahl und Dichte krebserregender Substanzen erheblich.

- Jahr für Jahr nimmt der
  Grad der Verseuchung unserer Organismen
  durch diese Noxen zu (Strahlen, chemische Gifte, Viren u.v.a.).

- Die
  natürliche Alterung
  vermindert per se die Aktivität und Potenz unserer Schutz- und Reinigungssysteme.

- Die deutlichen
  Mangelzustände
  an Spurenelementen und Vitaminen schwächen unsere Schutzsysteme.

Kapitel II

Diagnostische Laborparameter für ein immunbiologisches Screening (erweiterte Gesundenuntersuchung), Kriterien zur Tumorverlaufskontrolle (Proliferationsabschätzung), Kriterien zur Lenkung immunbiologischer adjuvanter und additiver Therapiemaßnahmen

»Vor die Therapie haben die Götter die Diagnose gestellt«

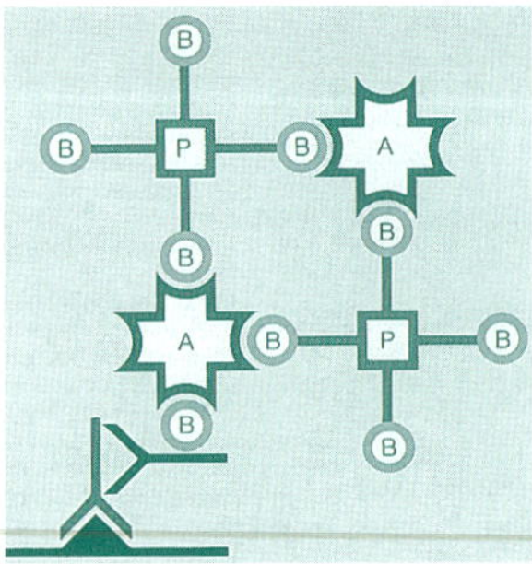

Kapitel II
Laboruntersuchungen

1. Einleitung und Übersicht

Die Labormedizin hat in den letzten Jahren viel dazu beigetragen, Krankheiten näher zu definieren. Es ist möglich geworden, Störungen zu diagnostizieren und den weiteren Verlauf von Krankheiten zu kontrollieren.

Der niedergelassene Arzt ist geneigt, labor- und bildgebende Diagnostik der nachsorgenden Klinik zu überlassen.

Dies kann er soweit zulassen, wieweit er selbst keine therapeutischen Maßnahmen zur Verbesserung der Lebens- und Leidenssituation für den Patienten unternehmen will.

Adjuvante immunbiologische Maßnahmen erfordern jedoch eine eigene labormäßige Evaluierung, die nur zum Teil in klinischen Nachsorge-Programmen berücksichtigt werden. Es besteht somit die Notwendigkeit, dieses Gebiet selbst zu erarbeiten bzw. sich entsprechender Systeme zu bedienen.

Im Bereich der Onkologie waren die Möglichkeiten einer unmittelbaren labormäßigen Tumorkontrolle allerdings recht bescheiden. Für die allgemeine Diagnostik standen nur eher unspezifische Parameter wie BSG, Blutbild, Enzyme und Elektrophorese zur Verfügung. Ergänzungen durch Tumormarker bringen nunmehr eine allfällige Präzisierung.

Die folgende Zusammenstellung soll als Leitfaden in der täglichen Praxis gelten und entsprechende Auswahlkriterien leichter finden lassen.

Sie soll auch helfen, dem niedergelassenen Arzt **seine zentrale Stellung im Bereich der chronischen Krankheiten als erste Koordinationsstelle zu sichern**. Somit resultiert daraus auch seine Kompetenz für ein erweitertes Laborprogramm in der Betreuung seiner Karzinompatienten. Er hat das Programm aus den angeführten Parametergruppen festzulegen, die Durchführung zu veranlassen und nach entsprechender Interpretation die therapeutischen Schlußfolgerungen zu ziehen.

Die Vielgestaltigkeit maligner Veränderungen wird auch für die nächste Zukunft keine herausragenden Einzelanalysen ermöglichen, mit denen eine sichere Krankheitsdefinition – weder im Vorfeld noch bei

Adjuvante immunbiologische Therapiemaßnahmen

⇩

Immunbiologische labormäßige Evaluierung

Klinik
(radikale Ersttherapie – Tumormassenreduktion)

→ Klinische Nachsorge
- Bildlich faßbares Rezidiv

↓

Außerklinische Nachsorge (Hausarzt)

Sicherung (»Halten«) der Tumorreduktion durch adjuvante immunbiologische Therapieprogramme

→ • Koordinator
→ • Datenbank
→ • Interpretation
→ • Therapie

manifesten Erkrankungen – getroffen werden kann. Erst aus zahlreichen Einzelanalysen kann ein Gesamtbild erstellt werden, um Anhaltspunkte über Krankheitsstadien und -dynamik zu bekommen.

Die zusammengestellten und beschriebenen Analysen sind die Basis für drei wesentliche Bereiche:

Allgemeines immunbiologisches Screening
Langzeitbeobachtung bei Risikopatienten

Jegliche Abweichung von physiologischen Zuständen zieht im Verlauf von Jahren und Jahrzehnten schwerere Krankheiten nach sich.

Bei »Krebsfamilien«, besonderer Exposition, iatrogener Immunsuppression, Präkanzerosen u. a. kann eine Störungssuche mit nachfolgender Korrektur krebsverhütend wirken.

Aufdecken von:
- Störungen im Bereich »Routine«-Werte
- Störungen im Eiweißprofil
- Immundefizienzen
- Mangelzuständen (Spurenelemente, Vitamine)
- Säure-Basen-Imbalancen

Präoperative Grundlagenerfassung

Präoperative Wertereihen erleichtern für die nachfolgende jahrelange Kontroll-Analytik das Erkennen typischer individueller Veränderungsmuster und tragen daher zur verbesserten Früh-Rezidiv- Erfassung bei.

Bestandsaufnahme:
- Tumormarker-Leitmarker
- »Unangetastetes« Eiweißprofil
- Immunstatus
- Radikalfänger

Verlaufskontrolle in der Nachsorge

Die angeführten Laborblöcke sollen tumorbedingte Veränderungen erfassen, Destabilisierungsphasen erkennen, immunologische Defizienzen bzw. Abweichungen und Entgleisungen der Säure-Basen-Homöostase aufzeigen.

Die Erfassung einer aktivierten Mikrometastasierung (im Vorfeld der bildgebenden Diagnostik) setzt eine erweiterte Analytik, genauere Parameter-Vergleiche und evtl. besondere Computerprogramme voraus.

Monitoring:
- »Routine«
- Immunlage
- Radikalfänger
- Erweiterte Eiweißanalytik
- Tumormarker
- Säure-Basen-Balance

Oftmals kommen Patienten mit dicken Befundsammlungen, die nicht selten mehrere Jahre umfassen. Die totale Unübersichtlichkeit läßt nur in Einzelfällen Vergleiche zu. Beobachtungen von Veränderungen im sog. Normbereich sind unmöglich mehr erfaßbar.

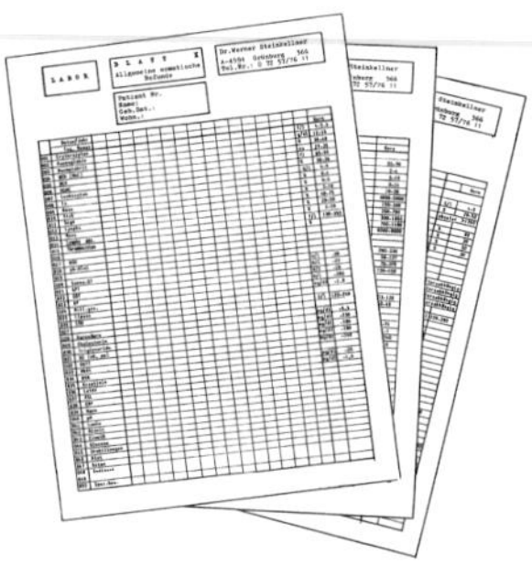

Ein erster Ordnungsversuch per Hand ist die Zusammenstellung der Laborwerte in vorgezeichnete Raster. Diese erlauben bereits eine schnelle Erfassung mehrerer aneinandergereihter Einzeit-Analysen. Der für das geübte Auge bereits wesentlich bessere optische Überblick läßt oft schon ohne grafische Darstellung erste Trends erkennen.

Nr	Bezeichnung	Einheit	Norm	Dat1	Dat2
LAB	E I W E I S S-ANALYTIK			25.02.	28.05.
-	P H A S E N - PROTEINE				
2	T U M O R M A R K E R			1991	1991
51	ELEKTROPHORESE				
52	Albumin	%	55-70	56.8	61.1
53	Alpha-1-Glob.	%	2-4	3.5	2.9
54	Alpha-2-Glob.	%	5-10	9.5	10.1
55	Beta-Globulin	%	8-14	10.6	11.5
56	Gamma-Globulin	%	10-20	19.6	14.4
57	Albumin	mg/dl	3800-5000	4160	4150
58	Alpha-1-Glob.	mg/dl	150-300	260	200
59	Alpha-2-Glob.	mg/dl	350-700	700	680
60	Beta-Globulin	mg/dl	500-1000	780	790
61	Gamma-Glob.	mg/dl	700-1400	1440	980
62	Gesamteiweiß	mg/dl	6000-8000	7330	6800
63					

Die Übernahme desselben Rasters in eine EDV ermöglicht nach eingestellten, genau definierten Kriterien die Berechnung verschiedener Fragestellungen, wie z.B. Pathologie und Prognose-Indizes, und erleichtert durch grafische Darstellungen das Erkennen von Trends.

2. Aufbau eines Ordnungsprinzips

Die bisher praktizierte Labordiagnostik erschöpft sich meist in einer aktuellen Bestandsaufnahme. Nur vereinzelt wird vergleichend recherchiert.

Mehrere Kontrollen führen rasch zu einer beträchtlichen Unübersichtlichkeit des zu begutachtenden Materials. Nur deutlichste Veränderungen einiger weniger Werte können bei den üblichen zeitlich knappen Begutachtungen eruiert bzw. erfaßt werden.

Dies hat aber negative Auswirkungen im Sinne einer integrativen Auswertung aller Analysewerte.

Ziel des Gesamtprogrammes ist die Überlegenheit der Labordiagnostik gegenüber der bildgebenden, also makroskopischen Diagnostik.

Sobald Tumoren ihr mikrometastasisches Stadium verlassen haben, haben immunbiologische Interventionen wesentlich geringere Effekte. Die Wirksamkeit ist abhängig von der jeweiligen Tumormasse.

Die einzelnen **Parameter-Blöcke** erlauben die Erstellung eines umfangreichen Gesamtbildes, das die immunbiologische Situation des Patienten ausreichend verläßlich widerspiegelt.

Voraussetzung für eine optimale Nutzung des Informationsgehaltes ist die Aufbereitung auch größerer Zahlenvolumina.

Lose Einzel- und datumsgetrennte Laborbefunde müssen in ein übersichtliches System übergeführt werden.

Die derzeit gehandhabten Verfahrensweisen der medizinischen Bewertung (Begriffe: transversal, longitudinal) sollten angesichts problemloser großer Datenspeicher erweitert werden.

Parameter-Gruppierung

Gesamtes rotes und weißes Blutbild incl. Differentialzählung BSG, Enzyme, Stoffwechselwerte Harn, Stuhl	**Routinebefunde**
Elektrophorese (Akut-)Phasen-Proteine	**Eiweißanalytik**
Nach Tumorart die relevanten Marker auswählen	**Tumormarker**
Zellulärer Teil: - Leuko-, Mono-, Granulozyten - Lymphozyten-Subgruppen - Aktivierte Zellanteile Humoraler Teil Antizelluläre Antikörper	**Immunlage**
Die Vollblut-Analyse ergibt ein Annäherungsmodell für ein intrazelluläres Modell	**Spurenelement-Analyse**
Basenpufferkapazität Vollblut, Serum, Intrazellularpuffer	**Basenpuffer-Kapazität**
Je nach Tumorart relevante Hormone auswählen	**Hormone**
et alt.	**Neuentwicklungen**

Bezeichnung	Dat12
ALLGEMEINE SOMATISCHE BEFUNDE	9.6. 1994
ERYTHROZYTEN	4.7
Haemoglobin	13.3
Haematokrit	41
MCH (HbE)	28
MCV	87
MCHC	32
LEUKOZYTEN	4800
Eo	5
Baso	1
Stab	
Segm	50
Lympho	38
Mono	6
THROMBOZYTEN	162
Lymphozyten abs.	1824
Blasten	
BSG 1Std.wert	4
BSG 2Std.wert	10
Gamma-GT	25
GPT	
GOT	6
AP	179
Bili.ges.	1.1
Lipase	
LDH	155
CHE	
Harnsäure	4.7
Cholesterin	177
Triglyceride	75
BZ (nü.pp)	
HDL-Cholesterin	
LDL-Cholesterin	
BUN	8.6
Kreatinin	0.7
Latex	
ASL	
CRP	0
HARN-Streifen	
pH	
Leuko	
Nitrit	
Eiweiß	
Zucker	
Urobilinogen	
Blut	
HARN-Sediment Leuko	
Bakterien	
Epithelien	

Numerische Zeitanalytik

- **Einzeit-Analyse**
  Alle Werte eines Patienten zu einem bestimmten Zeitpunkt werden durchforstet nach pathologischen Abweichungen, die nach einem *PATHOLOGIE-INDEX* bewertet werden können. → **Längsschnitt**

- **Ganzzeit-Analytik**
  Alle oder ausgewählte Werte über die gesamten Daten-Zeitpunkte verglichen, ergeben eine langzeitige Verlaufskurve mit entsprechenden Trends. Die aneinander gereihten Pathologie-Indizes (siehe auch Beschreibung *Bewertungsgrafik*) ergeben einen *PROGNOSE-INDEX.* → **Querschnitt**

Nr	Bezeichnung	Einheit	Norm	Dat22	Dat23	Dat24	Dat25	Dat26	Dat27	Dat28	Dat29	Dat30	Dat31
LAB - 1	ALLGEMEINE SOMATISCHE BEFUNDE			25.8. 1994	15.12. 1994	01.03. 1995	16.5. 1995	13.11. 1995	12.8. 1996	9.1. 1997	30.01. 1997	24.2. 1997	4.7. 1997
1	ERYTHROZYTEN	T/l	4-5.5	4.4	4.1	4.1	4.4	4.3	4.02	4		4.4	4.2
2	Haemoglobin	g/dl	12-16	12.2	11.8	11.8	12.2	13.1	11.4	11.9		12.4	12.7
3	Haematokrit	%	36-48	38	36	35	38	40	35	35		39.1	37.2
4	MCH (HbE)	pg	35-37	28	29	29	28	30	28	30		28	30
5	MCV	fl	85-99	86	88	85	86	93	87	88		89	89
6	MCHC	%	30-36	32	33	34	32	33	33	34		32	34
7	LEUKOZYTEN	G/l	4000-9000	4400	3900	6700	3300	5800	4800	5000		6300	5900
8	Eo	%	0-4	2	2	2	3					3	
9	Baso	%	0-5				1					1	
10	Stab	%	0-10	1	1								
11	Segm	%	40-75	64	64	62	61	69	67	67		58	66
12	Lympho	%	20-50	26	28	30	33	27	28	28		30	28
13	Mono	%	0-10	7	5	6	2	4	5	5		8	6
14	THROMBOZYTEN	T/l	130-350	222	172	299	282	336	324	262		311	340
15	Lymphozyten abs.	abs	1350-1800	1144	1092	2010	1089	1566	1344	1400		1890	1652
16	Blasten	%	0-1										
17	BSG 1Std.wert		0-100	5	5	16	10	10	9	14		22	13
18	BSG 2Std.wert		0-100	20	18	42	26	35	28	36		54	36
19			7.1-7.5										
20	Gamma-GT	U/l	2-28	9	17		19	16	13	22			18
21	GPT	U/l	2-23										
22	GOT	U/l	2-19	3	4		10	7	10	11			13
23	AP	U/l	50-200	88	82		93	112	103	96			149
24	Bili.ges.	mg/dl	0.3-1	0.8	1		0.4	0.8	0.1	0.8			0.8
25	Lipase	U/l	30-200										
26	LDH	U/l	120-240	225	114		161	177	127	142			189
27	CHE	U/l	3500-9400										
28	Harnsäure	mg/dl	1-6.5	3.6	3.5		4.5	5.3	4.6	4.1			3.9
29	Cholesterin	mg/dl	100-230	235	253	229	280	313	311	285		290	289
30	Triglyceride	mg/dl	30-180	277	262	449	333	333	219	267		320	347

Erweiterte Analytik

Die erweiterte Analytik soll die Bewertung der Parameter bzw. deren Abweichung von Normwerten erleichtern und präzisieren helfen.

Realwert-Grafiken

Diverse Laborprogramme bieten optische Verlaufsdarstellungen in den verschiedensten gewünschten Darstellungsarten an:
- Kurve, Säulen, Balken-Grafiken u.a.;
- Einblendung von Pathologiezonen, Zeitzonen u.v.m.

Diese Darstellungen ermöglichen auch bei stärker oszillierenden Wertreihen das Erkennen von Gesamttrends (siehe z.B. BSG am Beispiel eines metastasierenden Mammakarzinoms oder die Verlaufskurven Albumin/Alpha-2-Globulin).

Der Abstand der Abweichung von Normwerten (Grenzwerten) wird korreliert mit einem noch in Entwicklung stehenden Punktebewertungssystem.

Alle oder Gruppenwerte ergeben einen Score zur Erfassung des pathologischen Schweregrades: **Individueller Pathologie-Index.**

Die Verknüpfung bzw. Aneinanderreihung aller Einzel-Pathologie-Indizes (Scores) können eine grafische Vorstellung über Entwicklung und Krankheitsverlauf ergeben, können außerdem Therapieeffekte exakt aufzeigen und werden auch prognostische Rückschlüsse erlauben.

Bewertungsgrafiken
Diese sind in der vorliegenden Abhandlung *noch nicht* ausgearbeitet, da laufende Projekte noch nicht reif für eine Veröffentlichung sind. Die präzise Darstellung der **individuellen** Situation ist letztlich noch an umfangreichere Programme gebunden als die auf den folgenden Laborblättern zusammengestellten.

Laborblätter

Zunächst werden 4 Laborblätter vorgestellt, wie sie zur besseren Übersicht beim onkologischen Patienten verwendet werden können. Diese Laborblätter sollten besonders den ärztlichen Kollegen hilfreich sein, die (noch) keine automatisierte Datenerfassung betreiben.

Laborblätter als

Sie sollten als Kopiervorlage dienen (auch als Leerblatt; auf DIN A 4 vergrößern).

← **Kopiervorlage**

Dem Kollegen mit einer derartigen Datenerfassung können sie hilfreich sein bei der Erstellung eines Ordnungsrasters (Leer-Laborblatt).

oder

Entscheidend ist eine übersichtliche Zeitreihe, die optisch gut erfaßbar und grafisch leicht umsetzbar ist.

← **EDV-Raster-Vorlage**

Bereich für eine
individuelle Kopfgestaltung mit
Name
Adresse(n)
Telefon/Fax/E-Mail

Parameter-Übersicht
jeweiliges Laborblatt
↓

Parameter

Nr.	Kurz-code	Basen-Puffer Hormone alt.	Einheit	Norm	Da...				Dat 5	Dat 6	Dat 7	Dat 8	Dat 9	Dat 10

←
Normwerte sind nur als Richtwerte aufzufassen.
Sehr oft entsprechen sie nicht den physiologisch wünschenswerten Bereichen.
Sie variieren stark je nach Meßmethode.
Es sind daher die jeweiligen Normwerte des Labors zu übernehmen.

↑
Datum 2-zeilig eintragen:
19.3.
1996

↑
Die CODE-Nummern sind bis auf wenige internationale Consensparameter noch sehr variabel. Der Code ist dem jeweiligen Labor anzupassen.

↑
Einheiten unterliegen einer raschen Entwicklung und werden oftmals geändert.
Die Meßeinheiten sind dann nach Angaben des Großlabors anzupassen.

↑
Im Bereich >Begriffe< sind die am meisten gebräuchlichen Parameter aufgelistet.
Natürlich gibt es gerade dabei eine große individuelle Streubreite je nach Interessenslage des Kollegen.

Die zusammengestellten Laboruntersuchungen stellen eine Hilfe dar, gut den Überblick zu bewahren.

Der Bogen **5** ist ein Leerbogen zur völlig freien Gestaltung.

Die in der Folge dargestellten Laborblätter sollen für den niedergelassenen Arzt eine Ordnungshilfe darstellen.
Er kann die einzelnen Blätter als

Kopiervorlage

verwenden, falls die Werte per Hand eingetragen werden sollten (auf DIN A4 vergrößern).

Ebenso können die Blätter aber als

Programmiervorlage

dienen, um einen ähnlichen Raster zu gestalten.

individuelles Design

Allgemeine somatische Befunde

1	PAT:		geb.:		Dat 1	Dat 2	Dat 3	Dat 4	Dat 5	Dat 6	Dat 7	Dat 8	Dat 9	Dat 10
Nr.	Kurz-code	**Allgemeine somatische Befunde**	Einheit	Norm										
1	ERY	ERYTHROZYTEN	T/l	4-5.5										
2	HB	Haemoglobin	g/dl	12-16										
3	HK	Haematokrit	%	36-48										
4	MCH	MCH (HbE)	pg	35-37										
5	MCV	MCV	fl	85-99										
6	MCHC	MCHC	%	30-36										
7	LEU	LEUKOZYTEN	G/l	4000-8000										
8	EO	Eo	%	<4										
9	BAS	Baso	%	<5										
10	STA	Stab	%	<10										
11	SEG	Seg	%	40-75										
12	LYM	LYMPHO	%	20-50										
13	LYMA	LYMPHO ABS.		>1300										
14	MON	Mono	%	<10										
15	BL	Blasten	%	<1										
16	THR	THROMBOZYTEN	T/l	130-350										
17	BS1	BSG 1 Std.Wert		<10										
18	BS2	BSG 2 Std.Wert		<20										
19														
20	GGT	Gamma-GT	U/l	2-28										
21	GPT	GPT	U/l	2-23										
22	GOT	GOT	U/l	2-19										
23	AP	AP	U/l	50-200										
24	BIL	Bili.ges.	mg/dl	0.3-1										
25	LIP	Lipase	U/l	30-200										
26	LDH	LDH	U/l	120-240										
27	CHE	CHE	U/l	3500-9400										
28	HRS	Harnsäure	mg/dl	1-6.5										
29	CHO	Cholesterin	mg/dl	100-230										
30	HDL	HDL-Cholesterin	mg/dl	35-119										
31	LDL	LDL-Cholesterin	mg/dl	<190										
32	TRI	Triglyceride	mg/dl	30-180										
33	BZ	BZ (nü, pp)	mg/dl	80-100										
34	BUN	BUN (Harnstoff)	mg/dl	10-26										
35	CREA	Kreatinin	mg/dl	0.8-1										
36	LAT	Latex												
37	ASL	ASL												
38	CRP	CRP		<5										
39														
40	U-PH	HARN-Streifen pH												
41	U-LEU	Leuko												
42	U-NIT	Nitrit												
43	U-PR	Eiweiß												
44	U-GLU	Zucker												
45	U-URO	Urobilinogen												
46	U-ERY	Blut												
47	SED-L	HARN-Sed. Leuko												
48	SED-B	Bakt.												
49	SED-E	Epithel.												
50	SPEZ	Spez.Gewicht												

individuelles Design

Eiweiß-Analytik
Akute-Phase-Proteine
Tumormarker

2	**PAT:**		geb.:		Dat 1	Dat 2	Dat 3	Dat 4	Dat 5	Dat 6	Dat 7	Dat 8	Dat 9	Dat 10
Nr.	Kurz-code	**Eiweiß-Analytik Phase-Proteine Tumormarker**	Einheit	Norm										
51		ELEKTROPHORESE												
52	ALB%	Albumin	%	55-70										
53	A1G%	Alpha-1-Globulin	%	2-4										
54	A2G%	Alpha-2-Globulin	%	5-10										
55	BG%	Beta-Globulin	%	8-14										
56	GG%	Gamma-Globulin	%	10-20										
57	ALBA	Albumin	abs.	3800-5000										
58	A1GA	Alpha-1-Globulin	abs.	150-300										
59	A2GA	Alpha-2-Globulin	abs.	350-700										
60	BGA	Beta-Globulin	abs.	500-1000										
61	GGA	Gamma-Globulin	abs.	700-1400										
62	GE	GESAMTEIWEISS	mg/dl	6000-8000										
63														
64		PHASE-PROTEINE												
65	AAT	Alpha-1-Antitrypsin	mg/dl	200-340										
66	AGP	Alpha-1-sr.Glykoprot.	mg/dl	55-140										
67	HP	Haptoglobin	mg/dl	70-380										
68	FIB	Fibrinogen	mg/dl	150-450										
69	CRP	C-reakt.Protein	mg/dl	>5										
70	C3C	Complement C3c	mg/dl	50-120										
71														
72	FER	Ferritin	mg/dl	30-150										
73														
74		„GÄRUNG"												
75	PHI	PHI	U/l	15-75										
76	ALD	Aldolase	U/l	1-3.1										
7	LDH	LDH	U/l	120-240										
78	LAC	Lactat	mg/dl	9-16										
79														
80		TUMORMARKER												
81	CEA	CEA	ng/ml	1-5										
82	TPA	TPA	U/l	20-130										
83	AFP	AFP	U/l	>7										
84	HCG	ß-HCG im Serum		>0 (mask.)										
85	199	CA 19-9	U/l	15-37										
86	125	CA 12-5	U/ml	>35										
87	153	CA 15-3	U/ml	5-30										
88	NSE	NSE	ng/ml	1-10										
89	CYF	CYFRA												
90	SCC	SCC	µg/l	>3										
91														
92	PSAR	PSA-RIA	ng/ml	2-4										
93														
94	TG	Thyreglobulin		>0-3										
95	CAL	Calcitonin												
96														
97	ß2M	ß2-Mikroglobulin												
98														
99	NPT	Neopterin im Harn		100-200										
100														

individuelles Design

Immunologie

3 **PAT:** geb.:

Nr.	Kurz-code	**Immunologie**	Einheit	Norm	Dat 1	Dat 2	Dat 3	Dat 4	Dat 5	Dat 6	Dat 7	Dat 8	Dat 9	Dat 10
101	ZI	ZELL. STATUS												
102	LEU	Leukozyten	G/l	4000-8000										
103	LYM%	Lymphozyten	%	20-50										
104	LYMA	Lymphozyten	abs.	>1300										
105		**SUBSETS**												
106	T3L	T-Lympho CD3	%	60-75										
107	BL	B-Lympho CD19	%	5-20										
108	T4L	T4-Helfer CD4	%	30-50										
109	T8L	T8-Supp./zytot. CD8	%	20-30										
110	ZYT	T8-zyto. CD3/16/56	%	3-16										
111	NK	NK-Zellen CD16/56	%	10-14										
112														
113	RAT	RATIO (T4:T8)		1.0-2.5										
114														
115	T3LA	T-Lympho	absolut	1100-1500										
116	BLA	B-Lympho	absolut	150-350										
117	T4A	T4-Helfer	absolut	550-900										
118	T8A	T8-Supp/zytotox.	absolut	200-400										
119	T8Z	T8-zytotox.	absolut	30-100										
120	NKA	NK-Zellen (Killer)	absolut	100-500										
121														
122	AKTZ	Alle akt..Zellen (HLA)	%	8-20										
123	T3AK	Akt.T-Zellen	%	5-15										
124	T4AK	Akt.T4-Zellen	%	2-20										
125	T8AK	Akt.T8-Zellen	%	0-5										
126														
127	RATA	Akt.RATIO		0.8-2										
128														
129														
130	REC	RECALL-Antigene												
131		Diph/Tet/Tub/Strept	mm											
132		Kontr/Cand/Trich/Pr	mm											
133	RECS	Recall-Ag-SCORE	mm	5-20										
134														
135		IMMUNKOMPLEXE												
136	CIC	cirk.IG-Kompl. (CIC)	µg/ml	> 3.5										
137														
138		HUMORALER STAT												
139	GG%	Gamma-Globulin	%	10-20										
140	GGA	Gamma-Globulin	mg/dl	700-1400										
141	IGG	IgG	mg/dl	85-450										
142	IGM	IgM	mg/dl	60-270										
143	IGG	IgG	mg/dl	830-1800										
144	KAP	IgL kappa	mg/dl	200-440										
145	LAM	IgL lambda	mg/dl	110-240										
146	K/L	Kappa/Lambda		2-5										
147														
148	IGE	IgE	mg/dl	20-100										
149														
150														

individuelles Design

Basen-Puffer-Kapazität
Hormone
et al.

4	PAT:		geb.:		Dat 1	Dat 2	Dat 3	Dat 4	Dat 5	Dat 6	Dat 7	Dat 8	Dat 9	Dat 10
Nr.	Kurz-code	**Basen-Puffer Hormone alt.**	Einheit	Norm										
151		BASEN-PUFFER												
152		KAPAZITÄT	Titration	Äquivalent										
153	PHVV	pH-Vollblut venös	7.5-7.7	58-62										
154	PHS	pH-Serum venös	6.5-7.0	30-44										
155	IZP	Intrazellular-Puffer	Differenz	24-28										
156														
155														
158		HORMONE												
159	OST	Östradiol												
160	TEST	Testosteron												
161	PLC	Prolactin												
162	CORT	Cortisol												
163														
164														
165														
166														
167														
168														
169														
170		Spurenelemente	im											
171		und Mineralien	Vollblut											
172	NA	Na												
173	K	K												
174	CA	Ca												
175	MG	Mg												
176	CU	Cu												
177	ZN	Zn												
178		Cu-Zn-Quotient												
179	SE	Selen												
180														
		Vitamine												

	PAT:		geb.:		Dat 1	Dat 2	Dat 3	Dat 4	Dat 5	Dat 6	Dat 7	Dat 8	Dat 9	Dat 10
Nr.	Kurz-code		Einheit	Norm										

3. Parameterbesprechung

Die Beschreibung der einzelnen Parameter erfolgt nach der auf Seite 25 dargestellten Gruppierung. Allerdings werden nicht alle Parameter besprochen, es wird nur auf direkte oder indirekte tumorrelevante Veränderungen eingegangen, soweit sie besonders für den Praktiker von Wert sind.

Auswahl Routine

In der Auswahl müssen die abgehandelten Laborwerte

- **leicht bestimmbar,**
- **möglichst kassenverrechenbar,**
- **von guter Aussagekraft und**
- **einfach deutbar sein.**

Blutkörperchen-Senkungs-Geschwindigkeit

BSG

Bei den Routinebefunden wird nur auf die Blutkörperchen-Senkungs-Geschwindigkeit (BSG) eingegangen und eine typische Verlaufskurve gezeigt.

Die BSG beruht auf der Aggregation und Sedimentation von Erythrozyten, das Absinken ergibt sich durch das Schwerefeld der Erde. Binden Plasmaproteine (wie z.B. Fibrinogen oder IgM) vermehrt an der Erythrozytenoberfläche, bilden sich größere Partikel, die schneller sedimentieren als einzelne rote Blutkörperchen.
Erkrankungen, die eine Erhöhung der Akute- Phase-Proteine (akut bei Entzündungen, chronisch bei Tumorgeschehen) bewirken, verursachen auch eine Erhöhung der BSG.
Die dargestellte BSG-Kurve reflektiert diese Situation:
Aus der Ruhephase der metastasenfreien Zeit geht die Kurve in eine Unruhephase (stärkere Oszillation) über, die noch vor der bildgebenden Erfaßbarkeit des Rezidivs liegt. Die 3. Phase ist die Phase des bildlich faßbaren Rezidivtumors (starke Oszillation).

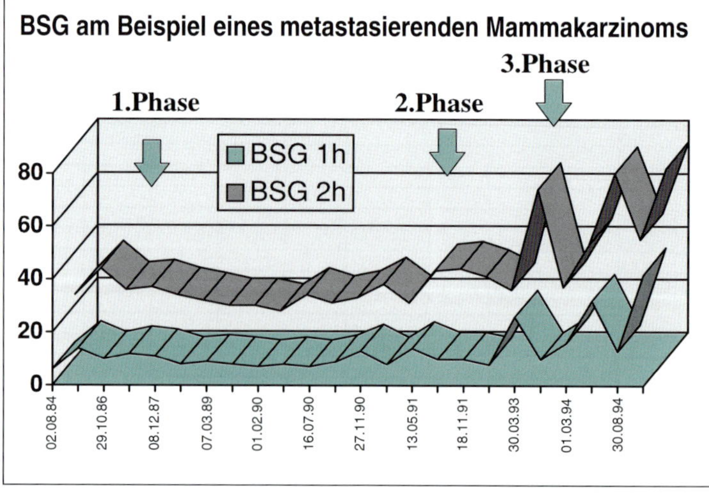

Beispiel einer Mammakarzinom-Patientin, die nach 10 Jahren ein Rezidiv bekommen hatte. Deutlich sind 3 Phasen erkennbar:

1. Phase:
Nach der primären tumorreduzierenden Therapie zunächst langer rezidivfreier Zeitraum.

2. Phase:
Das kommende Rezidiv ist bildlich noch nicht erfaßbar.

3. Phase:
Nunmehr bildlich faßbarer Tumor und Einleitung neuerlicher tumorreduzierender Maßnahmen.

Eiweiß-Analytik

Elektrophorese

Plasma-Proteine lassen sich mittels Elektrophorese auftrennen. Die erhaltenen fünf Hauptfraktionen summieren jeweils eine Reihe von Einzelproteinen, die im elektrischen Feld eine annähernd gleiche Laufgeschwindigkeit haben.

Bei **akuten** Prozessen kommt es zu raschen, deutlichen Verschiebungen der einzelnen Fraktionen zueinander, bei **chronischen** Entwicklungen (Tumorproliferation) verändern sich die Fraktionen sehr oft langsam, jedoch anhaltend, und lassen so einen Trend erkennen.

Die zeitanalytische Beobachtung der einzelnen Fraktionen dient also *nicht* der Diagnose einer Tumorerkrankung, sondern ist geeignet zur Beobachtung und Beschreibung der biologischen Gesamtsituation (Stabilität, Instabilität), die indirekt aussagekräftig ist für das jeweilige Tumorverhalten.

In den beiden abgebildeten Beispielen interessiert besonders das Verhalten der Alpha-2- und Betaglobuline zu Albumin.

Zur besseren optischen Verdeutlichung werden Albumine, Alpha-2- und Betaglobuline in einer Balkengrafik dargestellt: Die kontinuierliche Abnahme der Albumine (in %) stellt sich zu den gegenläufigen Alpha-2- und Betaglobulinen als **»Scherenschluß«** dar, der einen prognostisch eher ungünstigen Verlauf definiert.
Dieser Trend ist schon in den Normbereichen abzulesen!

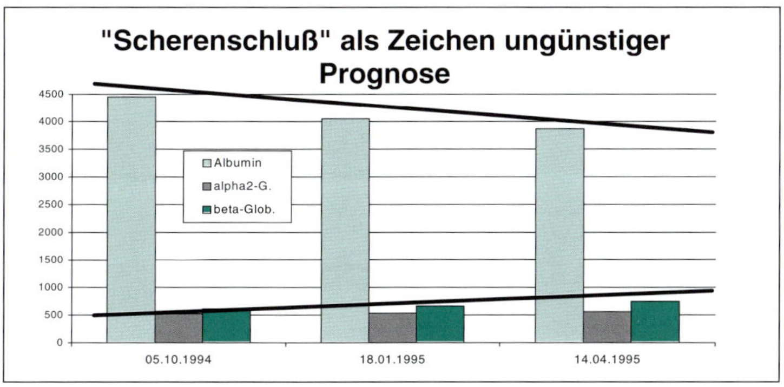

Bei einem anderen Patienten läßt sich der Trend ebenfalls über 2 Jahre hin beobachten. Es wurden allerdings nur Albumine und Alpha-2-Globuline herausgegriffen. In der Routine können alle Fraktionen abgeglichen werden, da die Entwicklung eines **Scherenschlusses** variieren kann: **Albumin/Alpha-2-Globuline, Albumin/Betaglobuline.**

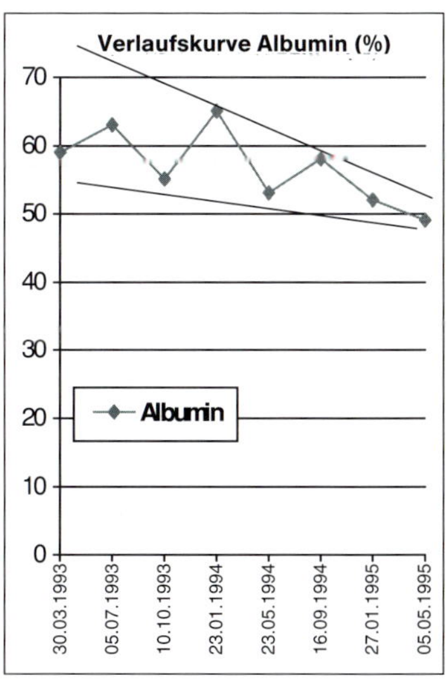

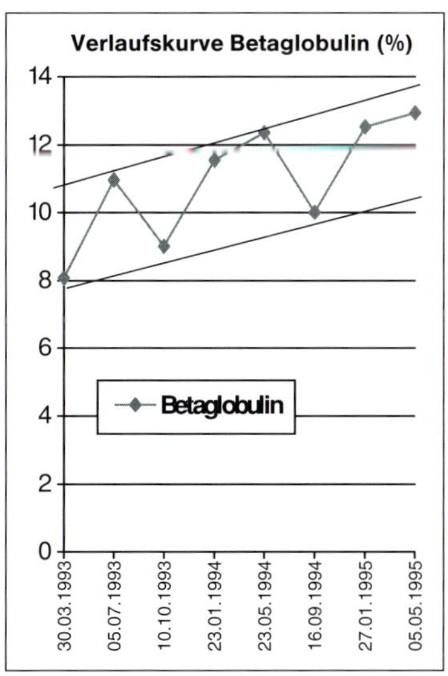

Wichtig ist die Beobachtung schon innerhalb des Normbereiches.
Bei dem nebenstehenden Beispiel war zuletzt tatsächlich ein Rezidiv aufgetreten.

Akute-Phase-Proteine

In den einzelnen Globulin-Fraktionen der Elektrophorese wandern eine Vielzahl von Proteinen. Einzelne davon treten besonders in Phasen akuter Entzündungen auf, daher auch ihre Bezeichnung Akute-Phase-Proteine.

Neben dem bekannten Akut-Zyklus sind aber auch chronisch-zyklische Wellenbewegungen zu beobachten, die in recht verläßlicher Weise die Ansprechbarkeit eines Organismus auf immunbiologische Therapiemodalitäten widerspiegeln.

Somit sind Akute-Phase-Proteine zwar nicht für die Diagnostik geeignet, da sie natürlich keinerlei Tumorspezifität besitzen. Ihr Wert liegt jedoch in der Verlaufsbeobachtung, da proliferierndes malignes Gewebe typische Veränderungen im Eiweißprofil hinterläßt (»fingerprints«).

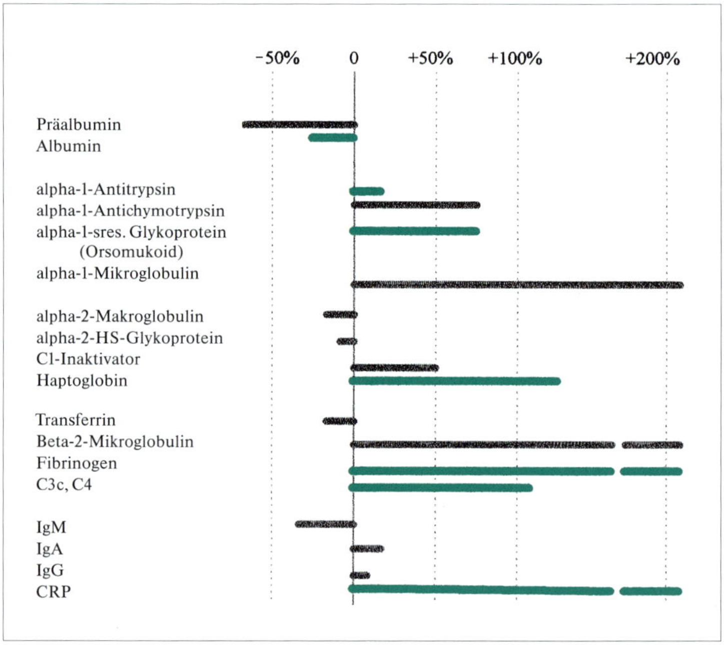

Plasmaproteinprofil (»fingerprints«) bei malignen Tumoren:
Abweichungen von den Durchschnittswerten eines Normalkollektivs.

Die in der Routine-Tumordiagnostik eingesetzten Parameter sind farbig herausgehoben.

(Modifiziert nach: Uhlenbruck, 1983)

Bei der Auswertung ist es wichtig, durch ein grafisches Bild die Deutlichkeit des Reaktionsverhaltens herausstellen. Es ist kaum möglich, eine präzise Aussage durch bloßes Nebeneinandersetzen der einzelnen Werte zu bekommen. Da zudem die einzelnen Proteine schwanken, ist keine »Blickdiagnose« möglich.

In einer Summationsgrafik kann das Verhalten der Proteine gut beurteilt werden. Der gesamten Proteingruppe der Akute-Phase-Proteine wohnt ein recht stabiles Verhalten inne, obwohl die Einzelproteine oft beträchtlich schwanken.

Nebenstehend sollen einige Beispiele das optische Bild bei verschiedenen Krankheitssituationen zeigen.

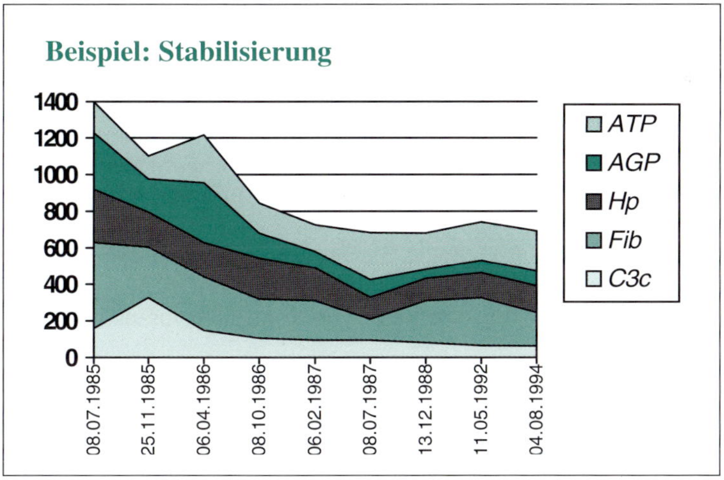

Pat. Pr. I., geb. 1950
Ablatio Nov. 1984
pT1N0M0

Bei Beginn der Behandlung (biologische Therapie) im Juli 85 erhöhte Leberwerte (γGT 38 U/l) und auch sonografisch hochgradiger Verdacht auf Lebermetastasen. Massiv erhöhte Akute-Phase-Proteine. Im Verlauf bis Juli 87 deutliches Absinken der Akute-Phase-Proteine und Stabilisierung. Parallel dazu Normalisierung der Tumormarker und Enzyme. (Die letzten Daten wurden nur mehr in größeren Zeiträumen angegeben.)

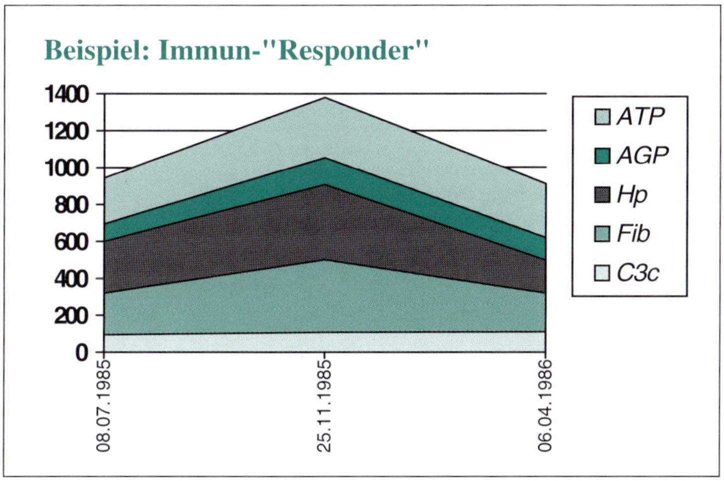

Pat. Z.M., geb. 1928
Ablatio 1985
pT3N1M0

Die Patientin wurde postoperativ auf Tamoxifen eingestellt. Gleichzeitig wurde mit der standardisierten Immuntherapie (Mistel, Thymus, Radikalfänger) begonnen. Deutlich ist die immunologische **Erstantwort** zu sehen **(»Dach«).**

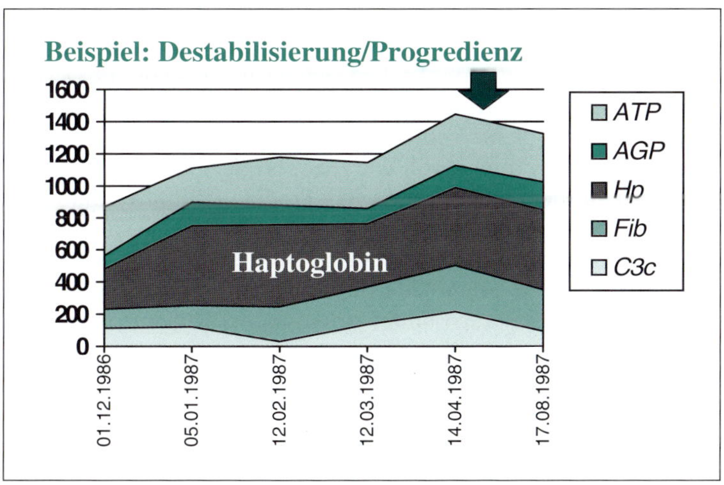

Pat. H.M., geb. 1932
Ablatio Mai 85
pT2N1M0

Erst zu diesem Zeitpunkt (⬇) (Sommer 87) wird die bildgebende Diagnostik »fündig«: **ossäre Metastasen.** (hoher Haptoglobinwert immer auf ossäre Manifestationen verdächtig)

Radiatio.

Darauffolgend wieder Stabilisierung, diese wiederum in einem Rückgang der Akute-Phase-Proteine ablesbar.

Komplementsystem

Antikörper bilden mit einem spezifischen Fremdkörper einen Komplex, um diesen unschädlich zu machen. Handelt es sich bei dem Antigen um eine Zelle (etwa eingedrungene Bakterien), so kann ein Antikörper zwar daran gebunden werden, er kann aber wegen seiner Kleinheit zunächst nur wenig ausrichten. Das Zusammenspiel mit dem Komplementsystem, das aus neun Komponenten besteht, führt zur Lyse der Zelle und somit zu ihrer Abtötung.

Das System ist sehr komplex, dies ist jedoch durchaus sinnvoll so: Die Abtötung von Zellen ist biologisch eine dramatische Angelegenheit, und es ist wichtig, eine Reihe von Kontrollen vorzuschalten.

Das Komplementsystem: Jedem Protein des klassischen Reaktionsweges wurde eine Nummer zugeteilt, die Reaktion läuft in der folgenden Reihenfolge ab: C1q, C1r, C1s, C4, C2, C3, C5, C6, C7, C8, C9.

Die meisten Proteine müssen zuerst proteolytisch aufgespalten werden, bevor sie ihre enzymatische Aktivität entfalten.

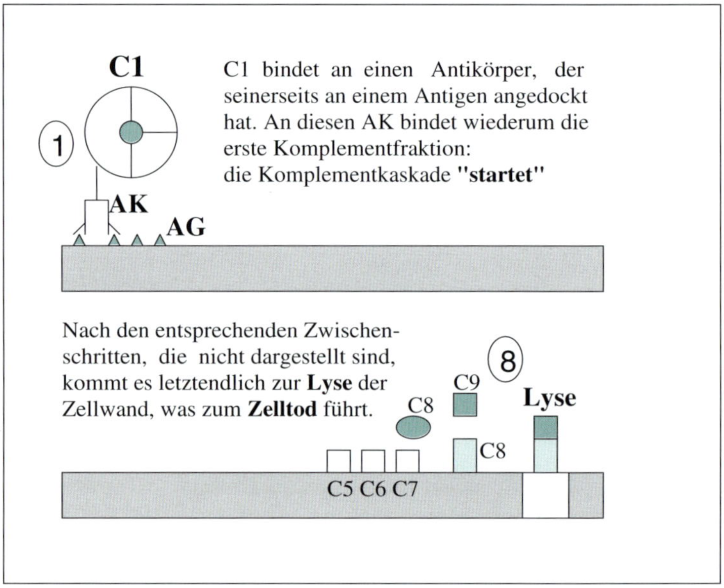

Die Spaltprodukte werden mit Kleinbuchstaben bezeichnet, z.B. C3a, C3b.

Die Komplementfaktoren C3 und C4 sind nicht nur am Komplementsystem beteiligt, sie verhalten sich auch wie Akute-Phase-Proteine. Sie werden bei Krankheitsaktivierung von seiten des Komplementsystems vermehrt verbraucht, werden aber auch wie Akute-Phase- Proteine vermehrt von der Leber produziert. Ihr Wert ergibt sich daher aus der Differenz zwischen Produktion und Verbrauch.

Ein Normwert muß daher einem anderen Akute- Phase-Protein gegenübergestellt werden. Ist z.B. das alpha-1-saure Glykoprotein erhöht, verbirgt sich auch hinter einem »normalen« C3- Wert eine erfolgte Aktivierung des Komplementsystems.

Die Mitbestimmung eines nicht am Komplementsystem beteiligten Akute-Phase-Proteins ist für die korrekte Interpretation der Komplementfaktoren Voraussetzung.

Tumormarker

Die verschiedenen Gruppen (Antigene, Hormone, Enzyme u.a.) werden mit der Bezeichnung »Marker« belegt, um auszudrücken, daß sie ein malignes Geschehen charakterisieren können.

Die Mehrzahl dieser Marker sind Proteine mit einem Kohlenhydrat- und/oder Lipidanteil und sehr oft Bestandteile der Zellmembran oder des Zytoplasmas. Unter den verschiedensten Phänotypen gibt es sicherlich eine ungeheuere Anzahl von membranständigen oder frei exprimierten Antigenen; einige davon haben Eingang in die diagnostische Routine gefunden.

Die nachfolgende Auflistung soll dem niedergelassenen Kollegen eine Übersicht geben.

Marker	Tumor
CEA	Magen-, kolorektale, Mamma-, Bronchialkarzinome
AFP	Keimzelltumoren, hepatozelluläres Karzinom
CA 19-9	Pankres-, Magen-, Gallenwegs-, Ovarialkarzinom
CA 12-5	Epitheliales Ovarialkarzinom
CA 15-3 (MCA)	Mamma-, Ovarial-, Uteruskarzinom
PSA	Prostatakarzinom
NSE	Kleinzelliges Bronchialkarzinom, Seminom, APUDom, Neuroblastom
SCC	Plattenepithelkarzinom (Zervix, Ösophagus, HNO)
CT	Schilddrüsenkarzinom (medullär, C-Zell)
TG	Schilddrüsenkarzinom (diffus, papillär)
TPA	Oberflächenaktivitätsmarker, eher universeller Begleitmarker
ß2-Mikroglobulin	Lymphome, Plasmozytom

Zieltumor	Tumormarker
HNO	**SCC**, CEA, TPA
Schilddrüsenkarzinom (diffus, papillär)	**TG**, TPA
Schilddrüsenkarzinom (C-Zell)	**Calcitonin, NSE**
Bronchialkarzinom	CYFRA
– Plattenepithel-	**SCC**, CEA
– kleinzelliges	NSE, CEA
– Adenokarzinom	CEA
Mammakarzinom	**CA 15-3**, MCA, CEA
Pankreaskarzinom	**CA 19-9**, TPA
Magenkarzinom	**CA 19-9**, CEA
Kolorektales Karzinom	**CEA**, CA 19-9
Leberkarzinom	
– hepatozelluläres	**AFP**
– cholangiozelluläres	CA 19-9
– metastasierendes	CEA
Ovaraialkarzinom	
– epithelial	**CA 12-5**, TPA
– muzinös	CA 19-9
Hodentumoren	
– Seminom,	**HCG**, SCC
– nicht seminomatös	**AFP**, HCG
Prostatakarzinom	**PSA-RIA**
Blasenkarzinom	CEA, TPA
Plasmozytom	**ß2-Mikroglobulin**
Lymphome	TPA (Ferritin)

Gruppen und Einteilung	
	Beispiele:
Onkofetale und onkoplazentare Antigene	CEA, AFP, HCG u.a.
Hybridom, definierte Antigene	CA 19-9 CA 12-5 CA 15-3
Differenzierungs- und Proliferationsantigene	TPA, NSE, PSA, ß2-Mikroglobulin
Ektopisch gebildete Hormone	HCG Parathormon Calcitonin ACTH
Ektopisch gebildete Proteine	Monoklonale Immunglobuline Ferritin Bence-Jones-Protein

Vollblut-analyse

Exaktes Wissen um physiologische Verhältnisse besonders hinsichtlich von **Spurenelementen** und **Mineralien** würde nur eine intrazelluläre Analytik bringen.

Aus begreiflichen Gründen ist dies in der täglichen Routine nicht machbar. Es war daher notwendig, **Annäherungsmodelle** zu finden, die den intrazellulären Status ausreichend gut erfassen können. Daher wurde die Methode der Vollblut-Analyse etabliert.

Die Auswertung führt zu zwei Therapie- Modalitäten:

Substitution

Bei deutlicher Defizienz wird durch die Substitution eine Normalisierung erreicht. Dies betrifft besonders die folgenden Elemente:

Zn, Fe, Mn, Mg, K, Se

Die Zufuhr bei Mangelzuständen ist sinnvoll, um gestörte Stoffwechselvorgänge und/oder Enzymaktivitäten zu verbessern.

Cave: Bei Eisen- und Zinksubstitution ist jedoch eine genaue Kontrolle der Blutwerte angezeigt. In verschiedenen Untersuchungen wurde immer wieder gezeigt, daß Eisen und Zink wachstumsfördernd auf Tumoren wirken können. Die Substitution darf daher nur bis zum Normzustand geführt werden, nie jedoch darüber. Eine »blinde« Einnahme ist daher sinnlos und sogar gefährlich!

Regulation

Neben der Supplementation bei Defiziten erfüllt die Gabe bestimmter Elemente auch einen regulativen Zweck, wie dies besonders zutrifft für

Cu und **Ca**

Die Zufuhr von Kupfer auch bei überhöhten Werten stellt den Versuch dar, überschießende Reaktionen des RES noch weiter zu fördern, um die Effektivität der (Abwehr-)Leistung noch zu steigern. In der Praxis ist – bei erfolgreicher Therapie – nach einer gewissen Latenzphase trotz Cu-Zufuhr eine Normalisierung zu beobachten.

Beispiel 1:
Patientin H. Cl., geb. 1933
Ablatio VI/92, pT2N1M0

Spektralanalyse Sept. 92 ➜

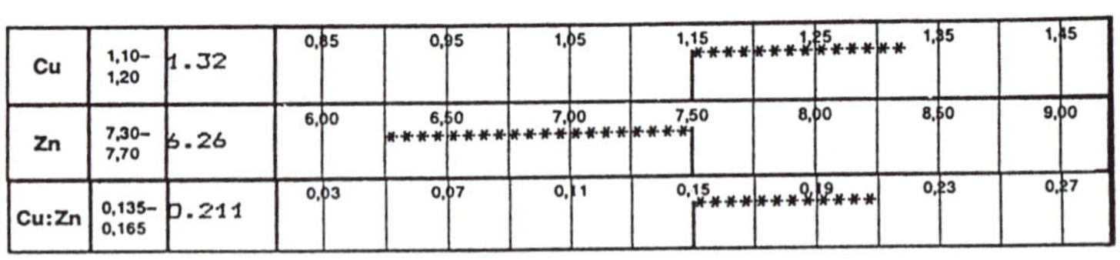

Über Monate wurde eine konsequente Zufuhr von **Kupfer** (regulativ) und **Zink** (substitutiv) durchgeführt, was zu einer völligen Normalisierung führte. Entsprechend zufriedenstellend war auch das klinische Bild.

Spektralanalyse Febr. 93 ➜

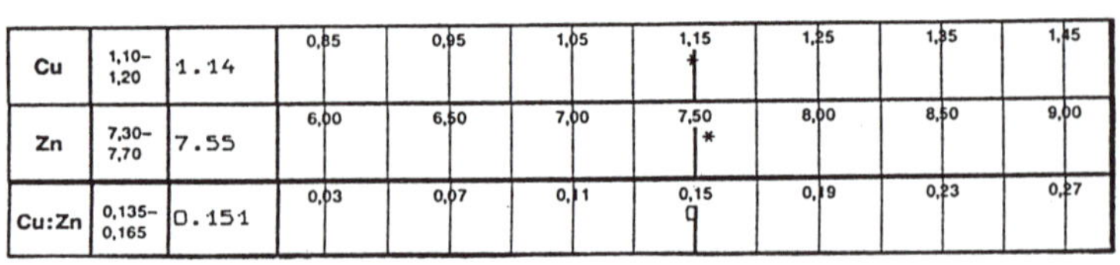

Erhöhtes Kupfer weist auf Aktivierungsvorgänge des RES gegen eine Tumorinvasion hin, das gleichzeitig niedrige Zink auf eine proliferierende (metastasierende) Tendenz.

Dieses konträre Verhalten läßt sich in einem Quotienten erfassen, der somit für Verlaufskontrollen gut geeignet ist: **Cu-Zn-Quotient**.

Kupfer-Zink-Quotient:
ein universeller
„Tumormarker"

Beispiel 2:
Patientin P. I., geb. 1950
Ablatio XI/91, pT1N0M0

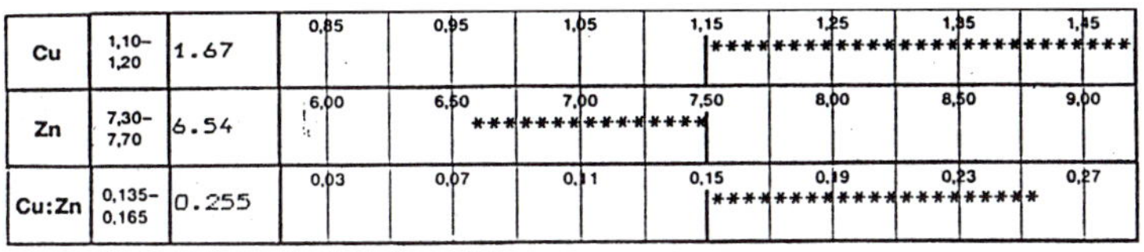

← Spektralanalyse Juli 91

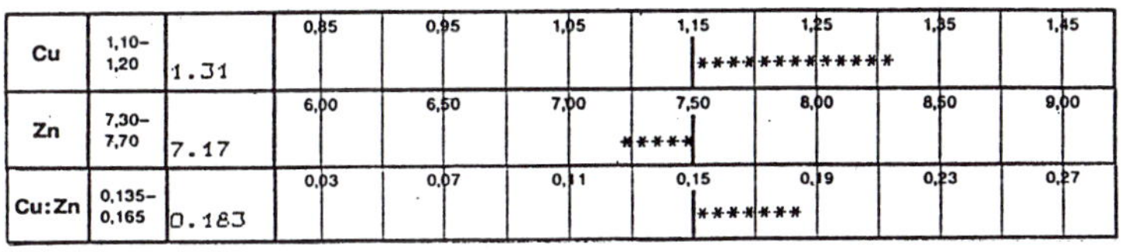

Dieses 2. Beispiel zeigt ebenfalls deutlich den Rückgang des Kupfer-Zink-Quotienten analog einer zum Stillstand komenden Tumorprogredienz.

← Spektralanalyse Nov. 92

Überhöhtes Kalzium gibt Hinweise auf eine mögliche Mobilisierung dieses Elementes aus dem Knochensystem. Mit zusätzlichen Gaben von Ca-Präparaten wird versucht, diesen Effekt durch einen »Überdruck« zu bremsen und die Osteolyse durch malignes Gewebe zu erschweren.

Bei derselben Patientin wie im Beispiel 1 wird im folgenden der Chart für Kalzium und Magnesium gezeigt. Auch hier wird Kalzium im Sinne von Regulation und Magnesium im Sinne von Substitution gegeben.

Beispiel 3:
Patientin H. Cl., geb. 1933
Ablatio VI/92, pT2N1M0

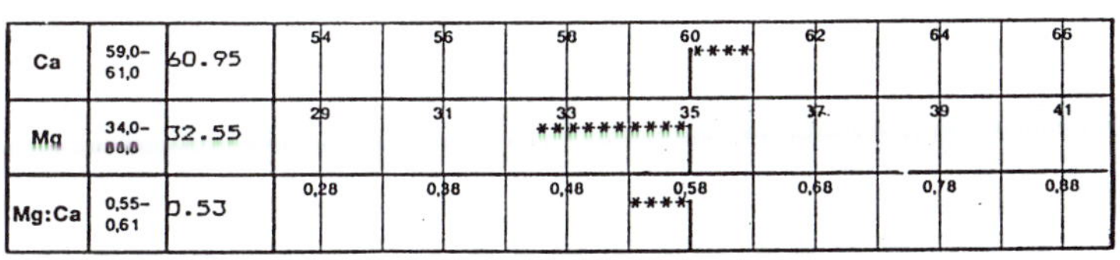

← Spektralanalyse Sept. 92

Kalzium wird regulativ zugeführt, Magnesium substitutiv. Es ist zu sehen, daß Kalzium nicht mehr weiter ansteigt, wodurch wahrscheinlich die weitere Mobilisierung aus dem Skelettsystem gebremst ist, Magnesium konnte ausreichend substituiert werden.

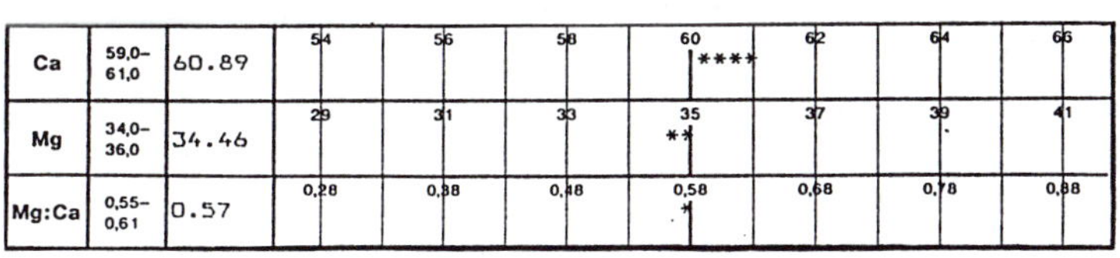

← Spektralanalyse Febr. 93

Immunlage

Das Immunsystem hat sich im Verlauf der Evolution zu einem hochwirksamen Schutzsystem entwickelt, das prinzipiell mit allen Anforderungen fertig wird. Die zellulären Struktureinheiten des Immunsystems gehen wiederum gegen eindringende zelluläre Strukturen vor (Bakterien, Viren, Parasiten u.a.), können aber auch gegen körpereigene entartete zelluläre Gebilde aktiv werden.

Diese ständige Auseinandersetzung unserer zellulären Abwehrstrukturen geschieht in einem für uns sicherlich unvorstellbaren Ausmaß zu jeder Stunde, Minute, Sekunde ...
Ständige Patrouillen inspizieren das gesamte Körperareal, die verknüpfenden Mechanismen (Zytokine) haben einen normalen Pegel, gelegentlich ist eine Generalmobilmachung notwendig, wenn Keime zu neu, zu viel, zu virulent, zu widerstandsfähig sind.

»Leistungsfähigkeit« der heutigen Immundiagnostik

Korrelieren Veränderungen mit der individuellen Prognose??

»Spurensuche«

- T-Zellmangel?
- T4-Zellmangel?
- T8-Zellüberschuß?
- Ratio zu niedrig?
- Aktivierte Zellen??
- Aktivierter T4-Zellmangel??
- Aktivierter T8-Zellüberschuß?
- Aktivierte Ratio zu niedrig??

Nach jahrelangen Diskussionen ist heute klar, daß permanent auch Tumorzellen entstehen und daß es zur täglichen Routinearbeit unseres Immunsystems gehört, diese Zellen zu vernichten. Auch wenn ubiquitär in unserem Körper immer ein paar Hunderttausend oder ein paar Millionen Tumorzellen existieren - sie sind einem gesunden Immunsystem noch lange nicht überlegen.
Die Frage ist, ob Veränderungen an diesem Immunsystem (Schwäche), die letztendlich zu einem Tumor geführt haben, mit den heutigen Meßmethoden erfaßbar sind oder nicht.

Weiterer Fragenkatalog:

- ➜ Sind meßbare Veränderungen relevant für das weitere Tumorverhalten (Mikrometastasen)?
- ➜ Sollten diese meßbaren Veränderungen therapeutisch angegangen werden ??
- ➜ Sind diese meßbaren Veränderungen therapeutisch angehbar ??
- ➜ Sind therapeutische Eingriffe immunologisch evaluierbar ??
- ➜ Sind gemessene immunologische Veränderungen überhaupt therapiebedingt ??
- ➜ Sagen immunologische Veränderungen überhaupt etwas über die zu erwartende Prognose aus ??
- ➜ Beeinflussen immunologische Veränderungen die Prognose ??

Die folgende Darstellung beschränkt sich somit auf die Beschreibung der in der Durchflußzytometrie bestimmten Lymphozyten-Subtypen, wie sie heute schon routinemäßig in zahlreichen Labors durchgeführt wird.

Viele Fragen der Wertung der einzelnen Konstellationen sind sicherlich noch offen, die nur durch eine konsequente Beobachtung und Weiterentwicklung der Parametersubtypen besser präzisiert werden können.

Mögliche relevante Kriterien:

Die Bestimmung der einzelnen Komponenten unseres Immunsystems soll zumindest einen Anhaltspunkt über die jeweilige Immunlage liefern können, um

➜ schwerere **Defizite** abschätzen zu können und/oder um eine
➜ **hyperreaktive Situation (Allergie)** besser einkalkulieren zu können.
Weiterhin kann eine
➜ **Ansprechbarkeit** auf ein therapeutisches Agens überwacht bzw. eruiert und beurteilt werden.
Zuletzt können Kriterien gefunde werden,
➜ **besondere therapeutische Schritte** zu setzen, wie z.B. die Notwendigkeit zur Auflösung von Immunkomplexen zu erkennen.

Dieses Kapitel soll keine Lehrstunde sein über Durchflußzytometrie, dazugehörige monoklonale Antikörper und deren unterschiedliche Firmenbezeichnungen, noch weniger eine Abhandlung über die nunmehr schon sehr umfangreiche CD-Nomenklatur. Dies bleibt der Fachliteratur oder Seminaren vorbehalten.

In der weiteren Auseinandersetzung mit der Immunlage werden einige **Beispiele** aufgezeigt, die bestimmte **typische Reaktionsweisen im Zusammenhang mit Therapie und Krankheitsverlauf** zeigen. Der Arzt kann seine Befunde mit den dargestellten Mustern abgleichen und Ähnlichkeiten oder Gleichheiten zur Beurteilung seiner erhobenen Werte heranziehen.

Beispiel ❶
»Non-Responder«

Pat.: Z. Fr., geb.: 1931
1988 modifizierte Mastektomie
Staging: pT1N1
Radiatio bis April 1989

Die Patientin begann 1 Jahr nach Ende der Strahlentherapie mit der im Therapieteil angeführten standardisierten Immuntherapie (s. S. 75). Die Phasenproteine zeigen keinen Anstieg. Dies bedeutet, daß die Patientin auf die gesetzten immunologischen Modalitäten **nicht** reagiert (»non-responder«, kein typisches »Dach«). Entsprechend finden sich nach einem weiteren Jahr immer noch hochgradig defiziente T- und Killer-Zellen.

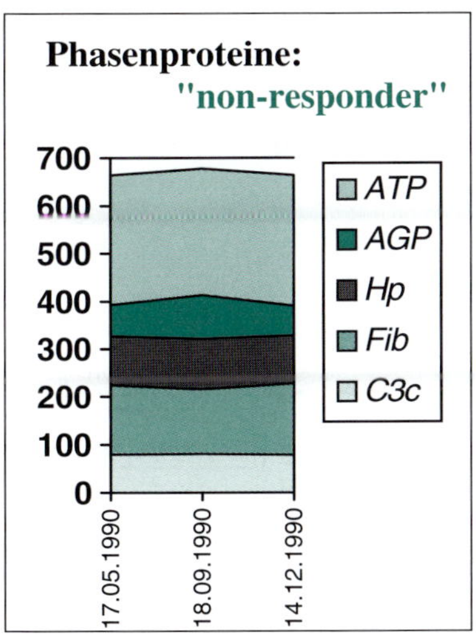

PAT: Z.H., geb. 1933	Norm	26.4. 1991
ZELLSTATUS		
Leukozyten	4000–8000	3500
Lymphozyten	20–50	17
Lymphozyten	> 1300	595
SUBSETS		
T-Lympho	60–75	66
B-Lympho	5–20	19
T4-Helfer	30–50	39
T8-Suppressor	20–30	33
T8-zytotox.	3–16	
NK-Zellen	10–14	16
RATIO	1.0–2.5	1.18
T-Lympho	1100–1500	393
B-Lympho	150–350	113
T4-Helfer	550–900	232
T8-Suppressor	200–400	196
T8-zytotox.	30–100	
NK-Zellen	100–500	95

Beispiel ❷
»Responder«

Pat.: Schn. Fr., geb. 1947
Jan. 1994 Diagnose mittels stereotaktischer Biopsie: diffus infiltrierendes **Astrozytom, inoperabel.**
Laut Arztbrief keine weitere Therapie.

Beginn einer Immuntherapie, zunächst mit Mistel, Thymus, Radikalfänger; nach 3 Monaten Beginn mit einer High-dose-Mistel-Infusionstherapie.

Zunächst hochgradige lymphozytäre Defizienz, die sich im Verlauf der Therapie deutlich abschwächt.
Die Kontrollbefunde laut MR zeigen bis zur Drucklegung (letzte erfaßte Kontrolle Feb. 97) völligen **Tumorstillstand** an.

Guter immunologischer »Response« in Übereinstimmung mit einem guten klinischen Ergebnis

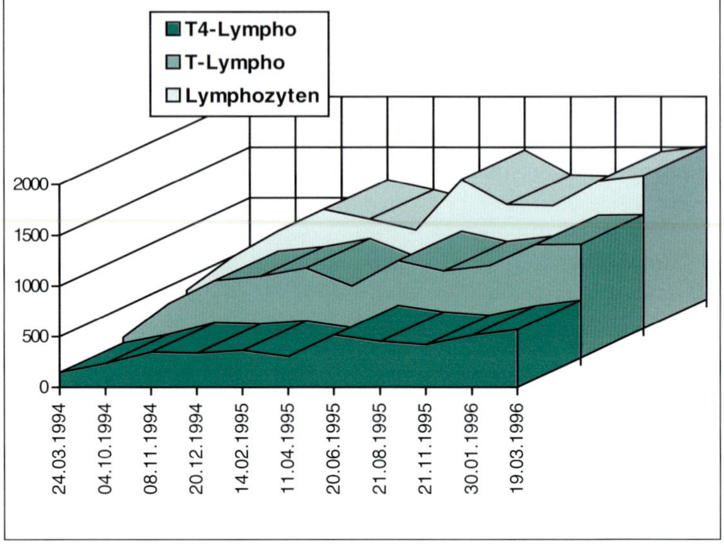

Beispiel ❸
Interferontherapie – Überstimulation Blockade

Pat.: Po. Fr., geb. 1965
1989 **Melanom**
Sept. 1994 Melanom-Metastase, Interferon-Therapie laut Kh.-Schema.

Beginn der Interferon-Therapie mit 3 x 3 Mio E. Intron A/Woche. Zunächst normaler Immunstatus. Bis zum Jan. 96 »Absturz« der gesamten weißen Reihe, daraufhin Reduktion der Interferon-Dosis auf 3 x 1 Mio E. und später sogar nur mehr auf 1 Mio E. pro Woche. Erst nach dieser Reduktion kam es wieder zur Normalisierung der Immun-Parameter.

Interferontherapie und lymphozytäre Antwort

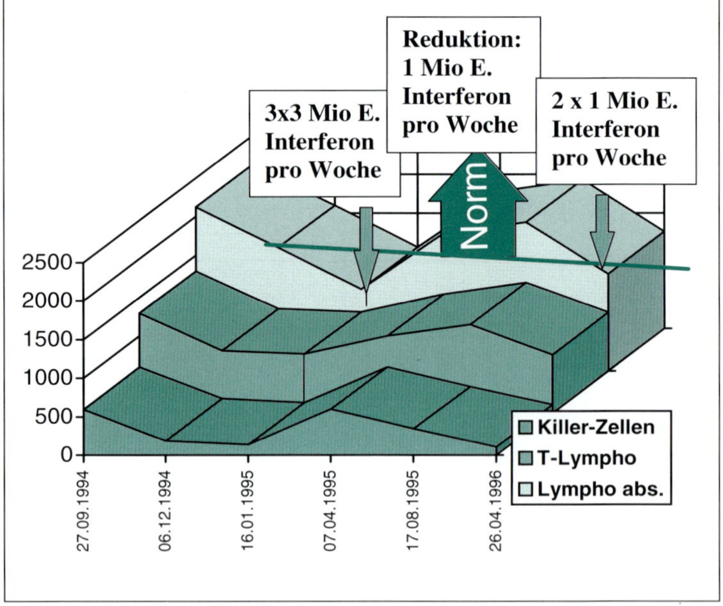

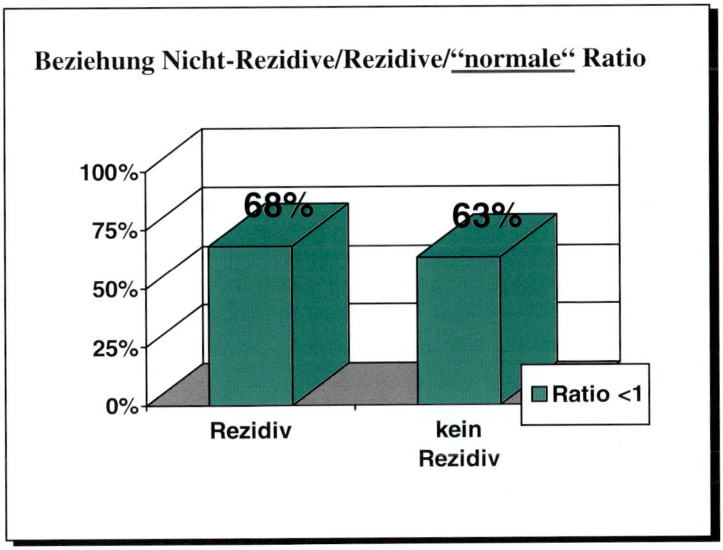

Beispiel ④
Ratio und Prognose?

Die Annahme, daß eine Ratio < 1 ein Signum für eine schlechtere Prognose wäre, konnte bei der Untersuchung von 780 Patienten **nicht** bestätigt werden.

Die Verteilung auf Rezidive und Nicht-Rezidive war bei dieser doch großen Patientenzahl annähernd gleich: 63 zu 68 %.

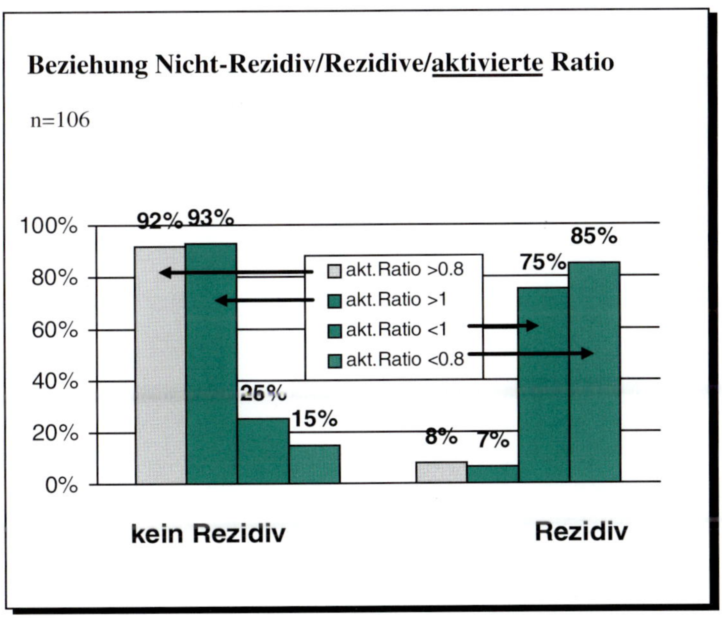

Beispiel ⑤
Aktivierte Ratio und Prognose?

Bei 106 Patienten wurden die Immunstaten ausgewertet, die nach den folgenden Kriterien gefiltert wurden:

Ausschluß:
- Hämatolog./lymphatische Systemerkrankungen
- Laufende Chemotherapien
- Metastasierung von Beginn an

Einschluß:
- Epitheliale Tumoren
- Ein früheres Rezidiv mußte länger als zwei Jahre zurückliegen

Gegenüber allen anderen Immun-Parametern zeigte die aktivierte Ratio die **höchste »Trefferquote« hinsichtlich der zu erwartenden Prognose, also der Wahrscheinlichkeit eines Rezidivs oder der Rezidiv-Freiheit.**

Immunkomplexe

Neben der Bestimmung der Lymphozytensubpopulationen, deren möglicher Aktivierungszustände, der Immunglobuline inklusive der für ein Tumorgeschehen bedeutsamen Unterfraktionen (IgG1/IgG2 - Schauenstein, Univ. Graz), die anderen laborspezifischen Veröffentlichungen vorbehalten sein sollte, ergibt die relativ einfache und billige Bestimmung der Immunkomplexe oftmals recht gute Anhaltspunkte über die Vigilanz immunologischer Reaktionen.

Erhöhte Immunkomplexe

⇩

Immun-»blockaden«

⇩

Verschlechterung der Prognose

Pirquet hat 1911 seine Erkenntnis veröffentlicht, daß zirkulierende Immunkomplexe das pathologische Prinzip der Serumkrankheit darstellen. Im immunologisch belasteten Organismus entstehen sie, wenn Antigene durch spezifische Antikörper aus dem Gewebe eliminiert werden sollen und dabei hochmolekulare Aggregate entstehen. Werden sie in den Geweben oder in den Gefäßwänden abgelagert, sie pathologische Bedeutung.

Da nun gerade maligne Tumore charakterisiert sind durch die Expression von tumorassoziierten Antigenen, die im jeweiligen Wirtsorganismus die Bildung spezifischer Antikörper induzieren, kommt es naturgemäß zur Bildung von Antigen-Antikörper-Komplexen.

Die Erhöhung von Immunkomplexen sagt also viel über die aktuelle immunologische Situation aus, und insofern stellen sie auch ein prognostisches Kriterium dar durch folgenden Mechanismus:

Werden durch die Besetzung durch derartiger Komplexe entsprechende Rezeptoren an der Membran von Tumorzellen blockiert, ist die immunologische Erkennung be- oder zur Gänze verhindert. Es können auch die Fc-Rezeptoren immunkompetenter Effektorzellen blockiert werden, was deren spezifische Antitumor-Reaktivität ebenfalls empfindlich stört.

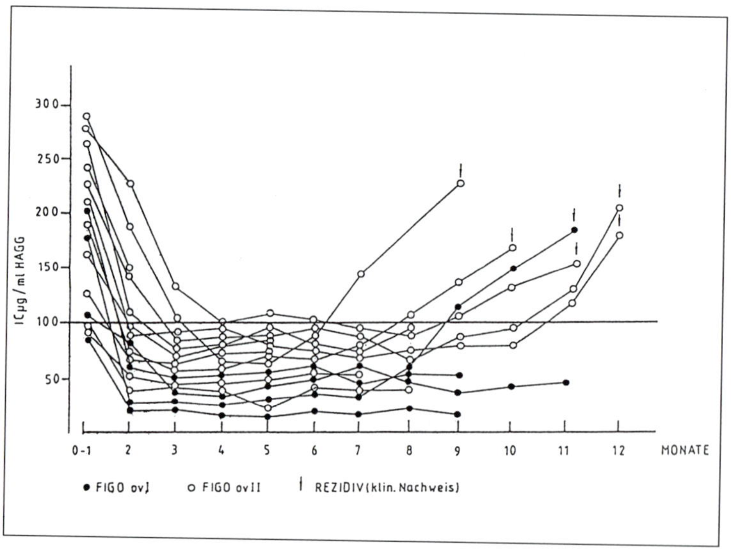

Titerverlaufskontrollen von zirkulierenden Immunkomplexen bei Ovarialkarzinomen Stadium FIGO I–II (n = 15).
Es ist deutlich zu sehen, wie der ansteigende Titer im Verlauf von 12 Monaten mit einer schlechten Prognose korreliert.
(Aus: Beaufort, Anner, Lahousen: Immunkomplexe bei Ovarialkarzinomen; Universität Graz, 1986).

Säure-Basen-Haushalt

Die Abschätzungs des Säure-Basen-Haushaltes ist auf Annäherungsmodelle angewiesen, und es werden bevorzugterweise die Methoden von Sanders (Harn-Analytik) und Jörgensen (Blut- und Serumtitration) angewendet.

Im Kapitel **Ernährung** wird umfangreich auf die Bedeutung des Säure-Basen-Haushaltes eingegangen. Oben angegebene Methoden beziehen sich nicht auf die aktuelle Säure-Basen- Situation des Blutes, wie sie in der Intensivmedizin von Bedeutung ist. Vielmehr geht es hier um die Untersuchung der **Säure- Basen-Kapazität** und der entsprechenden Reserven der **Basen-Puffer**.

An dieser Stelle sollen die entsprechenden Laborblätter zum Eintragen der jeweils erhobenen Werte dargestellt werden, die geeignet sind:

- zum Mitgeben für den Patienten (Tages-Harn- Analytik) bzw.
- den eigenen Laborbedarf (Bluttitration).

✂ Kopieren für den **Patienten**

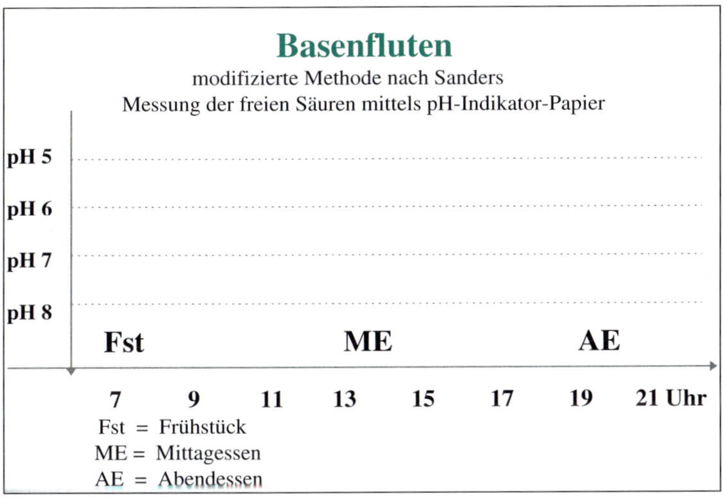

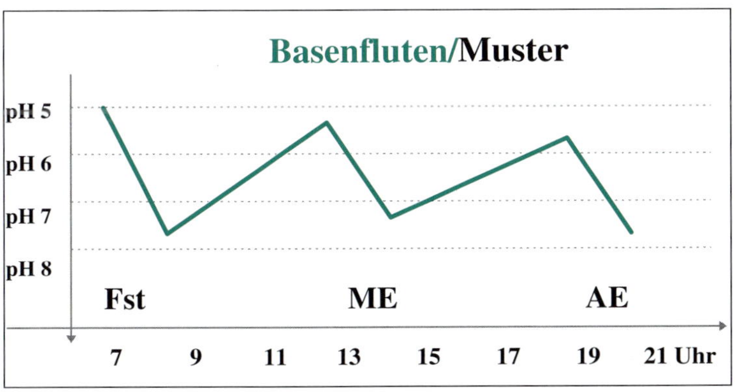

Name:
Vorname:

Erläuterung:
Harn-pH-Messung mittels eines herkömmlichen pH-Indikator-Papiers im entsprechenden Meßbereich.

Insgesamt sollten 6 Messungen durchgeführt werden:

1. Morgenharn
2. ca. 1 h nach dem Frühstück
3. knapp vor dem Mittagessen
4. ca. 1 h nach dem Mittagessen
5. knapp vor dem Abendessen
6. ca. 1 h nach dem Abendessen

✂ Kopieren für **LABOR**

Titrationsmodus

8–10 ml Blut abnehmen, 3 gtt Heparin dazugeben, 1 ml Vollblut entnehmen zur Vollblutmessung, den Rest zentrifugieren zur Serumgewinnung.

1. Titration des Vollblutes (1 ml)
- pH-Messung Vollblut
- Zusetzen von 100 µl 0,1 n HCl zu diesem 1 ml Vollblut (Mikrotiterpipette)
- Neuerliche pH-Messung
- Wieder 100 µl 0,1 n HCl zugeben
- Nächste pH-Messung
- Und so fort, bis die Meßkurve mit der Abszisse bei pH 6,1 schneidet

2. Titration des Serums (1 ml)
- pH-Messung wie oben

3. Verbinden der Meßpunkte

4. Die Differenz der Vollblut- und der Serumkurve ergibt die intraerythrozytäre Pufferkapazität in mmol/l als Annäherungsmodell für die **intrazelluläre Pufferkapazität.**

Klinische »Fehler«-Quellen: Kalium- und Hämoglobinmangel

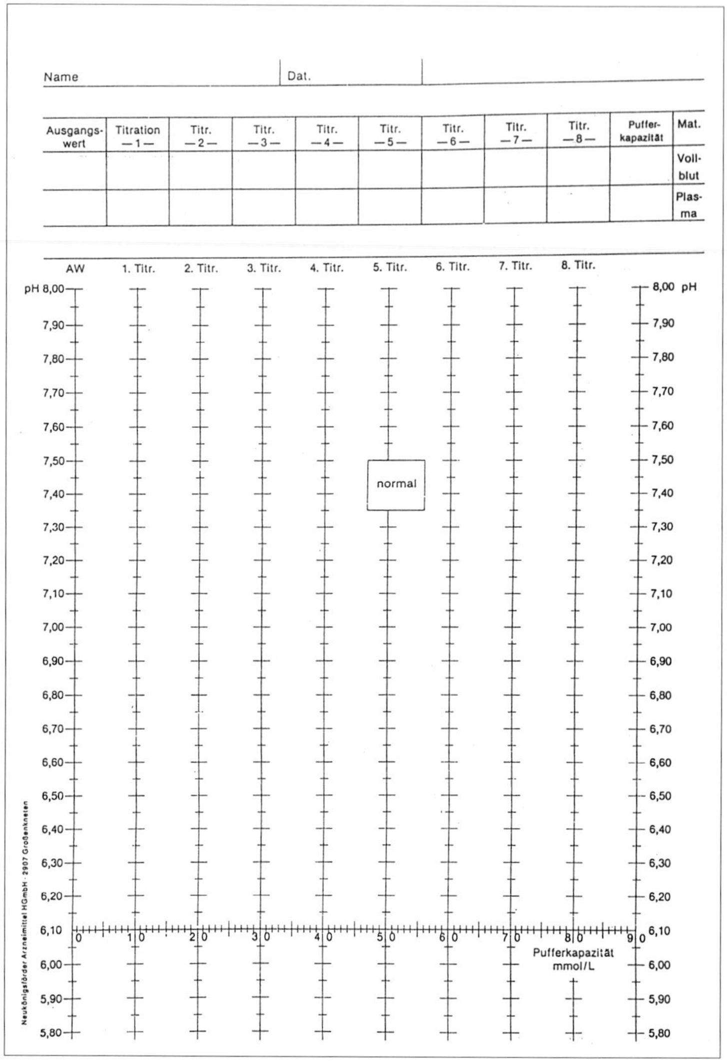

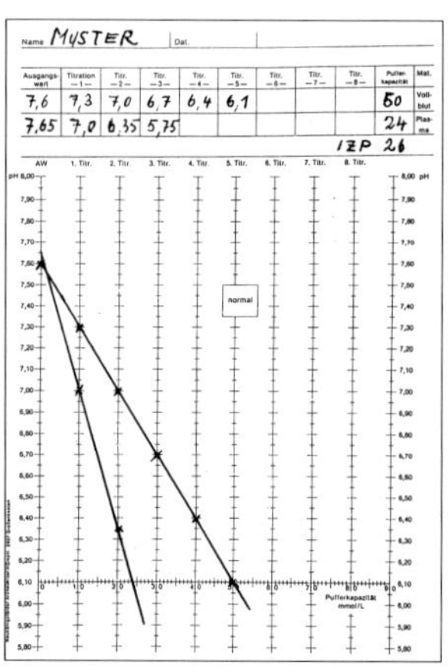

Ausrüstung:

- **pH-Meter** — mit diversen Eich- und Regulationseinrichtungen z.B. METROHM kombinierte pH-Glaselektrode
- **Eichlösungen** — pH 4, pH 7, pH 9; tägliche Eichung notwendig
- **0,1 n HCl-Lösung**
- **Mikrotiterpipette** — 100 µl-Einstellung
- **Zentrifuge** — zur Serumgewinnung

Kapitel III

Tumorstadien-Klassifikationen zum schnellen Nachschlagen

1. TNM-System
2. Organbezogene, allgemein gebräuchliche Sondereinteilungen

Postoperative histologische Klassifikation:

pT, pN, pM

Neben der TNM-Charakterisierung ist auch eine **genaue histologische Bezeichnung des Tumors** erforderlich. Sie erfolgt zum einen nach der postoperativen histologischen Klassifikation anhand der p-Kategorien im TNM-System, wobei jedem Buchstaben ein kleines p vorangestellt wird.

Zum anderen wird am Operationspräparat eine **histologische Gradeinteilung der Malignität (»Grading«)** durch Abschätzung der Entdifferenzierung der Zellen vorgenommen. Zellen sind um so stärker entdifferenziert, d.h. entartet, je mehr sie sich von normalen Zellen unterscheiden.

Maligne Tumoren werden als hochdifferenziert (Grad 1) bezeichnet, wenn sie histologisch mit dem Gewebe übereinstimmen, aus dem sie hervorgegangen sind. Hier finden sich in der Regel nur vereinzelt Mitosen und Zellatypien. Die am wenigsten differenzierten Tumoren werden als »anaplastisch« oder »verwildert« bezeichnet.

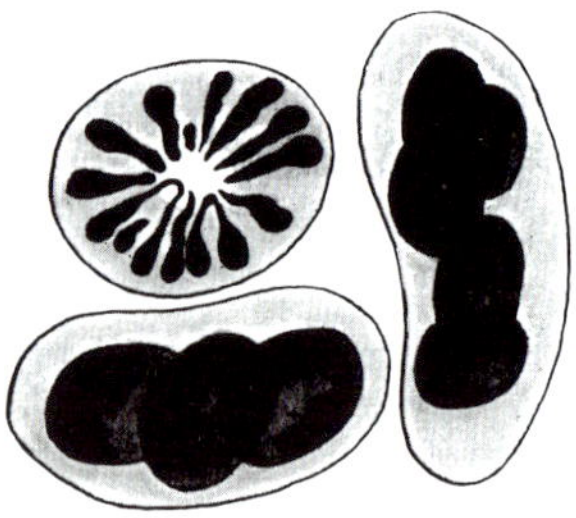
Tumorriesenzelle

G	**Histologisches Grading (Malignitätsgrad)**
G_1	Hoher Grad der Differenzierung, gut differenziert
G_2	Mittlerer Grad der Differenzierung, mäßig differenziert
G_3	Geringer Grad der Differenzierung oder Entdifferenzierung, schlecht differenziert
G_x	Differenzierungsgrad kann nicht bestimmt werden. Zum Teil wird G_9 verwendet, wenn der Malignitätsgrad bzw. die Differenzierung nicht bestimmt oder nicht anwendbar ist

Zusätzlich zur Tumorcharakterisierung kann der **Grad der Befundsicherung** durch die C-Kategorie beschrieben werden. Der C-Faktor (»Certainty«) gibt an, mit welchen diagnostischen Methoden die Befunde erhoben wurden. Das C wird immer hinter die Buchstaben T, N oder M gesetzt.

C	**Befundsicherung (»Certainty«)**
C_1	Evidenz allein aufgrund klinischer Untersuchung
C_2	Evidenz unter Zuhilfenahme spezieller diagnostischer Hilfsmittel
C_3	Evidenz allein aufgrund chirurgischer Exploration
C_4	Evidenz der Krankheitsausdehnung nach erfolgter chirurgischer Behandlung einschließlich der vollständigen Untersuchung des therapeutisch gewonnenen Resektionspräparates

2. Organbezogene, allgemein gebräuchliche Sondereinteilungen

Lungenkarzinom

Okkultes Karzinom		$T_x\ N_0\ M_0$
Stadium Ia		$T_1\ N_0\ M_0$ $T_2\ N_0\ M_0$
Stadium Ib		$T_0\ N_1\ M_0$ $T_1\ N_1\ M_0$
Stadium II		$T_2\ N_1\ M_0$
Stadium III		$T_3\ N_0\ M_0$ $T_3\ N_1\ M_0$
	jedes	T $N_2\ M_0$
Stadium IV	jedes	T jedes N M_1

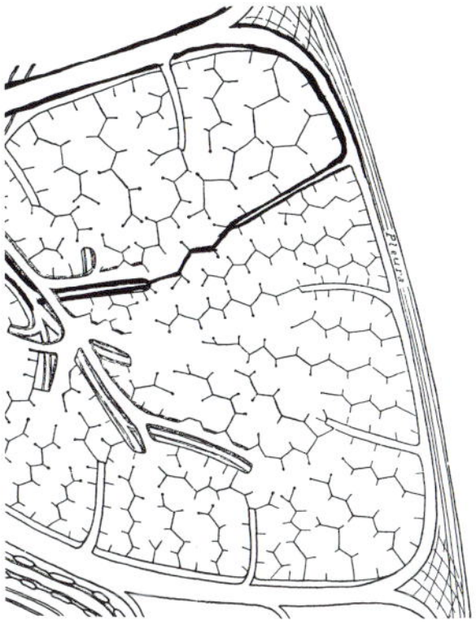

Ovarialkarzinom (Einteilung nach FIGO)

Stadium I	Wachstum beschränkt sich auf die Ovarien
Ia	Wachstum beschränkt sich auf ein Ovar, kein Aszites
Ib	Wachstum beschränkt sich auf beide Ovarien, kein Aszites
Ic	Wachstum beschränkt sich auf ein oder beide Ovarien, Aszites mit Tumorzellen ist vorhanden
Stadium II	Wachstum erstreckt sich auf ein oder beide Ovarien mit Ausbreitung im kleinen Becken
IIa	Ausdehnung und/oder Metastasen ausschließlich auf oder in Uterus und/oder Tuben und/oder gegenseitigem Ovar
IIb	Ausdehnung auf andere Beckengewebe
Stadium III	Wachstum in einem oder beiden Ovarien mit ausgedehnter intraperitonealer Metastasierung im Bereich des Abdomens
Stadium IV	Wachstum in einem oder beiden Ovarien mit Fernmetastasen außerhalb der Peritonealhöhle

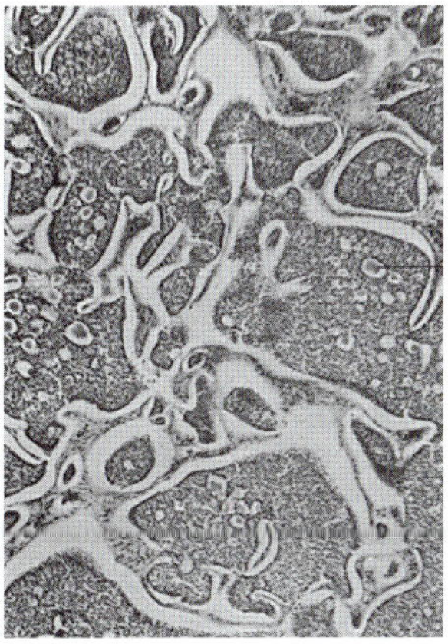

Granulosazelltumor des Ovars

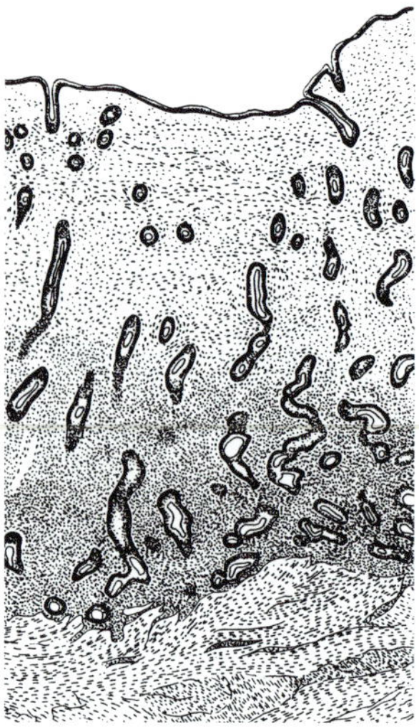

Menschliche Uterusschleimhaut am 12.–13. Tag des Menstruationszyklus (gegen Ende der Proliferationsphase)

Endometriumkarzinom

Angegeben sind die FIGO-Stadien (Fédération Internationale de Gynécologie et d'Obstétrique) sowie die Häufigkeit (1973)

Stadium 0	Histologisch verdächtige, aber nicht sicher maligne Befunde. Atypische adenomatöse Hyperplasie des Endometriums (»Borderline« = Grenzfall)
Stadium I (72 %)	Das Karzinom ist auf das Corpus uteri beschränkt
Ia	Die Länge des Cavum uteri beträgt 8 cm oder weniger
Ib	Die Länge des Cavum uteri ist größer als 8 cm
Stadium II (15 %)	Das Karzinom hat das Corpus und die Cervix uteri befallen
Stadium III (10 %)	Das Karzinom hat den Uterus, nicht aber das kleine Becken überschritten
Stadium IV (3 %)	Das Karzinom ist über das kleine Becken hinaus vorgedrungen oder hat die Blasen- und Rektumschleimhaut befallen

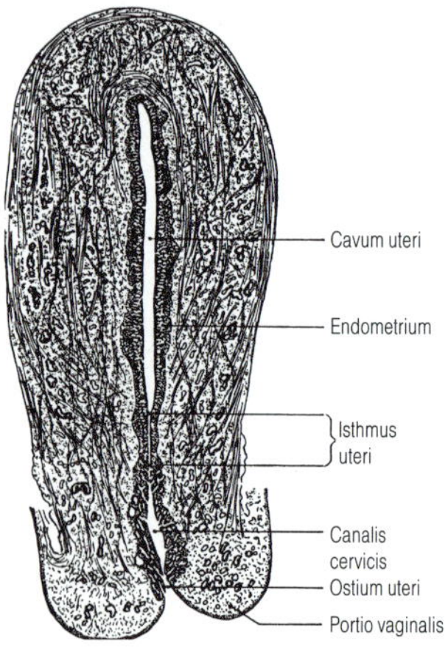

Medianschnitt durch einen menschlichen Uterus

Zervixkarzinom

Angegeben sind die FIGO-Stadien (Fédération Internationale de Gynécologie et d'Obstétrique) sowie die Häufigkeit (1973)

Nichtinvasive Karzinome:

Stadium 0	Carcinoma in situ, intraepitheliales Karzinom

Invasive Karzinome:

Stadium I (28 %)		Das Karzinom ist auf die Zervix beschränkt (Ausdehnung in das Korpus bleibt unberücksichtigt)
Ia		Präklinische Karzinome
	Ia_1	Carcinoma in situ mit beginnender Stromainvasion (early stroma invasion)
	Ia_2	Mikroinvasives Karzinom
Ib		Alle übrigen Fälle von Stadium I

Stadium II (37%)	Das Karzinom hat die Grenzen der Zervix überschritten, aber die Beckenwand noch nicht erreicht. Das Karzinom greift auf die Vagina über, das unterste Drittel ist aber noch tumorfrei
IIa	Ohne parametrane Infiltration
IIb	Mit parametraner Infiltration
Stadium III (30%)	Das Karzinom hat die Beckenwand erreicht. Bei der Rektaluntersuchung findet sich kein karzinomfreier Raum zwischen Tumor und Beckenwand. Der Tumor befällt das untere Drittel der Vagina. Vorliegen einer Hydronephrose oder Verlust der Nierenfunktion
IIIa	Keine Ausdehnung bis zur Beckenwand
IIIb	Ausdehnung bis zur Beckenwand
Stadium IV (5%)	Das Karzinom dehnt sich auch außerhalb des kleinen Beckens aus oder hat die Blasen- und Rektumschleimhaut befallen

Blasenkarzinom

T	**Primärtumor**
T_{is}	Carcinoma in situ
T_a	Papilläres, noninvasives Karzinom
T_1	Invasion der Lamina propria
$T_{2,3}$	Infiltration des Blasenmuskels
T_{4a}	Infiltration in Nachbarorgane
T_{4b}	Fixation des Tumors an der Beckenwand
N	**Regionale und juxtaregionale Lymphknoten**
N_x	Lymphknotenstatus unbekannt
N_0	Keine Lymphknotenmetastasen
N_1	Befall eines ipsilateralen solitären Lymphknotens
N_{2-4}	Befall von mehr als einem regionalen Lymphknoten
M	**Fernmetastasen**
M_x	Metastasenstatus unbekannt
M_0	Metastasenfrei
M_1	Fernmetastasen vorhanden

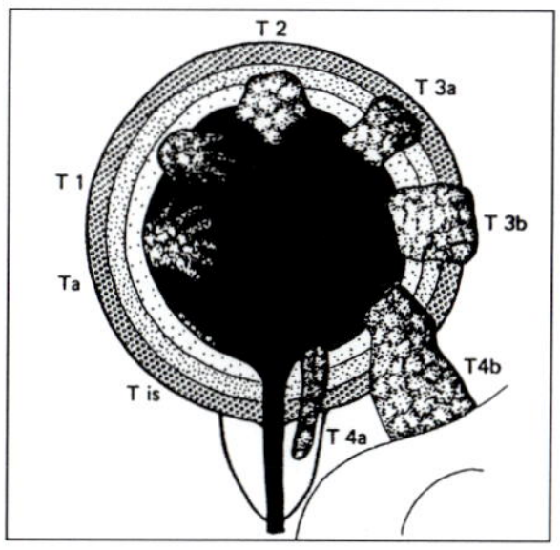

Zur Klassifikation des Prostatakarzinoms werden zwei verschiedene Systeme verwendet:
- das TNM-System der UICC
- das amerikanische System nach Jewett et al.

Prostatakarzinom

Amerikanisches System			TNM-System
A.	**I.O.**	**Zufällig entdecktes Karzinom im Operationspräparat (G_1–G_3)**	T_0
	A1	Histologisch: hochdifferenziert und fokal (G_1)	T_0 N_0
	A2	Histologisch: mäßig bis schlecht und fokal (G_1)	T_0 $N_{1\text{-}3}$ $N_{0\text{-}2}$
B.	**II**	**Palpatorisch begrenzt auf Prostata**	
	B1	Kleiner Knoten, ≦ 1,5 cm, in einem Lappen	T_1 $N_{0\text{-}2}$
	B1	Tumor > 1,5 cm, in einem oder beiden Lappen, kein Kapselbefall	T_2 $N_{0\text{-}2}$
C.	**III**	**Tumor kapselüberschreitend**	T_3 $N_{0\text{-}2}$
	C1	Kein Befall der Samenblasen < 70 g, < 6 cm Ø	
	C1	Befall der Samenblasen > 70 g, > 6 cm Ø	
		Fixierter Tumor oder Ausbreitung auf Nachbarorgane	T_4 $N_{2,4}$ $M_{0\text{-}1}$
D.	**IV**	**Tumor mit nachweisbaren Metastasen**	
	D1	Beckenlymphknoten oder Harnleiterobstruktion mit Stauungsniere	T_4 $N_{2\text{-}3}$ M_0
	D2	Knochenmetastasen oder juxtaregionale Metastasen	N_4 M_1

Magenkarzinom

pT	**Primärtumor**
pT_{is}	Präinvasives Karzinom (in situ)
pT_0	Kein Tumor im Resektat
pT_1	Tumor mit Invasion von Mukosa oder Submukosa
pT_2	Tumor mit Invasion der Muscularis propria oder Subserosa
pT_3	Tumor mit Invasion der Serosa
pT_4	Tumor mit Invasion angrenzender Strukturen
pN	**Regionale und juxtaregionale Lymphknoten**
pN_0	Kein Befall regionärer Lymphknoten
pN_1	Befall von Lymphknoten bis zu 3 cm vom Tumor entfernt, entlang den beiden Kurvaturen
pN_2	Befall von Lymphknoten 3 cm vom Tumor entfernt, entlang den beiden Arterien (A. coeliaca lienalis, A. gastrica sinistra)
pN_3	Befall paraaortaler und hepatoduodenaler Lymphknoten
M	**Fernmetastasen**
M_0	Keine Evidenz für Fernmetastasen
M_1	Fernmetastasen vorhanden

Nach der Borrmann-Klassifikation werden unterschieden:

Typ I: polypös

Typ II: ulzero-polypös

Typ III: ulzerierend

Typ IV: diffus

Kolon- und Rektumkarzinom

pT	**Primärtumor**
pT_{is}	Präinvasives Karzinom (in situ)
pT_0	Kein Tumor im Resektat
pT_1	Tumor beschränkt sich auf Mukosa oder Mukosa und Submukosa (Dukes A)
pT_2	Tumor infiltriert Muskularis oder Muskularis und Serosa (Dukes B)
pT_3	Tumorausdehnung auf angrenzende Strukturen pT_{3a}: ohne Fistelbildung pT_{3b}: mit Fistelbildung
pT_4	Tumorausdehnung über benachbarte Gewebe hinaus

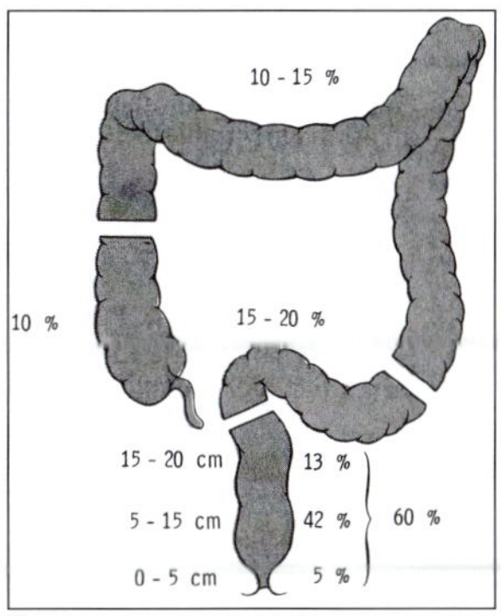

Lokalisation und Häufigkeit des Dickdarmkarzinoms (aus F. Largiader et al.: Checkliste visz. Chir., Thieme, 1983).

pN	**Regionale und juxtaregionale Lymphknoten**
pN_0	Keine Evidenz für einen Befall regionärer Lymphknoten
pN_1	Befall regionärer Lymphknoten (Dukes C)
pN_{2-3}	(Nicht anwendbar!)
pN_4	Befall juxtaregionärer Lymphknoten
M	**Fernmetastasen**
M_0	Keine Evidenz für Fernmetastasen
M_1	Fernmetastasen vorhanden

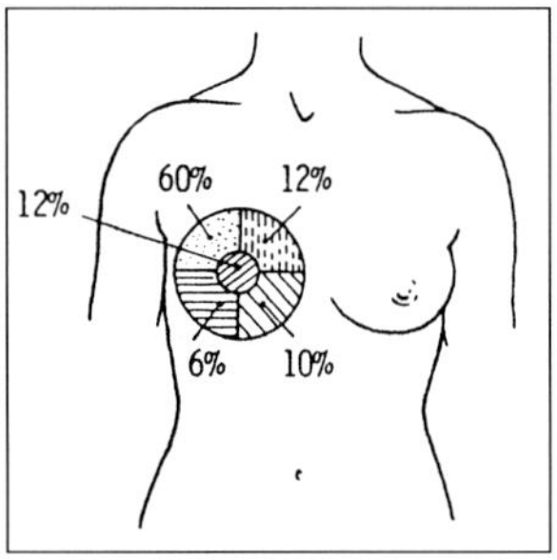

Karzinomverteilung in den Quadranten der rechten Brust.

Mammakarzinom

T	**Primärtumor**	
T_{is}	Präinvasives Karzinom, Carcinoma in situ	
T_0	Kein Tumor palpabel	
T_1	Tumordurchmesser ≦ 2 cm	a: Keine Fixation
T_2	Tumor > 2 cm, < 5 cm	b: Fixation an Pektoralisfaszie oder -muskel
T_3	Tumor ≧ 5 cm	
T_4	Tumor jeglicher Größe	
	T_{4a}: Mit Fixation an der Brustwand	
	T_{4b}: Mit Armödem, Ulzeration oder Hautmetastasen	
	T_{4c}: Mit beidem	
N	**Regionale (homolaterale) Lymphknoten**	
N_0	Keine palpablen axillären Lymphknoten	
N_1	Tastbare, bewegliche axilläre Lymphknoten	
	a: Klinisch nicht befallen	
	b: Klinisch als befallen betrachtet	
	–: Histologisch nicht befallen	
	+: Histologisch befallen	
N_2	Lymphknoten untereinander oder anderswo fixiert	
N_3	Supra- und infraklavikuläre Knoten oder Armödem	
M	**Fernmetastasen**	
M_0	Keine Fernmetastasen nachweisbar	
M_1	Fernmetastasen vorhanden	

Stadiengruppierung beim Mammakarzinom

Stadium I	T_{1a}, T_{1b}	N_0, N_{1a}	M_0
Stadium II	T_0, T_{1a}, T_{1b}	N_{1b}	M_0
	T_{2a}, T_{2b}	N_0, N_{1a}	M_0
	T_{2a}, T_{2b}	N_{1b}	M_0
Stadium IIIa	T_{3a}, T_{3b}	N_0, N_1	M_0
	$T_{1a, b}, T_{2a, b}, T_{3a, b}$	N_2	M_0
Stadium IIIb	$T_{1a, b}, T_{2a, b}, T_{3a, b}$	N_3	M_0
	$T_{4a, b, c}$	jedes N	M_0
Stadium IV	jedes T	jedes N	M_1

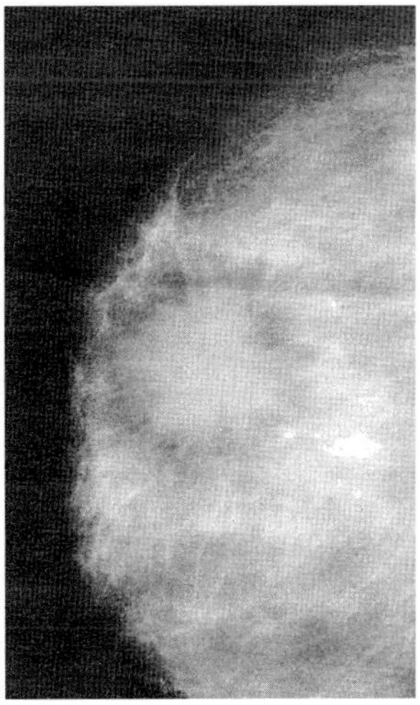

Lymphogranulomatose (Morbus Hodgkin)

Klassifikation und Angaben zur Häufigkeit nach dem »Hodgkin Disease Staging Classification Committee«, Ann Arbor 1971

Stadium I (in ca. 10%)	Befall einer einzelnen Lymphkotenregion oder einer einzelnen extralymphatischen Region, von Lymphknotenregionen ausgehend
Stadium II (in ca. 50%)	Befall von 2 oder mehreren Lymphknotenregionen auf der gleichen Seite des Zwerchfells oder lokalisierter Befall extralymphatischer Organe oder Gewebe und einer oder mehrerer Lymphknotenregionen auf der gleichen Seite des Zwerchfells
Stadium III (in ca. 30%)	Befall von Lymphknotenregionen auf beiden Seiten des Zwerchfells, die auch von einer Beteiligung der Milz oder einem lokalen Befall extralymphatischer Regionen begleitet sein können
Stadium IV (in ca. 10%)	Disseminierter Befall extralymphatischer Organe mit oder ohne Befall benachbarter Lymphknotenregionen

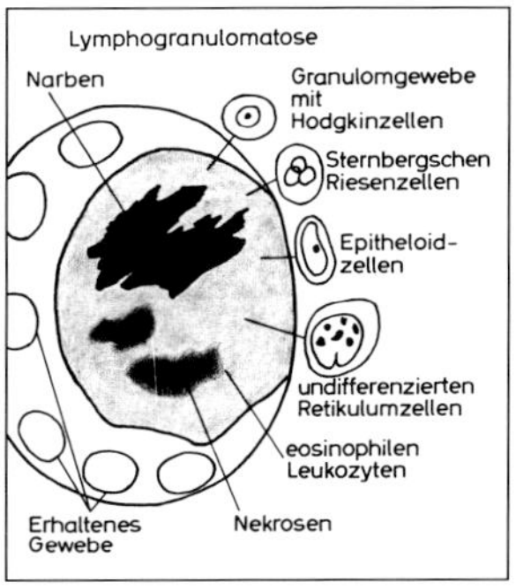

Einteilung der Non-Hodgkin-Lymphome nach Rappaport (1966):

Lymphozytäres Lymphom (Lymphosarkom):

a) Gut differenziert (=lymphozytär)
   - Diffus
   - Nodulär

Gemischt lmypho-zytäres und histio-zytäres Lymphom:
   - Diffus
   - Nodulär

Histiozytäres Lymphom (Retikulosarkom):
   - Diffus
   - Nodulär

Non-Hodgkin-Lymphome

Kiel-Klassifizierung (1978)

Lymphome von niedrigem Malignitätsgrad:

- Lymphozytische Lymphome
  - Chronisch-lymphatische Leukämie (B-CLL, T-CLL)
  - Haarzell-Leukämie
  - Mycosis fungoides und Sézary-Syndrom
  - T-Zellen-Lymphom
- Lymphoplasmozytäres/lymphoplasmozytoides Lymphom (LP-Immunozytom)
- Plasmozytisches Lymphom (Plasmozytom, extramedulläres)
- Zentrozytisches Lymphom (Germinozytom)
- Zentroblastisch/zentrozytisches Lymphom
  - Follikulär
  - Follikulär und diffus
  - Diffus
  - Mit oder ohne Sklerose

Lymphome von hohem Malignitätsgrad:

- Zentroblastisches Lymphom
  - Primär
  - Sekundär
- Lymphoblastisches Lymphom
  - Burkitt-Typ
  - »Convoluted cell-type«
  - Unklassifiziert
- Immunoblastisches Lymphom
  - Mit plasmoblastisch/plasmozytärer Differenzierung (B)
  - Ohne plasmoblastisch/plasmozytärer Differenzierung (B oder T)

Kapitel IV

Möglichkeiten adjuvanter und additiver immunbiologischer Therapiemaßnahmen in der langjährigen Nachsorge im niedergelassenen Bereich

»Wasser kann auch gut sein für das Herz«

(St. Exupery: Der Kleine Prinz)

Th. Billroth im Hörsaal der II. Chirurgischen Universitätsklinik Wien.
Gegen Ende des vorigen Jahrhunderts waren Asepsis und Narkosetechnik so weit entwickelt, daß die Eröffnung des Abdomens möglich war. Mit den verfügbaren Resektionstechniken wurden erstmals auch Magenkarzinome operiert, in der Hoffnung und der Meinung, mit der lokalen Entfernung des Tumors das gesamte Krebsleiden heilen zu können.
Wie uns die Erfahrung lehrt, war diese Annahme trügerisch, und so mußten weitere Methoden erforscht werden, um die auftretenden Metastasen zu kontrollieren bzw. einer derartigen Tumorstreuung frühzeitig entgegenzuwirken.

Kapitel IV
Adjuvante, additive und palliative Therapiemaßnahmen

1. Stellenwert und Modell

Der Autor legt Wert auf folgende Definition:

Die zusammengestellten Therapiepläne stellen nach der derzeitigen Lehrmeinung biologisch orientierter Krebsgesellschaften *ergänzende Maßnahmen* in der gesamten onkologischen Behandlungspalette dar.

Damit ist unmißverständlich ausgedrückt, daß die angeführten Maßnahmen als Aufgabe zum Ziel haben, den Erfolg einer vorangegangenen radikaltherapeutischen Tumorreduktion zu sichern.

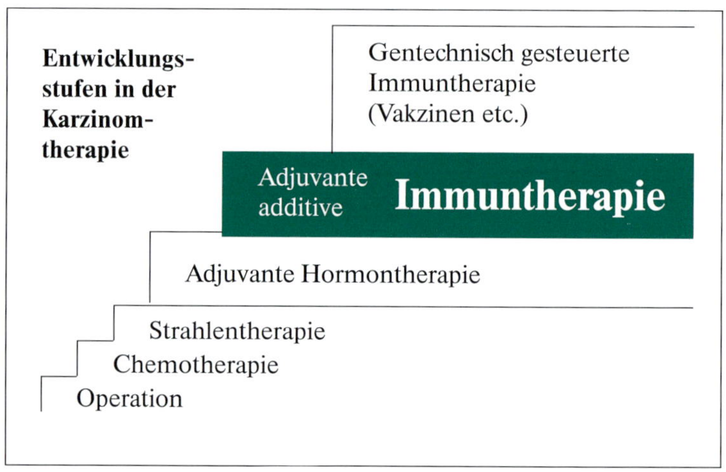

Genauso wenig, wie eine - wenn auch sehr gute - Tumorreduktion Metastasenfreiheit garantieren kann, können immunbiologische Maßnahmen alleine einen Tumor »wegzaubern«.

In Kapiel I, Abschnitt 1 ist beschrieben, daß das Maß der intakten immunologische Kontrollfähigkeit den Grad an Tumorfreiheit bestimmt. Erst die gestörte Immunüberwachung ist Ursache für eine ungehemmte Zellentartung und Vermehrung. Es ist dann nur mehr eine Frage der Zeit, bis der Tumor makroskopisch erfaßbar ist.

Derselbe Mechanismus (Immunüberwachung) hat auch die Nachsorgephase nach erfolgreicher Tumorreduktion zu kontrollieren. Die Kontrolle entarteter Zellen muß für Vor- und Nachsorge gleich sein.

Daraus resultiert ein logisches **Zwei-Stufen- Modell:**

1. Stufe

Der diagnostizierbare Tumor hat eine Zellmenge erreicht, die die Immunabwehr weit überfordert. Körpereigene Abwehrmechanismen sind somit nicht mehr in der Lage, den Tumor zu eliminieren.

Daher ist eine Reduktion der Tumorzellen notwendig. Die angewendeten Techniken sollten die Zahl der Tumorzellen auf ein Minimum herabdrücken.

An erster Stelle stehen somit radikale, chemische oder aktinische **tumorzellreduzierende** Maßnahmen.

Radikale Therapie

Operation

Bestrahlung

Chemotherapie

Unterdrückend

Medizin heilt aggressiv

Organbezogen

2. Stufe

Nach erfolgreicher Tumorzell-Reduktion ist anzunehmen, daß die noch vorhandene Zahl an Tumorzellen wieder dasjenige Maß erreicht hat, das der »normalen« Belastung eines jeden Organismus entspricht.

Es bleibt jedoch die Frage offen, ob der durch Vorschädigungen wie
- ➜ primärer Immunschwäche, die überhaupt erst die Tumorbildung ermöglichte,
- ➜ immunologischer Schwächung durch Operation, Narkose,
- ➜ evtl. nachfolgende Chemotherapie und/oder
- ➜ Radiatio

geschwächte Organismus in der Lage sein wird (kann), aus eigener Kraft die verbliebenen Tumorzellen zu kompensieren.

An dieser Stelle müssen immunrestaurierende Maßnahmen eingesetzt werden, um den Erfolg der **Tumorzell-Reduktion zu sichern**.

Biotherapie

Anregung der Abwehrkräfte

Entgiftung

Ergänzung bei Mangelzuständen

Problemerkennung

Stimulierend

Ausgleichend (Homöostase)

Natur heilt sanft

Personenbezogen

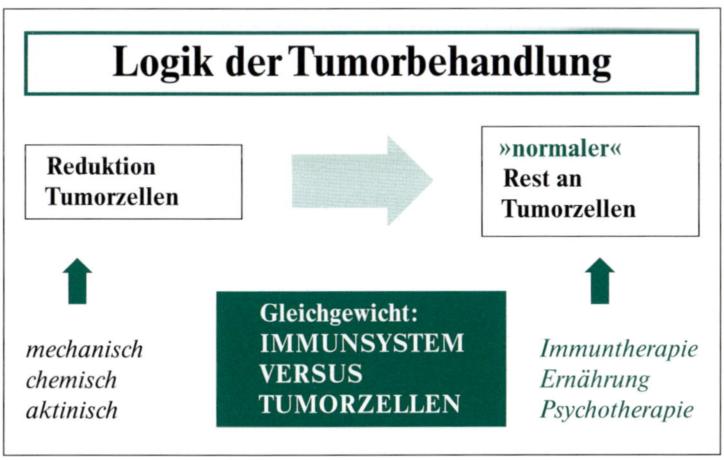

nur normal ist optimal

2. Begriffsbestimmung und Zielsetzung

Biologische Immuntherapien sind gekennzeichnet durch eine besonders physiologische Reaktionsweise. Es ist eine vordringliche Aufgabe des Therapeuten, dies zu beachten nach dem Motto:

Nur normal ist optimal!!

Dementsprechend verwendet der Autor hauptsächlich den Begriff des **Immuntrainings.** Nur ein sinnvolles und ausgewogenes Training führt zu einer gesunden, physiologischen Kondition.

Die Anwendung biologischer immuntrainierender und substituierender Therapiemodalitäten im Rahmen einer Karzinomtherapie hat folgende **Zielsetzungen:**

perioperativ

Allgemeine Stärkung und organischer Aufbau vor und nach Operationen, perioperative Metastasenprophylaxe.

additiv

Allgemeine Unterstützung bei laufenden Chemo- und/oder Strahlenserien. Die (noch) bessere biologische Verträglichkeit vergrößert den Bonus dieser doch sehr eingreifenden Therapien.

adjuvant

Langjähriges Training des Immunsystems in der adjuvanten Nachsorgephase zur Erhaltung des Erfolges nach ausreichender radikaler Tumorreduktion

zur Verlängerung der metastasenfreien Zeit,
zur Verlängerung der Gesamtüberlebenszeit und
zur Verbesserung der Lebensqualität.

supportiv

Unterstützung in Situationen, bei denen der Versuch der Tumordestruktion (z.B. Chemotherapie) alleine nicht zu einer ausreichenden Verbesserung der Lebensqualität führt.
Zusätzliche Maßnahmen (z.B. Schmerzlinderung bei Knochenmetastasen) bringen einen deutlichen Benefit für den Kranken.

alternativ

Letztlich muß (soll) auch Patienten eine Therapie angeboten werden, die radikale tumorreduktive Therapien ablehnen. Gerade diese Patienten dürfen nicht einfach abgewiesen oder sich selbst überlassen werden.

Erstes Ziel aller unserer Bemühungen muß sein, die Lebensqualität unserer Patienten zu verbessern.

Dieses Bestreben hat oberste Priorität, egal unter welchen weiteren Therapien der Patient sonst noch steht.

Es muß für den Kranken wieder ein Stadium relativen Wohlbefindens ermöglicht werden (können). Gelingt dies, werden sicherlich auch seine Lebensgeister wieder gestärkt sein.

Diese durch unser therapeutisches Handeln wiedergewonnene Lebensfreude wird uns als Lohn einen Patienten gegenüberstehen lassen, der dankbar anerkennt, daß er nicht mehr alleine gelassen ist mit seiner schweren Last. Wir haben es ihm leichter gemacht, wo immer auch seine Probleme gelegen sein mögen.

Das Kapitel »Therapie« ist vor allem darauf ausgerichtet, **Normalität** wiederherzustellen.

Einmal sind es gestörte **Stoffwechselvorgänge,** zum anderen ein Ausgleichen von **Mangelzuständen,** dann wieder ist es die **Ernährung,** die im Einklang mit den wirklichen Bedürfnissen des Menschen stehen soll (muß), und ferner ist es die normale = **optimale immunologische Fähigkeit,** wie sie uns seit Jahrmillionen das Überleben auf dieser Erde ermöglichst hat.

Freilich darf unser medizinsches Handeln sich nicht nur auf die Verabreichung von Medikamenten beschränken.

Genauso wichtig ist es, die psychische Situation der Kranken nach essentiellen Störungen zu durchleuchten, um - genauso wie im biochemischen Bereich - regulierend und restaurierend wirken zu können.

Die Gesamtheit unseres therapeutischen Vorgehens muß vom Patienten vertrauensvoll und mit Verständnis aufgenommen werden (können).

Das Ganze ist mehr als die Summe aller Teile

Die hauptsächliche therapeutische Bestrebung liegt im Erreichen einer physiologischen Restauration.

Therapie entspricht somit der Wiederherstellung ursprünglicher biologischer Reaktionsweisen.

Therapie- und Behandlungspläne

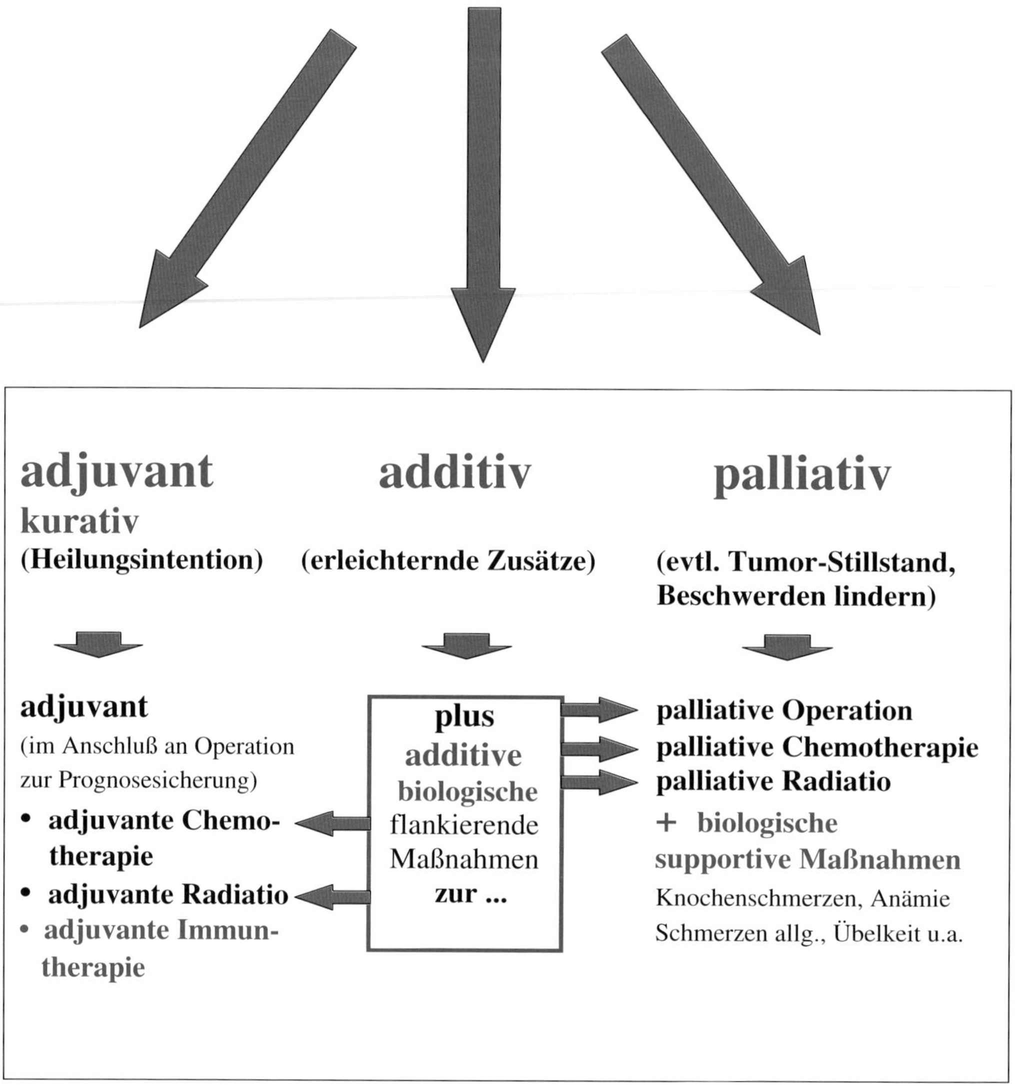
adjuvant
kurativ
(Heilungsintention)
additiv
(erleichternde Zusätze)
palliativ
(evtl. Tumor-Stillstand, Beschwerden lindern)
adjuvant
(im Anschluß an Operation zur Prognosesicherung)
• adjuvante Chemotherapie
• adjuvante Radiatio
• adjuvante Immuntherapie
plus
additive
biologische
flankierende
Maßnahmen
zur ...
palliative Operation
palliative Chemotherapie
palliative Radiatio
+ biologische supportive Maßnahmen
Knochenschmerzen, Anämie
Schmerzen allg., Übelkeit u.a.

Therapiepläne
- Übersicht -

Leerformular zur freien Therapiegestaltung

Präventiv-Programm

periop.

1 **Periop. Programm**
Karzinome, Sarkome
Präoperative Vorbereitung
Postoperative Nachbehandlung

2 **Additives Programm zur Chemotherapie**
Alle Karzinome, Sarkome, hämatologisch-systemische Malignome

additiv

2a **Additives Programm zur Radiatio**
Alle Karzinome, Sarkome, hämatologisch-systemische Malignome

2e **Ernährungs-fahrplan**
Chemotherapie Begleitung

Therapiepläne Übersicht

adjuvant

3 **Adjuvante Immuntherapie**
Mammakarzinom
N0 T1, T2
Grad I, II
Horm.-Rez.: pos.

3a **Adjuvante Immuntherapie**
Mammakarzinom
N1 und höher, jedes T
T3, T4 auch bei N0
Grad III auch bei N0
Horm.-Rez.: neg., auch bei N0

3b **3c** palliativ

4 **Adjuvante Immuntherapie**
Kolorektale Karzinome
N0 jedes T
Dukes A, B

4a **Adjuvante Immuntherapie**
Kolorektale Karzinome
N1 jedes T
Dukes C

5 **Adjuvante Immuntherapie**
Prostatakarzinom
N0 PSA-RIA ohne Dynamik

5a **Erweiterte Immun-Hormontherapie**
Prostatakarzinom
N1 PSA-RIA ohne Dynamik

5b **5c** palliativ

6 **Adjuvante Immuntherapie**
Hypernephrom
Melanom

Therapiepläne
Übersicht

adjuvant

7

Allgemeine adjuvante Programme

HNO-Tumoren, Magen-, Ösophaguskarzinom, Sarkome,Urothelkarzinom, Bronchialkarzinom u.a.
Unabhängig vom Lnn-Status

8

Adjuvante Immuntherapie

Gynäkologische Tumoren
R0-operabel

Erweiterte Hormon-Immuntherapie

Gynäkologische Tumoren

8a

palliativ

8b

9

Adjuvante Immuntherapie

M. Hodgkin, NHL
Ausgenommen "reine" T-B-Zell-Leukämien (bei Kindern und Erwachsenen)

10

Adjuvante Immuntherapie

Bei "geheilten" Tumoren
Beispiel: Hodentumoren
Prävention: Chemo/Rad. induz. Zweitkarzinom

1e

Ernährungsfahrplan

Gesunde Basis

Therapiepläne - Übersicht -

palliativ

11 **»Schaukeltherapie«**
am Beispiel des
metastas. Ovarialkarzinoms
⇨ Chemotherapie/
⇨ Intermitt. Immuntherapie
⇨ Chemotherapie

3b **3c** **Erweiterte Hormon-Immuntherapie**
bei metastasierendem Mammakarzinom
Weichteile, Knochen

12 **Biologische Zytostase**
⇨ "Austherapierte" Patienten
⇨ Verlängerung der Chemotherapie-Intervalle u.a.

5b **5c** **Erweiterte Hormon-Immuntherapie**
bei metastasierendem Prostatakarzinom
Weichteile, Knochen

13 **Supportives Programm**
bei allen Tumoren
Beispiel: **ossäre Metastasen**

8a **8b** **Erweiterte Hormon-Immuntherapie**
bei metastasierenden gynäkologischen Tumoren
Weichteile, Knochen

4e **Ernährungsfahrplan**
Katabolie

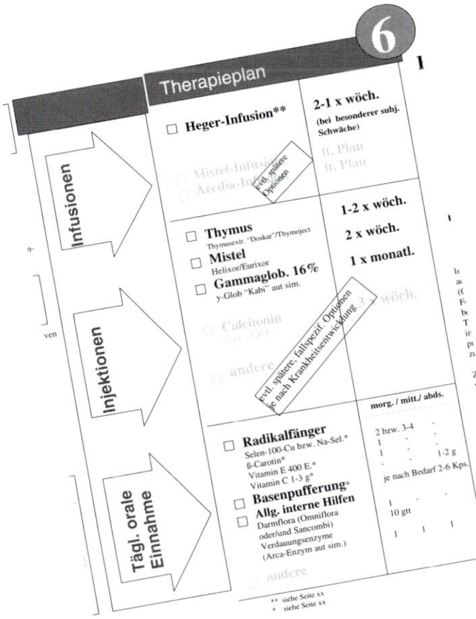

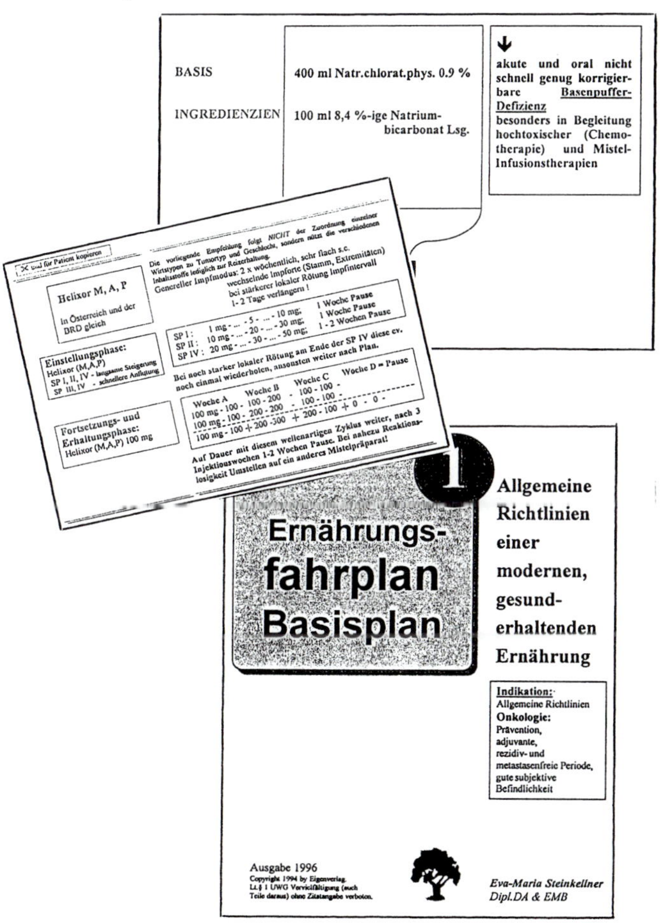

Planmanagement

Benutzungshinweise:

Die jeweiligen Therapie- und anderen Behandlungspläne sollten für den Patienten bzw. für den Arzt **herauskopiert** werden.

1. Der **immunbiologische**

   Therapieplan

   soll **aus dem Mittelteil der Doppelseite** kopiert, evtl. Änderungen durchgeführt mit Namen und Erst- sowie Änderungsdaten versehen werden.
2. Jeweilige **Ergänzungspläne** (Anhang) aus dem Bereich

   Therapiebausteine = Teil B

   besonders die entsprechenden **Infusions- und Injektions-pläne** als Ergänzung zum Therapieplan/Infusionen bzw. Therapieplan/Injektionen (z.B. Heger-Infusion I, II Mistel-Infusion, Aredia-Infusion, Mistel-Injektionspläne, Thymusstoß)
3. Kopie des jeweiligen

   Ernährungsfahrplanes

   siehe Querverweise auf dem krankheitsbezogenen aktuellen Therapieplan.

Teil A

Programmbeispiele
Therapiepläne

Teil B
Einzelbeschreibungen
Therapie-"Bausteine"

Arbeitsanleitung

Indikation

Die Beschreibung der jeweiligen Indikation soll die einzelne Anwendung noch einmal präzisieren.
Beachtet werden sollen die einzelnen Varianten nach Staging, Grading und anderen Stratifikationskriterien.

Bildgebende Diagnostik

Hinweise für Art und teilweise für Frequenz der durchzuführenden bildgebenden Diagnoseverfahren wie
- Röntgen,
- Sonographien,
- Szintigraphien,
- CT,
- MR

und andere.

Labor

Übersichtsmäßige Laborkriterien. Teilweise betroffen der klinische Bereich, darüber hinausgehende Stichwörter für Kriterien, um die jeweilige aktuelle immunbiologische Gesamtsituation erfassen zu können.

Zeitraster

Planung des **"timings"** der einzelnen Therapieschritte.
Abstimmung besonders der zeitlichen Abfolge radikaltherapeutischer und (immun-)biologischer Modalitäten.

Therapiepläne
-Übersicht-

Der immunbiologisch tätige Arzt soll und muß immer das Gesamtspektrum aller möglichen Maßnahmen vor Augen haben. Um ein Folge-Denken zu erleichtern, sind stellenweise eventuell später notwendige Therapieschritte (Optionen) im Hintergrund präsent.

Aktueller Teil:	dunkel, fett gedruckt
Optionen:	im Hintergrund, hellgrau, teilweise mit einem Hinweis überdruckt

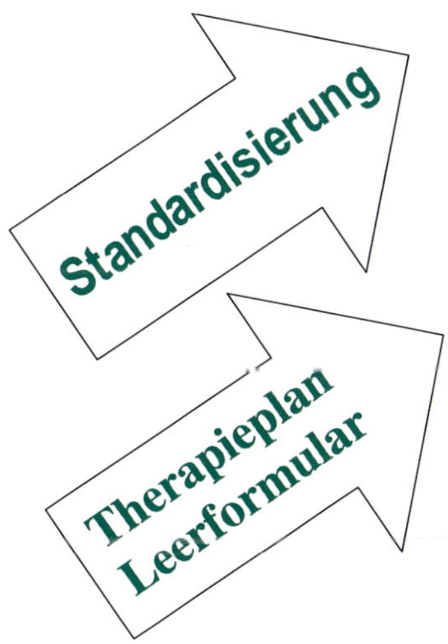

Standardisierung

Procedere Indikation

Auswahlkriterien
bei den verschiedenen Tumorentitäten und Krankheitsstadien, Begriffsbestimmung adjuvant, additiv, supportiv, Zeitraster für ein optimiertes Timing

Procedere Diagnostik

Vorschläge
zur bildgebenden Diagnostik in Anlehnung an internationale Untersuchungsempfehlungen. Schnelle Orientierung bei Laborparametern sowohl allgemein im Sinne eines immunbiologischen Screenings als auch tumorspezifisch, z.B. hinsichtlich Tumormarkern

Procedere THERAPIE

Additive und supportive Programme
als Unterstützung zu laufenden klinischen tumorreduzierenden Maßnahmen, fortgeschrittenen metastasierenden Stadien bzw. Programme bei "austherapierten" Patienten

Adjuvante Programme

zeigen bei den verschiedensten Tumorentitäten eine sehr **ähnliche bis identische Therapiestruktur.**
Aus immunologischer Sicht erscheint vorerst eine Unterteilung der Therapieintensität bei den "Haupttumoren" lediglich nach den folgenden Stratifikationsmerkmalen sinnvoll:

Immunologische Maßnahmen folgen den köpereigenen Reaktionsmechanismen und NICHT der jeweiligen Tumorentität

Staging - besonders **Lnn-Befall**
Grading
Hormonrezeptoren

Die seit etwa 15 Jahren bestehenden Konzepte sollen im Sinne einer grundsätzlichen **Standardisierung** eine **Behandlungsbasis** darstellen.

Zusätzliche Therapiemodalitäten sollten nur auf der Basis des therapeutischen Standards in den Behandlungsplan integriert werden.

Standardisierung

Standardisierte
adjuvante
Immuntherapie

am Beispiel

Lnn-pos.
Mammakarzinom
Kolorektales Karzinom

Hauptgruppen einer standardisierten Immuntherapie Lnn-pos. TU

Xenogene Peptide	Thymuspeptide (kurzkettig, niedermolekular) Thymusextrakt "Doskar" (Österreich) Thymoject (BRD)	Immun-"Training"
Mistel (Viscum)	Mistelextrakte, -lektine Eurixor oder Helixor	
"Radikalfänger" (Antioxidantien)	Spurenelemente und Vitamine Selen 200 µg Beta-Carotin 25 mg Vitamin E 400 E. Vitamin C 1000 mg	Antioxidatives System

Name:
Daten:

Therapieplan

		Mittel	Frequenz
Infusionen	☐	**Heger-Infusion** (I, II)	**2-1 x wöchent.**
	☐	**Mistel-Infusion**	**lt. Plan**
	☐	**Basen-Infusion**	**lt. Plan**
	☐	**Aredia-Infusion**	**lt. Plan**
	☐		
Injektionen	☐	**Thymus** Thymusextr."Doskar"/Thymoject	**1-2 x wöchent.**
	☐	**Mistel** Helixor/Eurixor aut al.	**2 x wöchent.**
	☐	**Gammaglob. 16%** y-Glob "Kabi" aut sim.	**1 x monatl.** 2 ml
	☐		
	☐	**Calcitonin** (50 E., 100 E.)	**3 x wöchent.** s.c., Spray
	☐	andere	

		Mittel	morg. / mitt. / abds.		
Tägl. orale Einnahme	☐	**Radikalfänger**			
		Selen-100-Cu bzw. Na-Selenit	2 bzw.	3-4	-
		ß-Carotin	1	-	-
		Vitamin E 400 E.	1	-	-
		Vitamin C 1-3 g	-	-	1-2 g
	☐	**Basenpufferung**	je nach Bedarf 2-6 Kps.		
	☐	**Allg. interne Hilfen**			
		Darmflora (Omniflora oder/und Sancombi)	1 10 gtt	-	-
		Verdauungsenzyme (Arca-Enzym aut sim.)	1	1	1
	☐	**Hormontherapie**	z.B. Gestagene bei Frauen		
	☐	**andere**			
	☐				

Name:
Daten:

Therapieplan

Der nachstehendeTherapieplan zur **Prävention** bösartiger Erkrankung basiert auf den biochemischen Erkenntnissen der »Freien-Radikalen«-Biopathologie, die wesentliche Zusammenhängezwischen der extrem zunehmenden Belastung der Organismen mit Freien Radikalen und der Entstehung und Entwicklung von Karzinomen geklärt hat.
Jüngste epidemiologische Untersuchungen haben gezeigt, daß die Häufigkeit von Karzinomerkrankungen durch die Einnahme von Radikalfängern (Scavanger-Substanzen, Antioxidantien) gesenkt werden kann.
Somit können besonders Personen mit höherem KREBSRISIKO die Chance nützen, ihr individuelles Schicksal durch einfache Maßnahmen zu verbessern.
Unten angeführte Spurenelemente und Vitamine stellen die aktiven Bausteine zur »Entsorgung« Freier Radikale dar.
Ergänzend in der Krebsprävention sind aber auch alle Maßnahmen der Lebensführung und der Ernährung zu berücksichtigen.

Personenkreis mit erhöhtem
Krebsrisiko:

Hohe familiäre Krebsbelastung

Besondere Umweltbelastung:
Abgase, Elektrosmog
Chemikalien

Besonds gefährdende Lebensführung:
Hyperkalorische Ernährung und Übergewicht, Alkohol
Nikotin, Medikamentenmißbrauch

Stärkung des Radikalfängersystems

»Haupt«-Radikalfänger		**morg.**	**mitt.**	**abds.**
Selen-100-Cu	Selamin plus (Öst.)	2	-	-
bzw. Na-Selenit	Selenase (BRD)	3–4	-	-
ß-Carotin	Carotaben	1	-	-
Vitamin E 400 E.	Etocovit (Öst.)	1	-	-
	Malton 400 (BRD)	1	-	-
Vitamin C 1g	Ascorbinsäure	-	-	1 g
Basenpufferung	Bullrich (BRD) Freie Rezepturen	je nach Bedarf 2–6 Kps.		

Ernährung

Ergänzende Radikalfänger aus *Leben*smitteln:
Ungesättigte Fettsäuren als unraffinierte gepreßte Öle wie Leinöl, Sonnenblumen-, Oliven-, Distel-, Nachtkerzenöl u.a.
Anthozyane, Chinone - rotes Obst und Gemüse, Kreuzblütler wie Blumenkohl, Broccoli, Kohl, Kraut

Säure-Basen-Haushalt - Ausgewogenheit
Darmflora - »starke« physiologische Flora
Basisfahrplan gesunde Ernährung

Mäßige Ernährung, langsam essen, gut kauen, ausreichend trinken: »leere« Getränke 2–2,5 l tgl.

Psychohygiene

Lebensstil
Im Spannungsfeld zwischen Umwelt und biochemischer und immunologischer Inwelt ist unsere Psyche einer harmonischen und aggressiven Sphäre gleichermaßen ausgesetzt.
Wir sind Träger, Empfänger und Weitergeber im Spiel der Familie, der Gesellschaft, der Menschheit.

Indikation »neo«- adjuvant

Operative Eingriffe stellen insbesondere durch die eingesetzten **Narkosegase** eine starke **radikalische Belastung** für den Organismus dar. Anzustreben wäre eine schonende Anästhesie. Die Erfahrung zeigt, daß Patienten, die gut **mit Radikalfängern aufgesättigt** sind, wesentlich kürzere Erholungszeiten und eine sehr gute Heilung haben.

Fortsetzung:

Das Programm geht je nach klinischer Planung in das additive (Begleitung Chemother./Rad.) oder in eines der adjuvanten immunbiologischen Programme über.

Bildgebende Diagnostik

Die Primärdiagnostik ist meist ursächlich mit der Operationsplanung verbunden.
Die exakte bildgebende präoperative Abklärung kann den operativen Eingriff minimieren.

Labor

Die Erstellung eines präoperativen **immunbiologischen Profils** erleichtert wesentlich die postoperative Verlaufskontrolle.

BB, incl. Diff., BSG
Routine klin. Chemie
Elektrophorese
Basenpuffer-Kapazität
Tumormarker
Immunstatus

Zeitraster

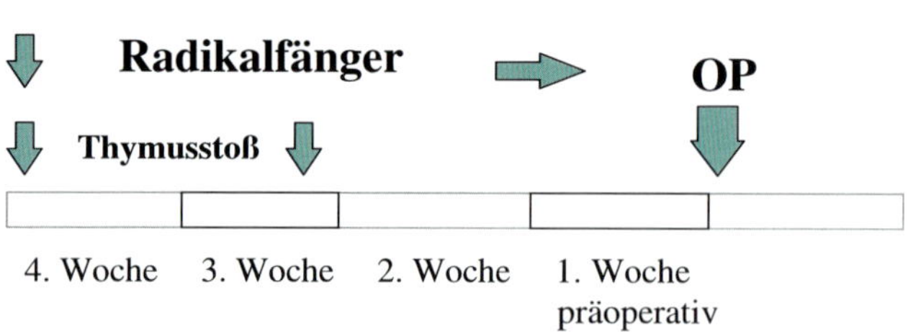

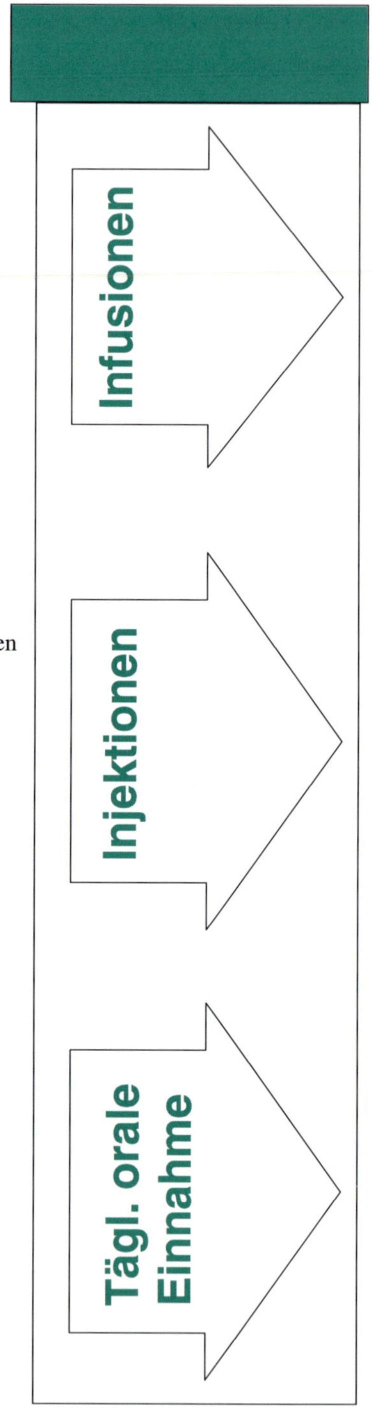

1 Perioperative Programme

Therapieplan

☐ **Heger-Infusion*** ☐ ☐ ☐ **Basen-Infusion*** ☐ andere	**1 x wöchentl.** **je nach subjekt. Befindlichkeit evtl. eine 10-er Serie** **lt. Meßwert**
☐ **Thymus** Thymusextrakt »Doskar«/ Thymoject Ende jeglicher Immunstimulation 14 Tage **vor** der Operation (Lymphozyten müssen ausgereift sein) ☐ ☐	**4 Wochen präoperativ Thymusstoß, falls rechtzeitige Planung möglich**
☐ **Radikalfänger** Selen-100-Cu/Na-Sel.** ß-Carotin** Vitamin E 400 E.** Vitamin C 1–3 g** ☐ **Basenpufferung**** ☐ Allg. interne Hilfen Darmflora Verdauungsenzyme etc. ☐ Hormontherapie	**4 Wochen vor der geplanten OP beginnen:** **morg./mitt./abds.** 2 bzw. 3-4 - - 1 - - 1 - - - - 1 g 2 - 2

* siehe S. 123, 125
** siehe S. 134, 137, 138, 139, 145

Die primäre Aufgabe der Operation liegt in der Reduktion der Tumorzellmenge. Diese Reduktion erst schafft die Voraussetzung, daß in einer jahrelangen immunbiologischen Nachsorgephase die Abwehrkraft des einzelnen Individuums wieder siegreich gegen verbliebene Tumorzellpopulationen bestehen kann

Neben dieser wichtigen Aufgabe stellt die Operation aber auch eine enorme Belastung für den Organismus dar.

Durch das intraoperative Handling können Tumorzellen abdriften und Ursache späterer Metastasen sein. Ein »wachsames« Immunsystem soll daher »Gewehr bei Fuß« stehen **(präoperativer Thymusstoß).**

Die radikalische Belastung durch die angewendeten Narkosegase verschlechtert besonders die postoperative Erholungsphase. Dieser Belastung wird durch eine **Aufsättigung des Radikalfänger-Potentials** begegnet.

Das **Infusionsprogramm** zielt ebenfalls auf eine rasche postoperative Erholung ab, soll und kann jedoch durchaus individuell geführt werden (subjektive Befindlichkeit, katabole/anabole Phase).

Indikation
kurativ adjuvant palliativ

Nebenstehende Maßnahmen sollen mithelfen, die **radikale Therapiefolge besser verträglich zu machen.**
Trotz geeigneter Medikamente zur Eindämmung unmittelbarer Beschwerden (z.B. Antiemetika) bleibt der massive Eingriff in das biochemische organische Geschehen unvermindert.
Eine entsprechende immunbiologische Schadensbegrenzung vergrößert den Nutzen radikaler Therapien.

Siehe Plan **"Schaukeltherapie"**

Bildgebende Diagnostik

Meist krankenhausseitige Kontrollen ausreichend.

Labor

Während laufender radikaler Therapien werden von den durchführenden Institutionen meist ausreichend Laborkontrollen vorgenommen.
Bei Verdacht auf ein schweres immunologisches Defizit muß der Immunstatus erhoben werden.

Zeitraster - Beispiel

Zeitlich parallel zu den jeweiligen Chemozyklen sollten während und bis zu einem halben Jahr drüber hinaus (je nach Toxizität des Schemas und subjektiver Befindlichkeit)

3 Monate lang noch 2 x wöchentlich und weitere
3 Monate lang noch 1 x wöchentlich

Infusionen (siehe Plan) verabreicht werden.

Beispiel: A: ***Chemotherapie-Woche***

1. Heger-Infusion **2. Heger-Infusion**
1. Selen-Inf. Chemother. (z.B. 5-FU) 2. Selen-Infusion

So	Mo	Die	Mi	Do	Fr	Sa	So

1. Heger-Infusion **2. Heger-Infusion**

B: ***intermittierende Wochen***

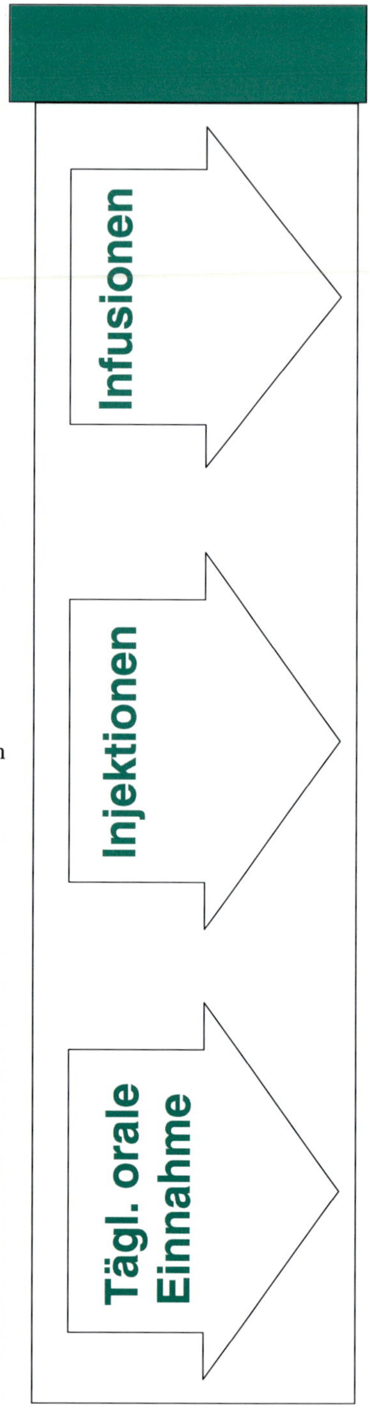

Therapieplan 2

Therapieplan	
☐ **Heger-Infusion***	**2-1 x wöch.**
☐ **Selen-Infusion***	***Vor* und *nach* jeder Chemotherapie besonders bei Cisplatin, Taxol und ähnlich hochtoxischen Schemata**
☐	
☐	
☐ **Basen-Infusion***	**je nach Meßwerten**
☐ Thymus	1-2 x wöch.
☐ Mistel	2 x wöch.
☐	
☐ **Gammaglob. 16 %** y-Glob »Kabi« aut sim.	**14tägig 2 ml**
☐ **Mischinjektion mit Mucokehl Engystol Mucosa comp.**	**1 x wöch.**

KEINE Immunstimulation während laufender Chemo./Rad.

	morg.	mitt.	abds.
☐ **Radikalfänger**			
Selen-100-Cu bzw. Na-Sel.**	2 bzw. 3-4		-
ß-Carotin**	1	-	-
Vitamin E 400 E.**	1	-	-
Vitamin C 1-3 g**	-	-	1 g
☐ **Basenpufferung****	2 Kps.	-	2
☐ **Allg. interne Hilfen**			
Darmflora, z.B. Omniflora	1	-	-
Verdauung, z.B. Arca-Enzym	1	1	1
Galle treiben, z.B. Oddibil	2	2	2
Leberschutz, z.B. Essentiale f.	-	2	-
Übelkeit: Navoban	1		
oder Paspertin Drg.	1	1	1
☐ andere			

* siehe Kapitel Therapiebausteine S. 122, 124, 125

** siehe Kapitel Therapiebausteine S. 134, 137, 138, 139, 145

Additives Programm parallel zur Chemotherapie

Chemotherapien werden sowohl
- **kurativ adjuvant** wie auch
- **palliativ** eingesetzt.

In jedem Fall ist ihre Anwendung mit einer großen Toxizitätslast verbunden. Um den Bonus einer derart toxischen Therapie auch wirklich lukrieren zu können, ist es notwendig, den **biologischen Schaden so gering wie möglich zu halten.**

Dies soll durch eine Reihe von Maßnahmen erreicht werden, die **additiv und parallel zur Chemotherapie** gegeben werden.

CAVE:
Während laufender immunsuppressiver Therapien sollten **keine** immunstimulierenden Maßnahmen eingesetzt werden. Werden immunkompetente Zellen zur Proliferation angeregt, werden sie um so mehr durch die Chemotherapie mitzerstört!

Zeitraster - Infusionspläne

Für den Patienten den jeweiligen Plan kopieren

Bei einer **14tägigen Chemotherapiefolge**
1. Seleninfusion (+ Heger-Infusion) vor dem jeweiligen Wochenende geben, die 2. Selen- und nachfolgende Heger-Infusionen am Tag der Chemotherapie (unmittelbar im Anschluß) oder am Tag danach.
Nach Möglichkeit die Basen-Kapazität prüfen und evtl. per Basen-Infusion korrigieren. Basen-Infusion in ( ) als zusätzliche Option.

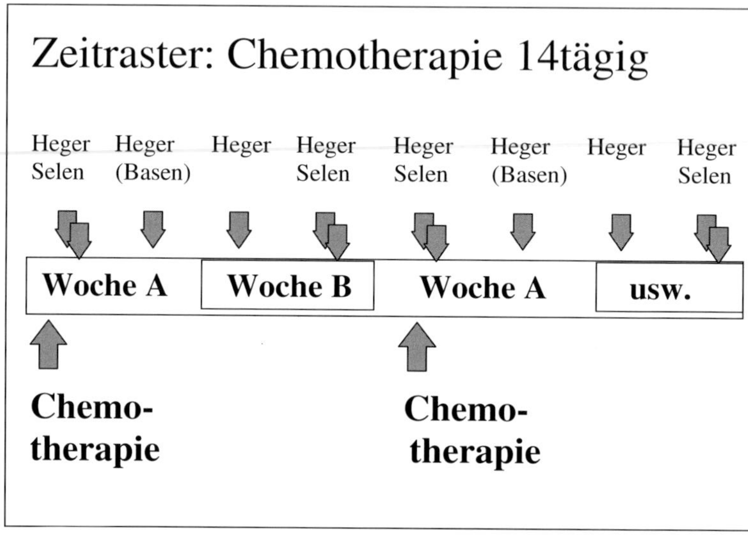

Bei einer **monatlichen Chemotherapiefolge**
1. Seleninfusion (+ Heger-Infusion) vor dem jeweiligen Wochenende geben, die 2. Selen- und Heger-Infusion am Tag der Chemotherapie (unmittelbar im Anschluß) oder am Tag danach.
Nach Möglichkeit die Basen-Kapazität prüfen und evtl. per Basen-Infusion korrigieren. Basen-Infusion in ( ) als zusätzliche Option.

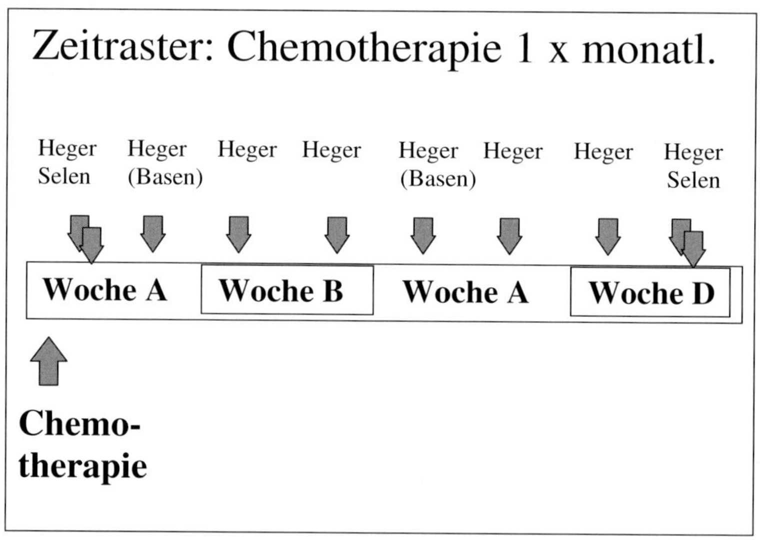

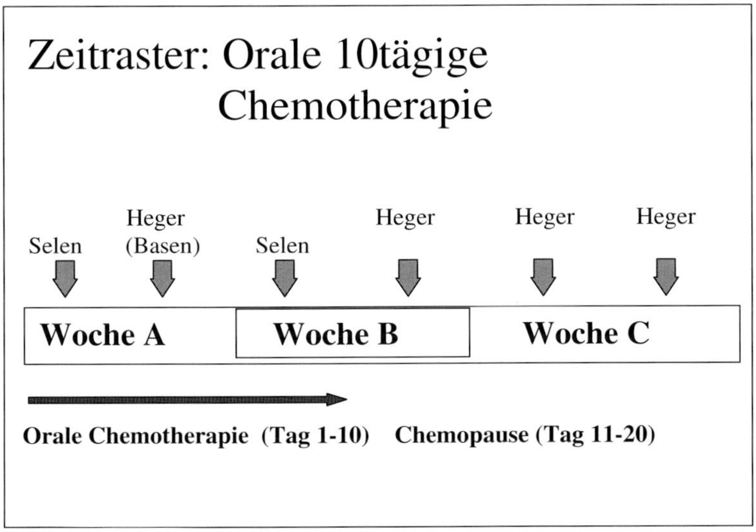

Orale Chemotherapie-schemata sind oft Erhaltungs-Chemotherapien Auch diese bedürfen einer intensiven Begleitung, zumal derartige Schemata oft langzeitig durchgeführt werden (bei kindlichen Sarkomen, Non-Hodgkin-Lymphomen u.a.).
Nach Möglichkeit die Basen-Kapazität prüfen und evtl. per Basen-Infusion korrigieren.
Basen-Infusion in ( ) als zusätzliche Option.

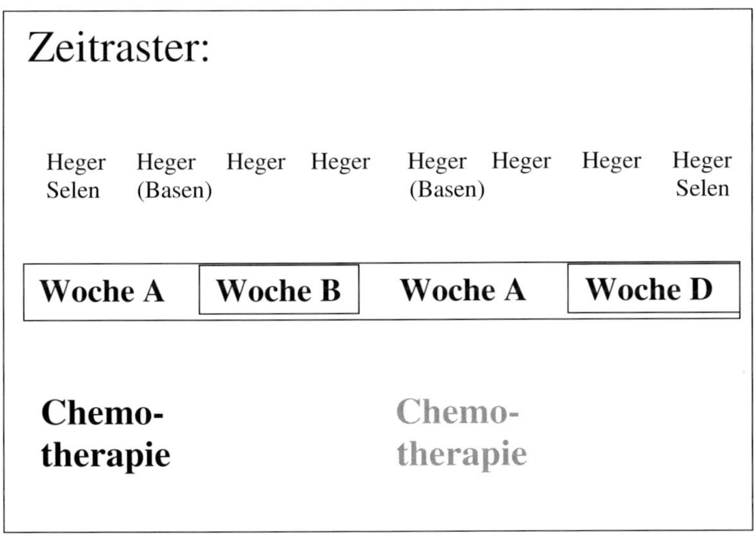

Frei gestaltbares Zeitraster⁻
Pfeile individuell einfügen, Infusionen hinzufügen oder streichen.
Freitext (Bemerkungen):

Indikation
kurativ adjuvant palliativ

Auch bei einer Strahlentherapie kommt es häufig zu schweren Störungen des Allgemeinbefindens.
Wie bei der Chemotherapie können auch hiebei biologische Maßnahmen mithelfen, die **radikale Therapiefolge besser verträglich zu machen.**
Besonders bei und unmittelbar nach einer Strahlenserie ist die **Immunschwäche höchstgradig** ausgeprägt.

Siehe Plan **"Schaukeltherapie"**

Bildgebende Diagnostik

Meist krankenhausseitige Kontrollen ausreichend.

Labor

Während laufender radikaler Therapien werden von den durchführenden Institutionen meist ausreichend Laborkontrollen vorgenommen.
Bei Verdacht auf ein schweres immunologisches Defizit muß der Immunstatus erhoben werden.

Zeitraster - Beispiel

Während einer Strahlentherapie und bis zu 6 Wochen über das Bestrahlungsende hinaus

Additives Programm Radiatio

2-1 x wöchentl. Heger-Infusion 1 x wöchentl. Selen-Infusion

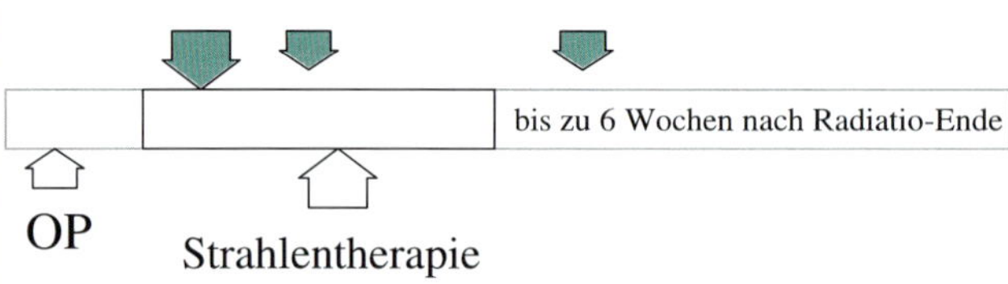

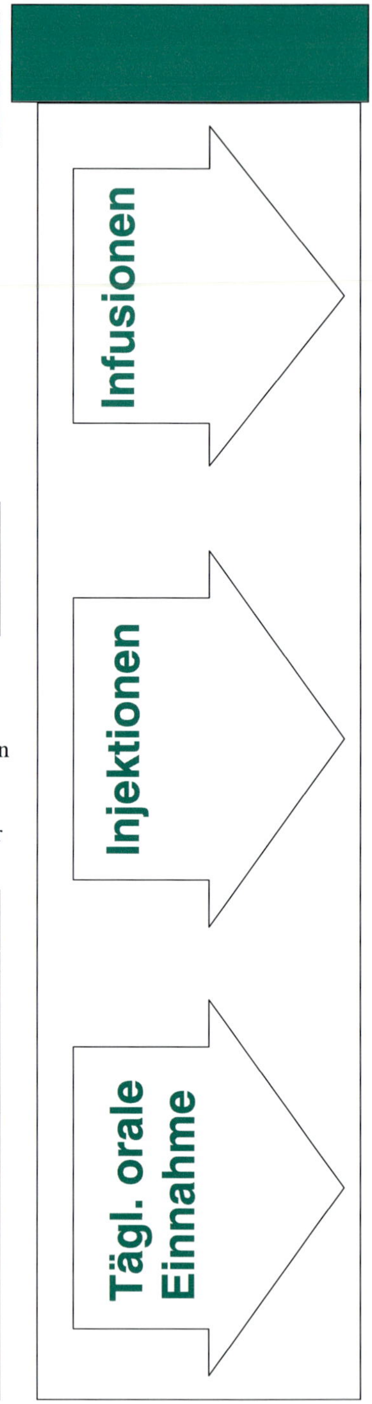

Therapieplan 2a

☐ **Heger-Infusion***	**2-1 x wöch.**
☐ **Selen-Infusion***	**1 x wöch.**
☐	
☐	
☐ **Basen-Infusion***	**je nach Meßwerten**
☐ **Thymus** Thymusextr."Doskar"/Thymoject	**1-2 x wöch.**
☐ **Mistel** Helixor/Eurixor	**2 x wöch.**
☐	
☐ **Gammaglob. 16 %** y-Glob »Kabi« aut sim.	**14tägig 2 ml**
☐ **Mischinjektion** **mit Mucokehl D5** **Engystol** **Mucosa comp.**	**1 x wöch.**
☐ **Radikalfänger**	**morg./mitt./abds.**
Selen-100-Cu bzw. Na-Sel.**	2 bzw. 3-4 / -
ß-Carotin**	1 / - / -
Vitamin E 400 E.**	1 / - / -
Vitamin C 1 g**	- / - / 1 g
☐ **Basenpufferung****	2 Kps. / - / 2
☐ **Allg. interne Hilfen**	
Darmflora, z.B. Omniflora	1 / - / -
Verdauung, z.B. Arca-Enzym	1 / 1 / 1
Übelkeit: Paspertin Drg.	1 / 1 / 1
☐	

KEINE Immun-stimulation während laufender Chemo./Rad.

* siehe Kapitel Therapiebausteine S. 122, 124, 125
** siehe Kapitel Therapiebausteine S. 134, 137, 138, 139, 145

Additives Programm parallel zur Radiatio

Strahlentherapien werden

- **kurativ adjuvant** oder
- **palliativ** eingesetzt.

Wie bei der Chemotherapie gilt, daß es notwendig ist, den **biologischen Schaden so gering wie möglich zu halten,** um den Bonus einer derart toxischen Therapie auch wirklich lukrieren zu können. Dies soll durch eine Reihe von Maßnahmen erreicht werden, die **additiv und parallel zur Radiatio** gegeben werden.

CAVE:
Während der unmittelbar laufenden immunsuppressiven Strahlentherapie **keine** immunstimulierenden Maßnahmen einsetzen.

Das Programm bis etwa 6 Wochen nach Abschluß der Strahlentherapie weiterlaufen lassen, dann **umstellen** auf das jeweilige

adjuvante Programm.

Name:
Daten:

Indikation
adjuvant additiv

N0
bei T1, T2
Grad I, II
Hormonrezept. pos.

Mögliche vorangegangene radikale Therapien sollten nach Plan 2 begleitet werden.
Beispiel:
Brusterhaltende Tumorektomie mit anschließender Radiatio:
Heger-Infusionen
eine 10-er Serie, 1 x wöch.
Immustimulation erst **nach** Abschluß der Radiatio

Bildgebende Diagnostik

Mammographie - 1 x jährl.
Thorax-Röntgen - 1-2 x jährl.
Sonographie Leber und gesamtes Abdomen - 2 x jährl.

MR-Mammatomographie (bes. bei radiierten Mammae)
Rö diverse Knochen (1.Wahl)
Knochenscan (2.Wahl)
Knochendichte

Labor

BB incl. Diff., BSG
Routine klin.Chemie
Eiweiße:
Elektrophorese
Phasen-Proteine
Tumormarker
CEA, TPA, CA 15/3, (MCA)
Basenpuffer-Kapazität
Immunstatus

Zeitraster

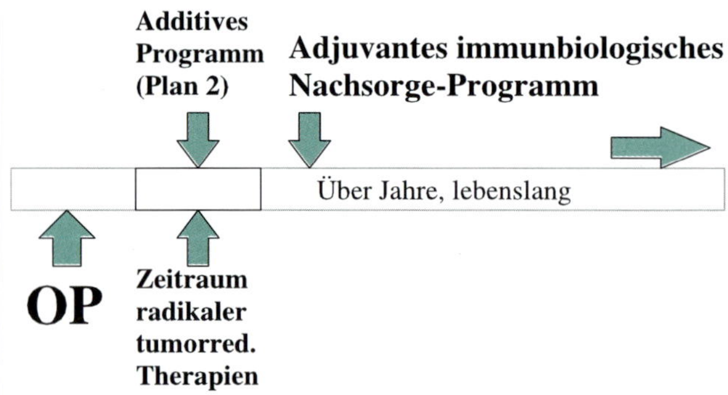

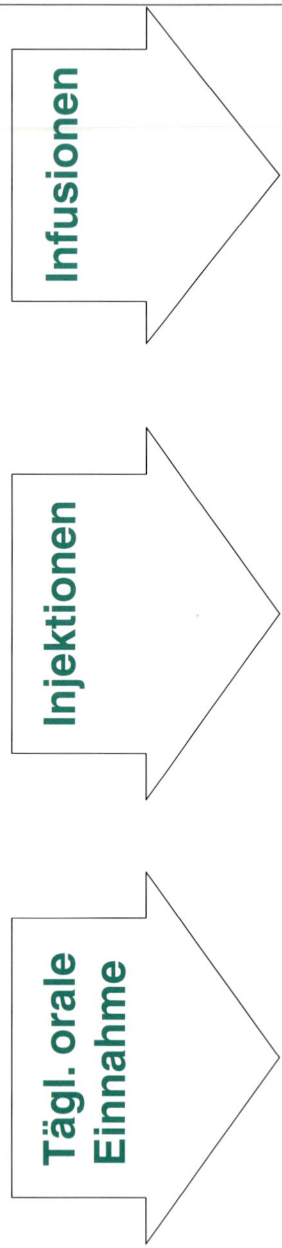

N0 - Mamma-karzinom adjuvant

(**nach** Abschluß aller radikaler Therpien)

N0 bei T1, T2
Grad I, II
Hormonrezept. pos.
keine Fernmetastasen - M0

3 Therapieplan

☐ **Heger-Infusion***	**2-1 x wöch.** **(bis zu einem halben Jahr nach Chemoth.)**
☐ Aredia-Infusion andere	lt.Plan
evtl. spätere Option	
☐ **Mistel** Helixor/Eurixor	**2 x wöch.**
☐ **Gammaglob. 16%** y-Glob »Kabi« aut sim.	**1 x monatl.**
☐ LH-RH-Analoga Zoladex aut sim. Suprefact	1 x monatl. alle 2 Monate
☐ Aromatase-Hemmer Lentaron	14tägig
☐ Calcitonin (50 E., 100 E.)	3 x wöch.
☐ andere	
evtl. spätere, fallspezif. Optionen je nach Krankheitsentwicklung	

	morg.	mitt.	abds.
☐ **Radikalfänger**			
Selen-100-Cu bzw. Na-Sel.**	2 bzw.	3-4	-
ß-Carotin**	1	-	-
Vitamin E 400 E.**	1	-	-
Vitamin C 1-3 g**	-	-	1-2 g
☐ **Basenpufferung****	je nach Bedarf 2-6 Kps.		
☐ **Allg. interne Hilfen**			
Darmflora (Omnifl.,Sancombi)	-	1 bzw.	10 gtt
Verdauungsenzyme (Arca-Enz. et alt.)	1	1	1
☐ **Hormontherapie** je nach Rezeptor, postmeno-pausal (Nolvadex 20 mg)	1	-	-

* siehe Kapitel Therapiebausteine S. 123
** siehe Kapitel Therapiebausteine S. 134, 137, 138, 139, 145

Die bei den Lnn-pos. Stadien besonders angeführte Lancet-Studie (veröffentlicht 1992) ergibt hinsichtlich Lnn-neg. Patientinnen folgendes Ergebnis:

N0-Patientinnen haben folgende **Prognose** im 5-Jahres-Schnitt zu erwarten:

- nur OP: **33 %** Rezidive in den ersten 5 Jahren.
- OP + Chemotherapie: **25 %** Rezidive.

Die vorgeschlagene **adjuvante Immuntherapie** konnte nach eigenen Beobachtungen (Pilot-Auswertung) die Rezidivrate auf **unter 20 %** Rezidive senken.

Name:
Daten:

Indikation adjuvant / additiv

adjuvant:

N1 und jedes T
T3, T4 - auch bei N0
Grad III - auch bei N0
Hormonrezeptor neg. - auch bei N0
und andere höhere Proliferationskriterien:
EPG-Faktor pos.,
AK gegen PCNA u.a.

additiv:

Als Therapiebegleitung bei adjuvanter Chemotherapie/Radiatio bzw. präop. Chemotherapien bis zu einem halben Jahr nach Abschluß aller radikaltherapeutischen Maßnahmen

Bildgebende Diagnostik

Mammographie - 1 x jährl.
Thorax-Röntgen - 1-2 x jährl.
Sonographie Leber und gesamtes Abdomen - 2 x jährl.

MR-Mammatomographie

Rö diverse Knochen (1.Wahl)
Knochenscan (2.Wahl)
Knochendichte

Labor

BB incl. Diff., BSG
Routine klin.Chemie
Eiweiße:
  Elektrophorese
  Phasen-Proteine
Tumormarker
  CEA, TPA, CA 15/3, (MCA)
Basenpuffer-Kapazität
Immunstatus

Zeitraster

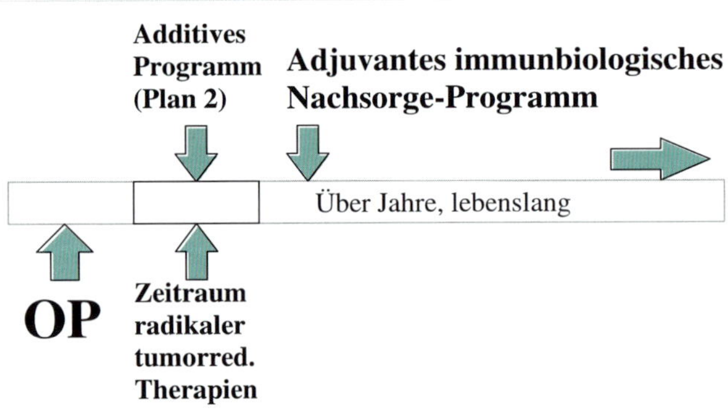

Infusionen

Injektionen

Tägl. orale Einnahme

Therapieplan 3a

☐ **Heger-Infusion***	**2-1 x wöch.** (bis zu einem halben Jahr nach Chemoth.)
☐ Aredia-Infusion	lt. Plan
☐ andere	

evtl. spätere Option

☐ **Thymus** Thymusextr. "Doskar"/Thymoject	**1-2 x wöch.**
☐ **Mistel** Helixor/Eurixor	**2 x wöch.**
☐ **Gammaglob. 16%** y-Glob »Kabi« (aut sim.)	**1 x monatl.**
☐ LH-RH-Analoga Zoladex aut sim.	1 x monatl.
Suprefact	alle 2 Monate
☐ Aromatase-Hemmer Lentaron	14tägig
☐ Calcitonin (50 E., 100 E.)	3 x wöch.
☐ andere	

evtl. spätere, fallspezif. Optionen je nach Krankheitsentwicklung

	morg.	mitt.	abds.
☐ **Radikalfänger**			
Selen-100-Cu/Na-Sel.**	2 bzw. 3-4	-	
ß-Carotin**	1	-	-
Vitamin E 400 E.**	1	-	-
Vitamin C 1-3 g**	-	-	1-2 g
☐ **Basenpufferung****	je nach Bedarf 2-6 Kps.		
☐ **Allg. interne Hilfen**			
Darmflora (Omnifl.,Sancombi)	-	1 bzw. 10 gtt	
Verdauungsenzyme (Arca-Enz. et alt.)	1	1	1
☐ **Hormontherapie** je nach Rezeptor, postmenopausal (Nolvadex 20 mg)	1	-	-

* siehe Kapitel Therapiebausteine S. 123
** siehe Kapitel Therapiebausteine S. 134, 137, 138, 139, 145

N1 - Mammakarzinom adjuvant

(**nach** Abschluß aller radikalen Therapien)

N1 und höher (jedes T)

Keine Fernmetastasen - M0
T3, T4 (auch bei N0)
Grad III (auch bei N0)
Hormonrez. neg. (auch bei N0)

Die bisher umfangreichste Auswertung von Daten stellt die 1992 erschienene Meta-Analyse im Lancet dar. Diese Analyse zieht eine Reihe von Studien zusammen und wertet somit insgesamt 72.000 Patientinnen aus.
Da in älteren Datenbeständen Kriterien wie z.B. Grading und Hormonrezeptoren nicht oder nur wenig verläßlich geführt wurden, wurde lediglich der Lnn-Status als prognostische Relevanz definiert. Die Stratifikation erfolgte nach N0- und N1-Stadien.

Die Auswertung ergab, daß N1-Patientinnen folgende Prognose zu erwarten hatten:
- nur OP: **54 %** Rezidive in den ersten 5 Jahren.
- OP + Chemotherapie: **46 %** Rezidive.

Die vorgeschlagene **adjuvante Immuntherapie** konnte nach eigenen Beobachtungen (Pilot-Auswertung) die Rezidivrate auf **28 %** Rezidive senken.

N1 - Mamma-karzinom adjuvant

+

Hormontherapie

(**nach** Abschluß aller radikalen Therapien)

am Beispiel:
N1 und höher (jedes T)
Hormonrezeptor pos.
prämenopausal

auch evtl.bei:

keine Fernmetastasen - M0
T3, T4 (auch bei N0)
Grad III (auch bei N0)

3b Therapieplan

☐ **Heger-Infusion***	**2-1 x wöch.** **(bis zu einem halben Jahr nach Chemoth.)**
☐ **Aredia-Infusion** ☐ **andere**	**lt. Plan**
evtl. spätere Option	
☐ **Thymus** Thymusextr. »Doskar«/Thymoject	**1-2 x wöch.**
☐ **Mistel** Helixor/Eurixor	**2 x wöch.**
☐ **Gammaglob. 16%** y-Glob »Kabi« aut sim.	**1 x monatl.**
☐ **LH-RH-Analoga** **Zoladex** aut sim. oder **Suprefact**	**1 x monatl.** alle 2 Monate
Aromatase-Hemm. Lentaron	**14tägig**
☐ **Calcitonin** (50 E., 100 E.)	**3 x wöch.**
☐ **andere**	
evtl. spätere Option wie bei **Weichteil- und Knochenmetastasen, s. Plan 12**	

	morg.	mitt.	abds.
☐ **Radikalfänger**			
Selen-100-Cu/Na-Sel.**	2 bzw. 3-4	-	
ß-Carotin**	1	-	-
Vitamin E 400 E.**	1	-	-
Vitamin C 1-3 g**	-	-	1-2 g
☐ **Basenpufferung****	je nach Bedarf 2-6 Kps.		
☐ **Allg. interne Hilfen**			
Darmflora (Omnifl.,Sancombi)	-	1 bzw. 10 gtt	
Verdauungsenzyme (Arca-Enzym aut sim.)	1	1	1
☐ **Hormontherapie**			
Nolvadex 20 mg	**1**	**-**	**-**

* siehe Kapitel Therapiebausteine S. 123
** siehe Kapitel Therapiebausteine S. 134, 137, 138, 139, 145

Therapieplan

3c

N1- Mamma-karzinom adjuvant

✚

Hormontherapie

(**nach** Abschluß aller radikaler Therapien)

am Beispiel:
N1 und höher (jedes T)
Hormonrezeptor pos. postmenopausal

auch bei:

keine Fernmetastasen - M0
T3, T4 (auch bei N0)
Grad III (auch bei N0)

☐ **Heger-Infusion***	**2-1 x wöch.** (bis zu einem halben Jahr <u>nach</u> Chemoth.)
☐ **Aredia-Infusion**	**lt. Plan**
☐ **andere**	
evtl. spätere Option	
☐ **Thymus** Thymusextr. »Doskar«/Thymoject	**1-2 x wöch.**
☐ **Mistel** Helixor/Eurixor	**2 x wöch.**
☐ **Gammaglob. 16%** y-Glob »Kabi« aut sim.	**1 x monatl.**
☐ **LH-RH-Analoga** Zoladex aut sim. Suprefact	**1 x monatl.** alle 2 Monate
☐ **Aromatase-Hemm.** Lentaron	**14tägig**
☐ **Calcitonin** (50 E., 100 E.)	**3 x wöch.**
☐ **andere**	
evtl. spätere, fallspezif. Optionen je nach Krankheitsentwicklung	

	morg.	mitt.	abds.
☐ **Radikalfänger**			
Selen-100-Cu/Na-Sel.**	2 bzw. 3-4		-
ß-Carotin**	1	-	-
Vitamin E 400 E.**	1	-	-
Vitamin C 1-3 g**	-	-	1-2 g
☐ **Basenpufferung****	je nach Bedarf 2-6 Kps.		
☐ **Allg. interne Hilfen**			
Darmflora (Omnifl.,Sancombi)	-	1 bzw. 10 gtt	
Verdauungsenzyme (Arca-Enz. et alt.)	1	1	1
☐ **Hormontherapie**			
Nolvadex 20 mg	1	-	-

* siehe Kapitel Therapiebausteine S. 123
** siehe Kapitel Therapiebausteine S. 134, 137, 138, 139, 145

Name:
Daten:

Indikation
adjuvant additiv

N0 jedes T
Dukes A, B

Dukes A: Stadium 0
Tumor durchbricht Lamina propria *nicht*
Dukes B1, B2: Stadium I, II
Tumor durchbricht Serosa, jedoch **kein Lnn-Befall**

Mögliche vorangegangene radikale Therapien sollten nach Plan 2 begleitet werden.

Im vorliegenden Krankheitsstadium werden aber nur selten radikale Therapien nach der Operation angeschlossen (z.B. Chemotherapie).

Bildgebende Diagnostik

Thorax-Röntgen - 1-2 x jährl.
Sonographie Leber und gesamtes Abdomen - 2 x jährl.
Endoskopie - 2-1 x jährl.

evtl. Ergänzungen :
CT Abdomen
Rö diverse Knochen (1.Wahl)
Knochenscan (2.Wahl)
Knochendichte

Labor

BB incl. Diff., BSG
Routine klin. Chemie
Eiweiße:
Elektrophorese
Phasen-Proteine
Tumormarker
CEA, CA 19/9 u.a.
Basenpuffer-Kapazität
Immunstatus

Zeitraster

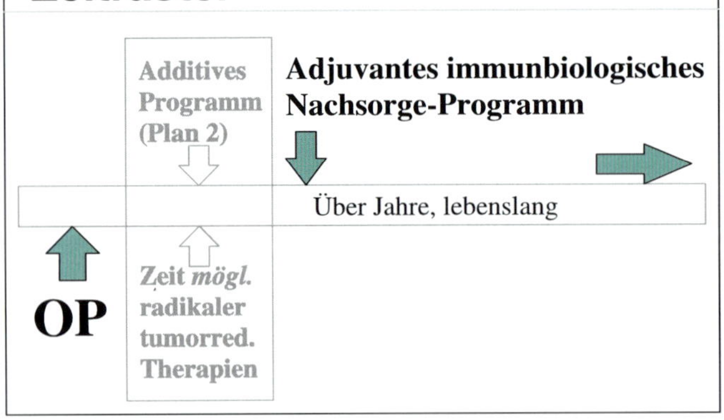

4

Therapieplan

☐ **Heger-Infusion*** ☐ Mistel-Infusion * ☐ andere evtl. spätere Option	**2-1 x wöch.** **(bis zu einem halben Jahr nach Chemoth., je nach Befindlichkeit)**
☐ **Mistel** Helixor/Eurixor ☐ **Gammaglob. 16%** y-Glob »Kabi« aut sim. ☐ andere	**2 x wöch.** **1 x monatl.**
	morg. / mitt./ abds.
☐ **Radikalfänger**	
Selen-100-Cu bzw. Na-Sel.**	2 bzw. 3-4 -
ß-Carotin**	1 - -
Vitamin E 400 E.**	1 - -
Vitamin C 1-3 g**	- - 1-2 g
☐ **Basenpufferung****	je nach Bedarf 2-6 Kps.
☐ **Allg. interne Hilfen**	
Darmflora (Omnif.,Sancombi)	1 bzw.10 gtt -
Verdauungsenzyme (Arca-Enzym aut sim.)	1 1 1
☐	

* siehe Kapitel Therapiebausteine S. 123
** siehe Kapitel Therapiebausteine S. 134–145

N0 - Kolonkarzinom adjuvant

(**nach** Abschluß aller radikalen Therapien)

N0 jedes T

Dukes A, B

keine Fernmetastasen - M0

Die 5-Jahres-Überlebensquote beträgt beim Kolonkarzinom ohne Serosa-Durchbruch (Dukes A und B1) und ohne Lnn-Metastasen lediglich ca. 70%.
(nach Senn/Jungi, Thieme 1986)

Name:
Daten:

Indikation

adjuvant

N1 jedes T
Dukes C1, C2

Dukes C1: Stadium III
regionale Lnn-Metastasen
Dukes C2: Stadium IV
Fernmetastasen

additiv

In der ersten Phase bei radikaltherapeutischen Maßnahmen (adjuvante Chemotherapie, seltener Radiatio) je nach individueller Befindlichkeit oder kataboler Entwicklung Begleitprogramm lt. Plan 2 (6 bis 3 Monate lang)

Bildgebende Diagnostik

Thorax-Röntgen	- 1-2 x jährl.
Sonographie Leber und gesamtes Abdomen	- 2 x jährl.
Endoskopie	- 2-1 x jährl.

evtl. Ergänzungen:
CT Abdomen
Rö diverse Knochen (1.Wahl)
Knochenscan (2.Wahl)
Knochendichte

Labor

BB incl. Diff., BSG
Routine klin. Chemie
Eiweiße:
Elektrophorese
Phasen-Proteine
Tumormarker
CEA, CA 19/9
Basenpuffer-Kapazität
Immunstatus

Zeitraster

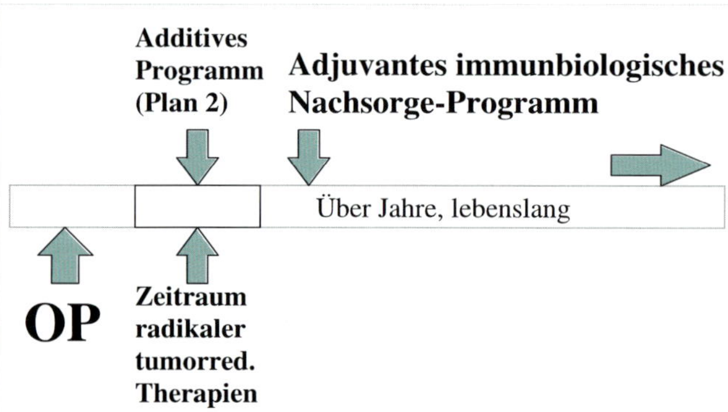

Infusionen

Injektionen

Tägl. orale Einnahme

Therapieplan 4a

☐ **Heger-Infusion***	**2-1 x wöch.** **(bis zu einem halben Jahr nach Chemoth.)**
☐ Mistel-Infusion ☐ andere evtl. spätere Option	lt. Plan
☐ **Thymus** Thymusextr. »Doskar«/Thymoject	**1-2 x wöch.**
☐ **Mistel** Helixor/Eurixor	**2 x wöch.**
☐ **Gammaglob. 16%** y-Glob »Kabi« (aut sim.)	**1 x monatl.**
☐ andere	

	morg.	mitt.	abds.
☐ **Radikalfänger**			
Selen-100-Cu bzw. Na-Sel.**	2 bzw. 3-4		-
ß-Carotin**	1	-	-
Vitamin E 400 E.**	1	-	-
Vitamin C 1-3 g**	-	-	1-2 g
☐ **Basenpufferung****	je nach Bedarf 2-6 Kps.		
☐ **Allg. interne Hilfen**			
Darmflora: Omniflora,	1	-	-
Sancombi et alt.	10 gtt		
Verdauungsenzyme:			
Arca-Enzym aut sim.	1	1	1
andere			

* siehe Kapitel Therapiebausteine S. 123
** siehe Kapitel Therapiebausteine S. 134–145

N1 - Kolonkarzinom adjuvant

(**nach** Abschluß aller radikalen Therapien)

N1 jedes T
Dukes C
keine Fernmetastasen - M0

Die 5-Jahres-Überlebensquote beträgt bei Kolonkarzinom mit regionärem Lnn-Befall (Dukes C) nur ca 30 %. (nach Senn/Jungi: Thieme, 1986). Adjuvante Chemotherapie-Schemen mit 5-FU/Calciumfolinat + Levamisol oder Interferon sollen eine Verbesserung bringen. Zahlreiche Studien laufen.

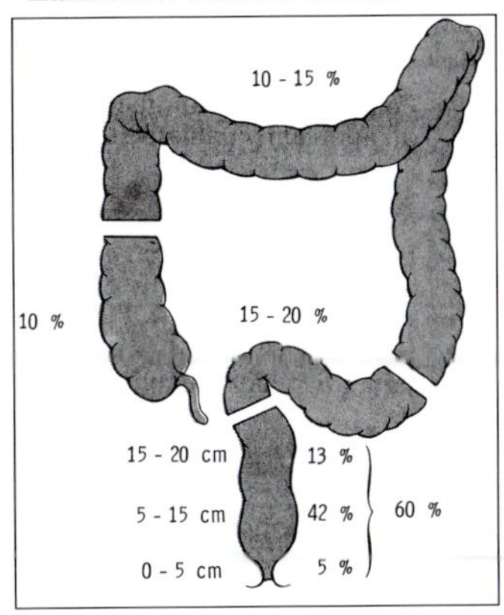

Lokalisation und relative Häufigkeit des Dickdarmkarzinoms (aus F. Largiader et al.: Checkliste visz. Chir., Thieme, 1983)

Name:
Daten:

Indikation

adjuvant

N0 bei T1, T2
(Tumor auf die Drüse beschränkt)
Grad I und II

additiv

Mögliche vorangegangene radikale Therapien (lokale Strahlenserie) sollten nach Plan 2 begleitet werden.
Beispiel:
Prostatektomie mit anschließender Radiatio:
Heger-Infusionen
eine 10-er Serie, 1 x wöch.
Immustimulation erst **nach** Abschluß der Radiatio

Bildgebende Diagnostik

Thorax-Röntgen -1-2 x jährl.
Sonographie Leber und gesamtes Abdomen - 2 x jährl.
Sonographie bes. kleines Becken - 2 x jährl.
(evtl. Rektal-Sono - 2 x jährl.)

CT kleines Becken
Rö diverse Knochen (1. Wahl)
Knochenscan (2. Wahl)

Labor

BB incl. Diff., BSG
Routine klin. Chemie
Eiweiße:
Elektrophorese
Phasen-Proteine
Tumormarker
PSA-RIA (SP, PAP)
Basenpuffer-Kapazität
Immunstatus

Zeitraster

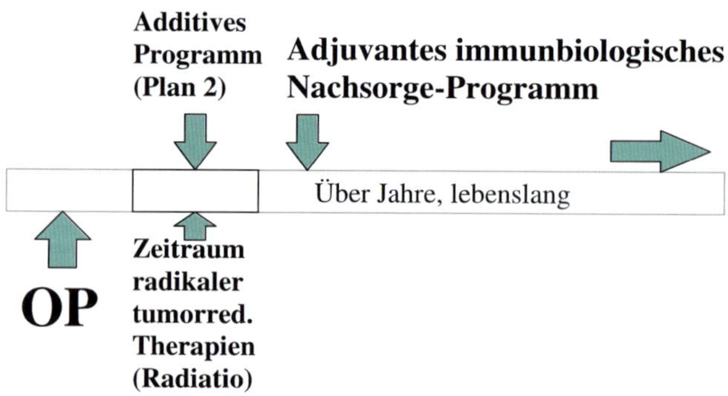

Infusionen

Injektionen

Tägl. orale Einnahme

5 Therapieplan

☐ **Heger-Infusion***	**1 x wöch.** (eine 10-er Serie bes. <u>nach</u> Chemoth.)
☐ **Aredia-Infusion** ☐ **andere** *evtl. spätere Option*	**lt. Plan**
☐ **Mistel** Helixor/Eurixor	**2 x wöch.**
☐ **Gammaglob. 16%** y-Glob »Kabi« (aut sim.)	**1 x monatl.**
☐ **LH-RH-Analoga** Zoladex aut sim. Suprefact	**1 x monatl.** alle 2 Monate
☐ **Aromatase-Hemm.** Lentaron	**14tägig**
☐ **Calcitonin** (50 E., 100 E.)	**3 x wöch.**
☐ **andere** *evtl. spätere, fallspezif. Optionen je nach Krankheitsentwicklung*	
	morg. / mitt./ abds.
☐ **Radikalfänger**	
Selen-100-Cu** bzw. Na-Sel.**	2 bzw. 3-4 -
ß-Carotin**	1 - -
Vitamin E 400 E.**	1 - -
Vitamin C 1-3 g**	- - 1-2 g
☐ **Basenpufferung****	je nach Bedarf 2-6 Kps.
☐ **Allg. interne Hilfen**	
Darmflora (Omnifl.,Sancombi)	1 x 1 bzw. 10 gtt
Verdauungsenzyme (Arca-Enzym aut sim.)	1 1 1
☐ **evtl. Hormontherapie** Casodex	1 - -

* siehe S. 123
** siehe S. 134–145

N0 - Prostatakarzinom adjuvant

(**nach** Abschluß aller radikalen Therapien)

N0 bei T1, T2
Grad I, II
keine Fernmetastasen - M0

Mit einer Hormontherapie sollte im primär nicht metastasierten Stadium bei einem Rückgang der PSA-RIA nach radikaler tumorreduzierender Ersttherapie zugewartet und diese erst bei einer kommenden Metastasierungstendenz eingesetzt werden.

Name:
Daten:

Indikation
adjuvant

N1 und höher, jedes T
T3, T4 - auch bei N0
(kapselüberschreitend, Befall von Nachbarorganen, Fernmetastasen)
Grad III - auch bei N0

additiv

Mögliche vorangegangene radikale Therapien (lokale Strahlenserie) sollten nach Plan 2 begleitet werden.
Beispiel:
Prostatektomie mit anschließender Radiatio:
- Heger-Infusionen
  - eine 10-er Serie, 1 x wöch.
- Immustimulation erst *nach*
  - Abschluß der Radiatio

Bildgebende Diagnostik

Thorax-Röntgen	-1-2 x jährl.
Sonographie Leber und gesamtes Abdomen	- 2 x jährl.
Sonographie bes. kleines Becken	- 2 x jährl.
(evtl. Rektal-Sono	- 2 x jährl.)

CT kleines Becken
Rö diverse Knochen (1. Wahl)
Knochenscan (2. Wahl)

Labor

BB incl. Diff., BSG
Routine klin. Chemie
Eiweiße:
- Elektrophorese
- Phasen-Proteine

Tumormarker
- PSA-RIA (SP,PAP)

Basenpuffer-Kapazität
Immunstatus

Zeitraster

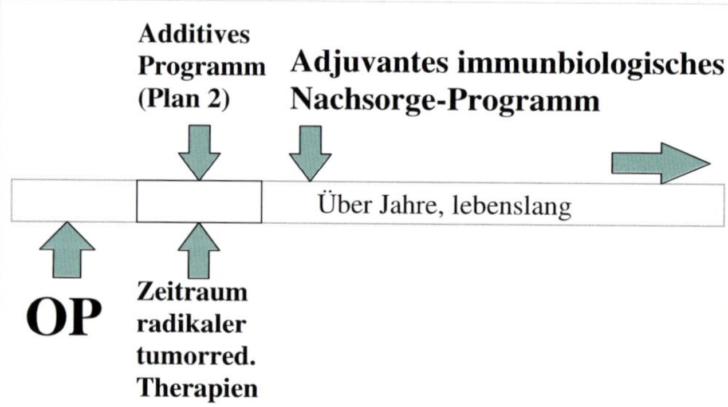

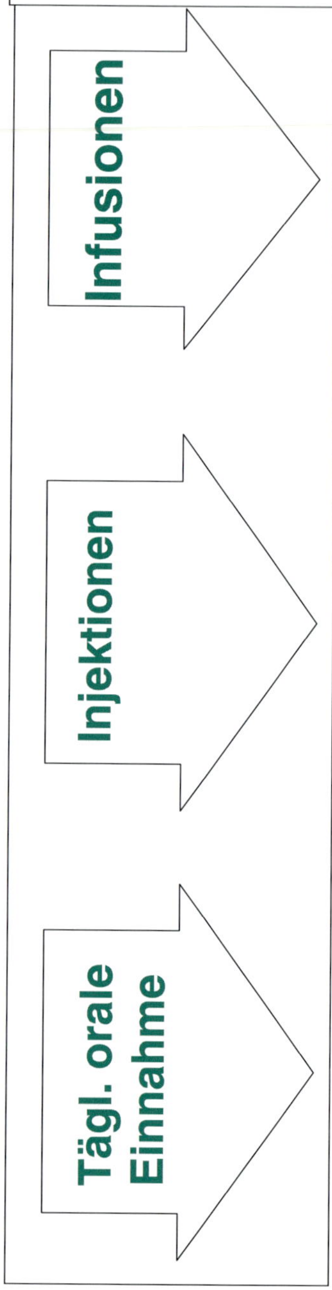

Therapieplan 5a

☐ **Heger-Infusion***	**2-1 x wöch.** (bis zu einem halben Jahr nach Chemoth. und/oder Radiatio)
Aredia-Infusion andere (evtl. spätere Option)	lt. Plan
☐ **Thymus** Thymusextr. »Doskar«/Thymoject	**1-2 x wöch.**
☐ **Mistel** Helixor/Eurixor	**2 x wöch.**
☐ **Gammaglob. 16%** y-Glob »Kabi« (aut sim.)	**1 x monatl.**
LH-RH-Analoga Zoladex aut sim. Suprefact	1 x monatl. alle 3 Monate
Aromatase-Hemm. Lentaron	14tägig
Calcitonin (50 E... 100 E)	3 x wöch.
andere	
evtl. spätere, fallspezif. Optionen je nach Krankheitsentwicklung	

	morg.	mitt.	abds.
☐ **Radikalfänger**			
Selen-100-Cu/Na-Sel.**	2 bzw. 3-4		-
ß-Carotin**	1	-	-
Vitamin E 400 E.**	1	-	-
Vitamin C 1-3 g**	-	-	1-2 g
☐ **Basenpufferung****	je nach Bedarf 2-6 Kps.		
☐ **Allg. interne Hilfen**			
Darmflora (Omnifl.,Sancombi)	-	1 bzw. 10 gtt	
Verdauungsenzyme: Arca-Enzym aut sim.	1	1	1
☐ **evtl. Hormon-therapie** Casodex	1	-	-

* siehe S. 123
** siehe S. 134–145

N1 - Prostata-karzinom adjuvant

(**nach** Abschluß aller radikalen Therapien)

N1 und höher (jedes T)
bzw. bei T3 T4 (auch bei N0)
und **Grad III** (auch bei N0)

UND

PSA-RIA ohne Dynamik

In der Literatur variieren dieAngaben zur **5-Jahres-Überlebens-raten** stark:
(Checkliste Onk., Senn/Jungi)

	Nach 5 Jahren: (**ohne** adjuvante Immuntherapie)
T0-Stadien	75 %
T1, T2	70 %
T3, T4	60 %

Hormontherapien siehe Pläne 5b und 5c und Seite 159

Indikation
adjuvant supportiv

Chemotherapie/Radiatio haben sich als ineffektiv im Sinne einer adjuvanten Therapie erwiesen.

Adjuvant sollten indes unbedingt **immunbiologische Maßnahmen** eingesetzt werden, die gut zu einer **Prognoseverbesserung** beitragen können.

Evtl. postoperativ bei besonderer subjektiver Schwäche oder labormäßig faßbarer kataboler Gesamtsituation 6-3 Monate lang Heger-Infusion.

Bildgebende Diagnostik

Thorax-Röntgen -1-2 x jährl.
Sonographie Leber und gesamtes Abdomen - 2 x jährl.

evtl. Ergänzungen:
CT Thorax
CT Abdomen -2-1 x jährl.
CT Gehirn -2-1 x jährl.
Rö diverse Knochen (1. Wahl)
Knochenscan (2. Wahl)

Labor

BB incl. Diff., BSG
Routine klin. Chemie
Eiweiße:
Elektrophorese
Phasen-Proteine
Tumormarker
TPA, ??
Basenpuffer-Kapazität
Immunstatus

Zeitraster

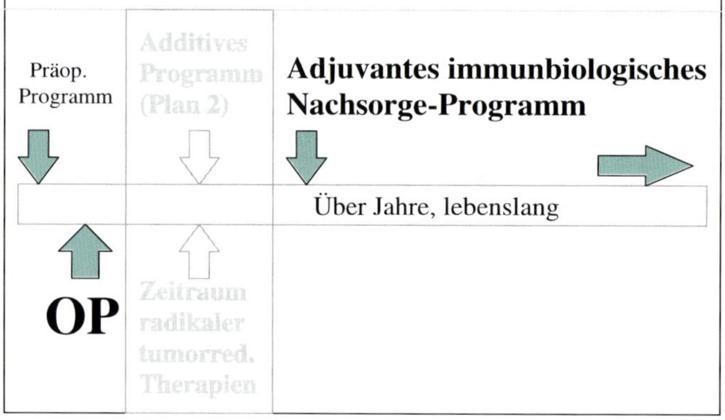

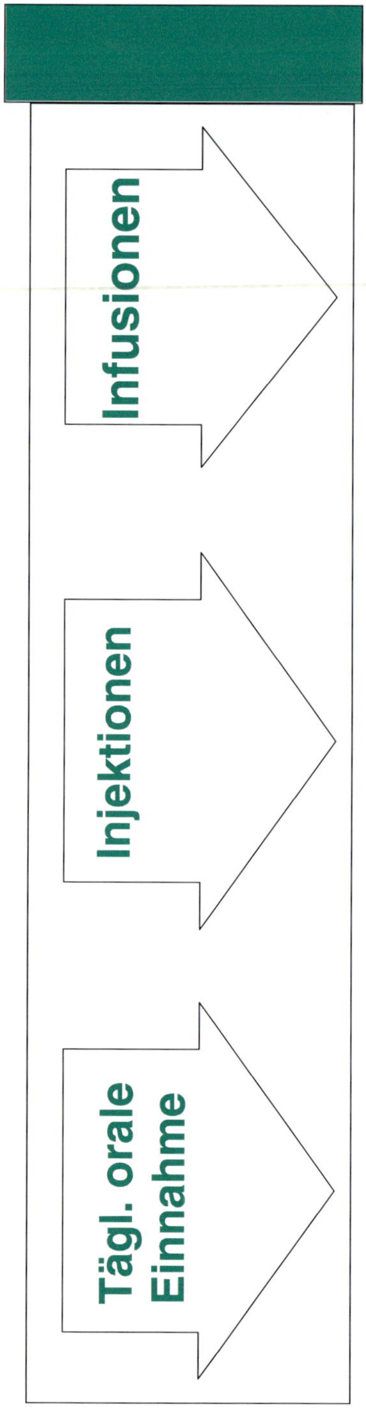

Therapieplan 6

☐ **Heger-Infusion***	**2-1 x wöch.** (bei besonderer subj. Schwäche)
☐ Mistel-Infusion	lt. Plan
☐ Aredia-Infusion	lt. Plan
evtl. spätere Optionen	
☐ **Thymus** Thymusextr. »Doskar«/Thymoject	**1-2 x wöch.**
☐ **Mistel** Helixor/Eurixor	**2 x wöch.**
☐ **Gammaglob. 16%** y-Glob »Kabi« aut sim.	**1 x monatl.**
☐ Calcitonin (50 E., 100 E.)	3 x wöch.
☐ andere	
evtl. spätere, fallspezif. Optionen je nach Krankheitsentwicklung	
	morg. / mitt./ abds.
☐ **Radikalfänger**	
Selen-100-Cu bzw. Na-Sel.**	2 bzw. 3-4 -
ß-Carotin**	1 - -
Vitamin E 400 E.**	1 - -
Vitamin C 1-3 g**	- - 1-2 g
☐ **Basenpufferung****	je nach Bedarf 2-6 Kps.
☐ **Allg. interne Hilfen**	
Darmflora (Omniflora oder/und Sancombi)	1 - - 10 gtt
Verdauungsenzyme (Arca-Enzym aut sim.)	1 1 1
☐ andere	

* siehe S. 123
** siehe S. 134–145

Hypernephrom Melanom adjuvant

(**nach** Abschluß aller radikalen (?) Therapien)

unabhängig von Lnn-Status und lokalem Stadium

keine Fernmetastasen - M0

In Ermangelung wirksamer adjuvanter Radikaltherapien (Chemotherapie/Radiatio) hat die Forschung der letzten Jahre besonders bei diesen beiden Tumorentitäten den Wert eines immunologischen Abwehrprozesses erkannt und zunehmend zu nutzen gelernt.

Zytokine (Interferone) werden vielfach in unphysiologisch hohen Dosen eingesetzt.

Ein **physiologisches Immun-Training** kann nach optimaler Tumorreduktion (OP) die verbliebenen Tumorzellen gut in Schach halten.

Indikation adjuvant additiv

In Anlehnung an Therapieschemata bei anderen Tumorentitäten (siehe Mammakarzinom) und den dort beobachteten Verbesserungen der rezidivfreien Zeiten sind immunbiologische adjuvante Modalitäten bei allen malignen Erkrankungen indiziert.

Therapiebegleitung bei adjuvanter Chemotherapie/ Radiatio bzw. präop. Chemotherapien bis zu einem halben Jahr nach Abschluß aller radikaltherapeutischen Maßnahmen (siehe Plan 2).

Bildgebende Diagnostik

Thorax-Röntgen - 1-2 x jährl.
Diverse weitere lokale Röntgenuntersuchungen
Sonographie Leber und gesamtes Abdomen
Andere Weichteilsonographien
Diverse MR-Tomographien

Rö diverse Knochen (1. Wahl)
Knochenscan (2. Wahl)

Labor

BB incl. Diff., BSG
Routine klin. Chemie
Eiweiße:
- Elektrophorese
- Phasen-Proteine

Tumormarker (tumorspezif.)
- siehe Tumormarkertabelle (z.B. CEA, SCC, NSE, Cyfra, CA 19/9, TPA u.a.)

Basenpuffer-Kapazität
Immunstatus

Zeitraster

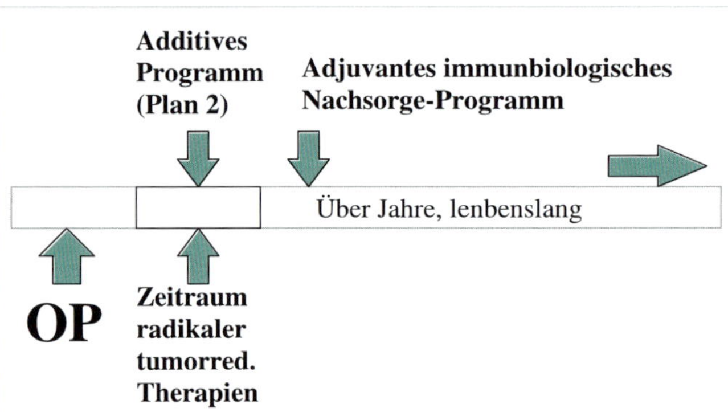

Therapieplan 7

☐ **Heger-Infusion***	**2-1 x wöch.** (bei besonderer subj. Schwäche)
☐ Mistel-Infusion	lt. Plan
☐ Aredia-Infusion	lt. Plan
evtl. spätere Optionen	
☐ **Thymus** Thymusextr. »Doskar«/Thymoject	**1-2 x wöch.**
☐ **Mistel** Helixor/Eurixor aut al.	**2 x wöch.**
☐ **Gammaglob. 16%** y-Glob »Kabi« aut sim.	**1 x monatl. 2 ml**
☐ Calcitonin (50 E., 100 E.)	3x wöch.
☐ andere	
evtl. spätere, fallspezif. Optionen je nach Krankheitsentwicklung	
	morg. / mitt./ abds.
☐ **Radikalfänger**	
Selen-100-Cu bzw. Na-Selenit**	2 bzw. 3-4 -
ß-Carotin**	1 - -
Vitamin E 400 E.**	1 - -
Vitamin C 1-3 g**	- - 1-2 g
☐ **Basenpufferung****	je nach Bedarf 2-6 Kps.
☐ **Allg. interne Hilfen**	
Darmflora (Omniflora oder/und Sancombi)	1 - - 10 gtt
Verdauungsenzyme (Arca-Enzym aut sim.)	1 1 1
☐ Hormontherapie (evtl. Option)	z.B. Gestagene bei Frauen

* siehe S. 122
** siehe S. 134–145

Allgemeine adjuvante Programme

bei

HNO-Tumoren
Ösophagus-Ca
Magen-Ca
Bronchial-Ca
Urothel-Ca
Sarkome
u.a.

(**nach** Abschluß aller radikalen Therapien)

unabhängig von Lnn-Status und lokalem Stadium

keine Fernmetastasen - M0

Bei Übergang zum Metastasen-stadium weiter nach den Plänen 11-13

Indikation
adjuvant additiv

Bei gynäkologischen Tumoren wird klinisch-adjuvant häufig eine Radiatio verabreicht.
Dies führt nicht nur zu der bekannten jahrzehntelangen Immunschwäche, sondern birgt auch die Gefahr des Zweit-Karzinoms im Bereich des kleinen Beckens (Blase, Kolon, Sigmoid, Rektum).

Therapiebegleitung bei adjuvanter Chemotherapie/ Radiatio bzw. präoperativen Chemotherapien bis zu einem halben Jahr nach Abschluß aller radikaltherapeutischen Maßnahmen (siehe Plan 2).

Bildgebende Diagnostik

Thorax-Röntgen - 1-2 x jährl.
Sonographie Leber und gesamtes Abdomen
Andere Weichteilsonographien

MR-Tomographie kleines Becken und Unterbauch

Rö diverse Knochen (1. Wahl)
Knochenscan (2. Wahl)

Labor

BB incl. Diff., BSG
Routine klin. Chemie
Eiweiße:
- Elektrophorese
- Phasen-Proteine

Tumormarker
- CEA, TPA,
- SCC (Portio)
- CA 12/5

Basenpuffer-Kapazität
Immunstatus (bes. n. Radiatio)

Zeitraster

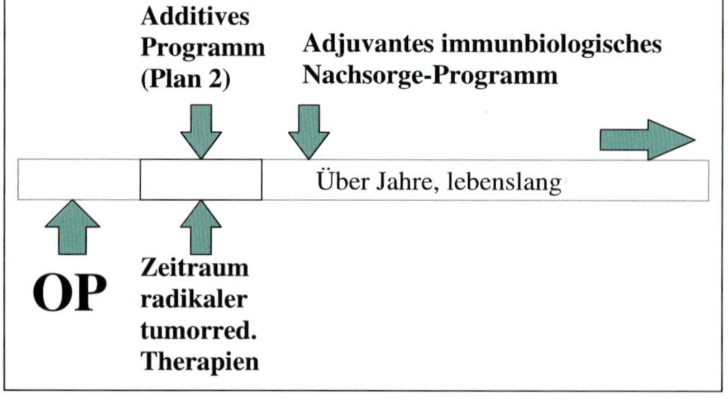

Therapieplan 8

☐ **Heger-Infusion***	**2-1 x wöch.** **(6-3 Monate über das Ende der Chemo-/ Radiotherapie hinaus)**
☐ Mistel-Infusion	lt. Plan
☐ Aredia-Infusion	lt. Plan
evtl. spätere Optionen	
☐ **Thymus** Thymusextr. »Doskar«/Thymoject	**1-2 x wöch.**
☐ **Mistel** Helixor/Eurixor aut al.	**2 x wöch.**
☐ **Gammaglob. 16%** y-Glob »Kabi« aut sim.	**1 x monatl.** 2 ml
☐ Calcitonin (50 E., 100 E.)	3 x wöch.
☐ Hormontherapie (z.B.Lh-Rh-Analoga)	
☐ andere	
evtl. spätere, fallspezif. Optionen je nach Krankheitsentwicklung	
	morg. / mitt./ abds.
☐ **Radikalfänger**	
Selen-100-Cu bzw. Na-Selenit**	2 bzw. 3-4 -
ß-Carotin**	1 - -
Vitamin E 400 E.**	1 - -
Vitamin C 1-3 g**	- - 1-2 g
☐ **Basenpufferung****	je nach Bedarf 2-6 Kps.
☐ **Allg. interne Hilfen**	
Darmflora (Omniflora oder/und Sancombi)	1 - - 10 gtt
Verdauungsenzyme (Arca-Enzym aut sim.)	1 1 1
☐ Hormontherapie	z.B. Gestagene
evtl. Option	

* siehe S. 123
** siehe S. 134–145

Gynäkologische Tumoren adjuvant

Portio (PAP II, III)
Endometrium-Ca
Ovarial-Ca
u.a.

(**nach** Abschluß aller radikalen Therapien)

↓

unabhängig von Lnn-Status und lokalem Stadium

keine Fernmetastasen - M0

↓

Bei Übergang zum Metastasenstadium weiter nach den Plänen 11-13

8a Therapieplan

Gynäkologische Tumoren palliativ

(Metastasenstadium)

Portio (PAP II, III)

Gebärmutter-Ca

Ovarial-Ca

u.a.

Erweiterte Hormontherapie

Intermittierend zu Chemotherapien, prächemotherapeutisch besonders bei Ovarialkarzinomen: lokal, nahe und ferne Weichteilmetastasen: Hormonblockade

Mittel 1.Wahl

☐ **Heger-Infusion***	**2-1 x wöch.** (eine 10-er-Serie nach Abschluß radikaler Th.)
☐ **Aredia-Infusion**	**lt. Plan**
■ **Mistel-Infusion***	**lt. Plan**
■ **Basen-Infusion***	**lt. Plan**
☐ **Thymus** Thymusextr. »Doskar«/Thymoject	**1-2 x wöch.**
■ **Mistel** Helixor/Eurixor	**2 x wöch.**
☐ **Gammaglob. 16%** y-Glob »Kabi« aut sim.	**1 x monatl. 2 ml**
■ **LH-RH-Analoga** **Zoladex** aut sim. oder **Suprefact**	**1 x monatl.** alle 2 Monate
☐ **Aromatase-Hemm.** Lentaron	**14tägig**
☐ **Calcitonin** (50 E., 100 E.)	**3 x wöch.**

evtl. zusätzl. Optionen

Mistel s.c. während **Mistelinfusion** absetzen!

evtl. zusätzliche Optionen bei **Weichteil-/Knochenmetastasen, siehe Plan 12**

	morg.	mitt.	abds.
☐ **Radikalfänger**			
Selen-100-Cu** bzw. Na-Sel.**	2 bzw. 3-4		-
ß-Carotin**	1	-	-
Vitamin E 400 E.**	1	-	-
Vitamin C 1-3 g**	-	-	1-2 g
☐ **Basenpufferung****	je nach Bedarf 2-6 Kps.		
☐ **Allg. interne Hilfen**			
Darmflora (Omnifl.,Sancombi)	-	1 bzw. 10 gtt	
Verdauungsenzyme (Arca-Enzym aut sim.)	1	1	1
■ **Hormontherapie**			
Farlutal 500 mg	**1**	**-**	**(1)**

*+ S. 125, 126
** S. 134–145

Therapieplan

8b

☐ Heger-Infusion	2-1 x wöch.
evtl. spätere Optionen	
☐ Aredia-Infusion*	lt. Plan
■ Mistel-Infusion*	lt. Plan
■ Basen-Infusion*	lt. Plan
☐ **Thymus** Thymusextr. »Doskar«/Thymoject	**1-2 x wöch.**
☐ Mistel Helixor/Eurixor aut al.	2 x wöch.
	Mistel s.c. während Mistel**infusion** absetzen!
☐ **Gammaglob. 16%** y-Glob »Kabi« aut sim.	**1 x monatl. 2 ml**
■ **Calcitonin** (50 E., 100 E.)	**3 x wöch.**
■ **Aromatase-Hemm.** Lentaron, Arimidex	**14tägig** 1 x 1
■ **Gestagen-Initial-Stoß**	**10 Tage lang** **1000 mg Farlutal i.m.**

	morg.	mitt.	abds.
☐ **Radikalfänger**			
Selen-100-Cu bzw. Na-Selenit**	2 bzw. 3-4		-
ß-Carotin**	1	-	-
Vitamin E 400 E.**	1	-	-
Vitamin C 1-3 g**	-	-	1-2 g
☐ **Basenpufferung****	je nach Bedarf 2-6 Kps.		
☐ **Allg. interne Hilfen**			
Darmflora (Omniflora oder/und Sancombi)	1 10 gtt	-	-
Verdauungsenzyme (Arca-Enzym aut sim.)	1	1	1
■ **Hormontherapie** **Farlutal 500 mg**	1	-	(1)

* siehe S. 125, 126, 127
** siehe S. 134–145

Gynäkologische Tumoren palliativ

(Metastasenstadium bes. Knochen)

Portio (PAP II, III)

Gebärmutter-Ca
Ovarial-Ca
u.a.

Erweiterte Hormontherapie

Intermittierend zu Chemotherapien, prächemotherapeutisch besonders bei lokalen und fernen Knochenarrosionen: Hormonblockade + Bisphosphonate

Mittel nächster Wahl

Name:
Daten:

Indikation
adjuvant — additiv

Systemische maligne Erkrankungen haben durch radikale Ersttherapien eine große Chance auf dauerhafte Heilung.
Die vorangegangenen toxischen Therapien bergen aber allesamt ein malignisierendes Potential in sich, da sie häufig ein Zweitkarzinom induzieren.

Siehe Plan 2 bzw. 2a während radikaler Ersttherapie.

Bildgebende Diagnostik

Thorax-Röntgen
Sonographie Leber und gesamtes Abdomen
Sonographie Lnn-Stationen

CT (MR) Thorax
CT (MR) Abdomen

Labor

BB incl. Diff., BSG
Routine klin. Chemie
Eiweiße:
Elektrophorese
Phasen-Proteine
Mögl. relevante Marker
Ferritin, LDH, TPA
ß2-Mikroglob., Neopterin
Basenpuffer-Kapazität
Immunstatus

Zeitraster

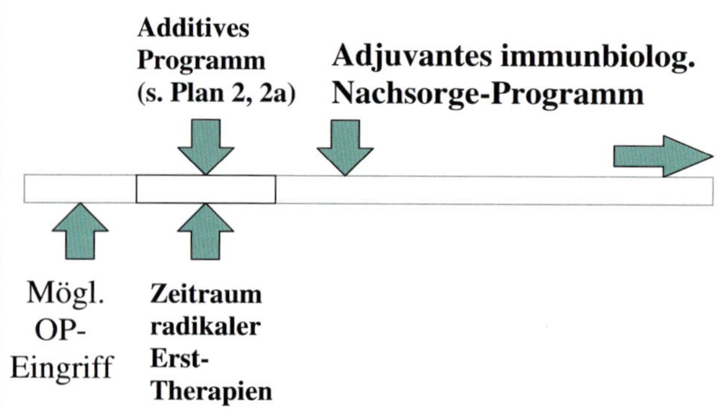

Infusionen

Injektionen

Tägl. orale Einnahme

Therapieplan 9

M. Hodgkin NHL

Adjuvante Immuntherapie

(**nach** Abschluß aller radikalen Therapien)

☐ **Heger-Infusion***	**2-1 x wöch.** (bis zu 1/2 Jahr nach Chemoth./Radiatio)
☐	
☐	
☐ Aredia-Infusion	lt. Plan
☐ andere (evtl. spätere Optionen)	
☐	
☐ **Mistel** Helixor/Eurixor aut al.	**2 x wöch.**
☐ **Gammaglob.16%** y-Glob »Kabi« aut sim.	**1 x monatl. 2 ml**
☐	
☐ andere siehe Kap. Prospektiva Eigenblut-Vakzine	
☐	

	morg.	mitt.	abds.
☐ **Radikalfänger**			
Selen-100-Cu bzw. Na-Sel.**	2 bzw. 3-4		-
ß-Carotin**	1	-	-
Vitamin E 400 E.**	1	-	-
Vitamin C 1-2 g**	-	-	1-2 g
☐ **Basenpufferung****	je nach Bedarf 2-6 Kps.		
☐ **Allg. interne Hilfen**			
Darmflora (Omnifl.,Sancombi)	-	1 bzw. 10 gtt	
Verdauungsenzyme (Arca-Enzym aut sim.)	1	1	1
☐ andere			

Die adjuvante Immuntherapie bei systemischen malignen Erkrankungen beinhaltet verschiedene Gesichtspunkte:

- **Rezidiv- und Metastasen-prophylaxe**
- **Prävention** eines durch vorangegangene besonders aggressive Chemo-/Radio-therapie induzierten **Zweit-karzinoms**
- **Stabilisierung für** eine mögl. radikale **Second-line-Therapie**

* siehe S. 123
** siehe S. 134–145

Name:
Daten:

Indikation adjuvant additiv

Eine Reihe von Tumorentitäten (schnell wachsende) haben durch radikale Eingriffe eine große Chance auf dauerhafte Heilung.
Die vorangegangenen toxischen Therapien bergen aber allesamt ein malignisierendes Potential in sich, da sie häufig ein Zweitkarzinom induzieren.

Bildgebende Diagnostik

Thorax-Röntgen
Sonographie Leber und gesamtes Abdomen
Sonographie Hoden

CT-Becken und Abdomen

Rö diverse Knochen (1. Wahl)
Knochenscan (2. Wahl)
Knochendichte

Labor

BB incl. Diff., BSG
Routine klin. Chemie
Eiweiße:
  Elektrophorese
  Phasen-Proteine
Tumormarker
  AFP, ß-HCG
Basenpuffer-Kapazität
Immunstatus

Zeitraster

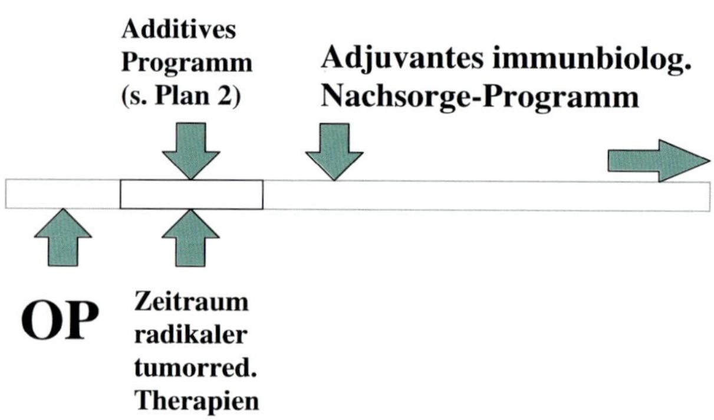

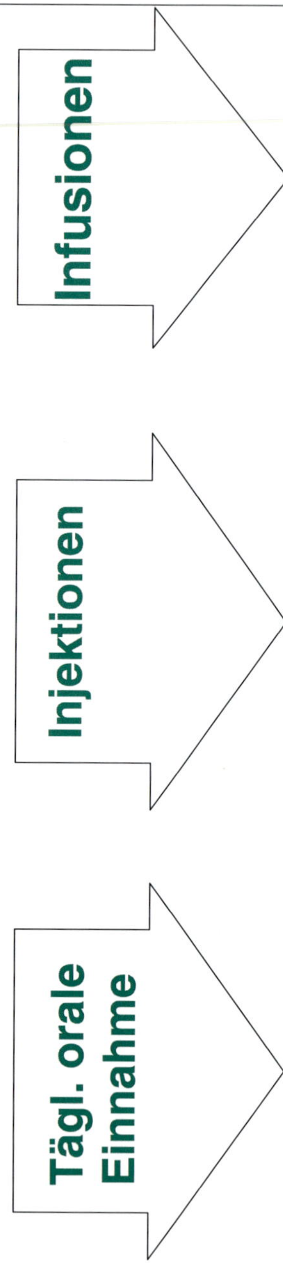

Therapieplan 10

☐ **Heger-Infusion*** ☐ ☐ ☐ Aredia-Infusion ☐ andere evtl. spätere Optionen	**2-1 x wöch.** **(bis zu 1/2 Jahr nach Chemoth./Radiatio)** lt. Plan
☐ **Thymus** Thymusextr. »Doskar«/Thymoject ☐ **Mistel** Helixor/Eurixor aut al. ☐ **Gammaglob. 16%** y-Glob »Kabi« aut sim. ☐ ☐ andere ☐ Hormontherapie	**1-2 x wöch.** **2 x wöch.** **1 x monatl. 2 ml** als Depot-Inj.

	morg.	mitt.	abds.
☐ **Radikalfänger**			
Selen-100-Cu bzw. Na-Sel.**	2 bzw. 3-4		-
ß-Carotin**	1	-	-
Vitamin E 400 E.**	1	-	-
Vitamin C 1-3 g**	-	-	1-2 g
☐ **Basenpufferung****	je nach Bedarf 2-6 Kps.		
☐ **Allg. interne Hilfen**			
Darmflora (Omnifl., Sancombi)	-	1 bzw. 10 gtt	
Verdauungsenzyme (Arca-Enzym aut sim.)	1	1	1
☐ andere			

* siehe S. 123
** siehe S. 134–145

»Geheilte« Tumoren (z.B. Hoden-tumoren)

Adjuvante Immuntherapie

(**nach** Abschluß aller radikalen Therapien)

unabhängig von Lnn-Status, jedes T

Die adjuvante Immuntherapie bei »geheilten« Tumoren beinhaltet zweierlei Gesichtspunkte:

- **Rezidiv- und Metastasen-prophylaxe** und
- **Prävention** eines durch vorangegangene besonders aggressive Chemo-/Radio-therapie induzierten **Zweit-karzinoms**

Additives Programm parallel zu Chemotherapie/ Radiatio

Chemotherapie und /oder Radiotherapie **palliativ** eingesetzt bedeutet für den Patienten in jedem Fall eine große Toxizitätslast. Um den Bonus einer derart toxischen Therapie bei einem möglicherweise ohnehin schon geschwächten Organismus überhaupt lukrieren zu können, ist es dringend notwendig, den **biologischen Schaden so gering wie möglich zu halten.**

Nebenstehende Maßnahmen werden **additiv und parallel zur Chemotherapie** gegeben.

CAVE:
Während laufender immunsuppressiver Therapien sollten **keine** immunstimulierenden Maßnahmen gesetzt werden. Werden immunkompetente Zellen zur Proliferation angeregt, werden sie um so mehr durch Chemotherapie mitzerstört !

Zeitraster
siehe Plan 2

Name:
Daten:

2a 2

Therapie-

☐ **Heger-Infusion*** ☐ **Selen-Infusion*** ☐ ☐ **Basen-Infusion***	**2-1 x wöch.** **VOR und NACH jeder Chemotherapie, besonders bei Cisplatin, Taxol und ähnlich hochtoxischen Schemata** **je nach Meßwerten**
☐ **Thymus** Thymusextr. "Doskar"/Thymoject ☐ **Mistel** Helixor/Eurixor ☐	**1-2 x wöch.** **2 x wöch.** **KEINE** Immunstimulation während laufender Chemo./Rad.
☐ **Gammaglob. 16 %** y-Glob "Kabi" aut sim.	**14tägig 2 ml**
☐ **Mischinjektion*** **mit Mucokehl** **Engystol** **Mucosa comp.**	**1 x wöch.**

	morg.	mitt.	abds.
☐ **Radikalfänger**			
Selen-100-Cu bzw. Na-Sel.**	2 bzw.3-4		-
ß-Carotin**	1	-	-
Vitamin E 400 E.**	1	-	-
Vitamin C 1-3 g**	-	-	1 g
☐ **Basenpufferung****	2 Kps.	-	2
☐ **Allg. interne Hilfen**			
Darmflora, z.B. Omniflora	1	-	-
Verdauung, z.B. Arca-Enzym	1	1	1
Galle treiben, z.B. Oddibil	2	2	2
Leberschutz, z.B.Essentiale f.	-	2	-
Übelkeit: Navoban	1		
oder Paspertin Drg.	1	1	1
☐ **andere**			

* siehe S. 123, 124, 125
** siehe S. 134–145

12 13 11

-plan

☐ **Mistel-Infusion***	**2 x wöch.**
☐ **Basen-Infusion***	**je nach Meßwerten**
☐ **Aredia-Infusionen***	**2-4 wöch.**
☐ **Heger-Infusion II***	**2-1 x wöch.**
☐ **Thymus** Thymusextr. »Doskar«/Thymoject	**1-2 x wöch.**
☐ **Gammaglob. 16 %** y-Glob »Kabi« aut sim.	**1 x monatl. 2 ml**
☐ **Mischinjektion** **mit Mucokehl Engystol Ubichinon comp.**	**1 x wöch.** (kann zusammen mit Thymus in einer Injektion gegeben werden)

	morg.	mitt.	abds.
☐ **Radikalfänger**			
Selen-100-Cu bzw. Na-Sel.**	2 bzw.3-4		-
ß-Carotin**	1	-	-
Vitamin E 400 E.**	1	-	-
Vitamin C 1-3 g**	-	-	1 g
☐ **Basenpufferung****	2 Kps.	-	2
☐ **Allg. interne Hilfen**			
Darmflora z.B. Omniflora	1	-	-
Verdauung, z.B. Arca-Enzym	1	1	1
Galle treiben, z.B. Oddibil	2	2	2
Leberschutz, z.B. Essentiale f.	-	2	-
☐ **Hormontherapien** (je nach Tumorart)	3b,c	5b,c	8a,b

* siehe S. 123, 124, 125, 127
** siehe S. 134–145

»Schaukel«-Therapie

Wechsel zwischen

radikalen Therapieformen und den entsprechenden
- **additiven Plänen**

(siehen Pläne 2, 2a) zur palliativen Eindämmung des Tumorwachstums, soweit eine toxische Therapie noch sinnvoll ist, wie bei

metastasierten Mammakarzinomen, metastasierten Kolonkarzinomen, metastasierten Prostatakarzinomen u.a.
und
- **immunbiologischen "Schaukel"-Therapie-Maßnahmen**

in den (evtl. längeren) Chemopausen
1. zur Schadensbegrenzung der toxischen Therapieform,
2. zur Stabilisierung und Stärkung des geschwächten Organismus,
3. zur möglichen Verlängerung der Chemopausen - somit auch verbesserte Erhaltung der Tumorsensibilität - und
4. zur optimalen Vorbereitung für evtl. weitere (noch sinnvolle) Zyklen radikaler Tumorreduktion

Name:
Daten:

Indikation palliativ

Erste Metastasierungsstadien ermöglichen bei langsam wachsenden epithelialen Tumoren kaum eine echte Kuration. Alle Therapieansätze - auch radikale tumordestruktive - haben daher meist nur palliativen Charakter. Das Hinauszögern insbesondere von Chemotherapiezyklen durch eine Bremsung der Tumorproliferation mittels hochdosierter Mistelinfusionen bringt somit einen unmittelbaren Zuwachs an Überlebenszeit.
Eine in Chemotherapiepausen eingeleitete Mistelinfusionstherapie kann helfen, diese zu verlängern, was wiederum die Gesamtüberlebenszeit verbessert.
Sind klinische radikaltherapeutische Maßnahmen nicht mehr sinnvoll, können Mistelinfusionen noch zur Verbesserung der Lebensqualität und zu einem noch lebenswerten Leben beitragen.

Bildgebende Diagnostik

Keine Überdiagnostik! Besonders hinsichtlich eingreifender Diagnoseverfahren sehr zurückhaltend sein!

Labor

Die Verlaufsbeobachtung von Routinewerten, der Bluteiweiße (katabol, anabol), der Spurenelemente (Substitutionen) und des Immunstatus (zelluläre Defizienzen) kann Hinweise auf zusätzliche Behandlungsmöglichkeiten geben.

Zeitraster

1.Mistel-/ Basen-Infusion → Mo

2.Mistel-/ Basen-Infusion → Do

Weitere Optionen:
Heger-Infusion,
Aredia

So	Mo	Die	Mi	Do	Fr	Sa	So

Infusionen

Injektionen

Tägl. orale Einnahme

Therapieplan 12

Biologische Zytostase

☐ **Mistel-Infusion***	**2 x wöch.**
☐ **Basen-Infusion***	**2 x wöch.**
☐	
☐ **Heger-Infusion II***	**2-1 x wöch.**
☐ **Thymus** Thymusextr. »Doskar«/Thymoject	**1-2 x wöch.**
☐ **Gammaglob. 16 %** y-Glob »Kabi« aut sim.	**1 x monatl. 2 ml**
☐ **Mischinjektion** mit Mucokehl Engystol Ubichinon comp.	**1 x wöch.**

	morg.	mitt.	abds.
☐ **Radikalfänger**			
Selen-100-Cu bzw. Na-Sel.**	2 bzw. 3-4		-
ß-Carotin**	1	-	-
Vitamin E 400 E **	1	-	-
Vitamin C 1-3 g**	-	-	1 g
☐ **Basenpufferung****	2Kps.	-	2
☐ **Allg. interne Hilfen**			
Darmflora, z.B. Omniflora	1	-	-
Verdauung, z.B. Arca-Enzym	1	1	1
Galle treiben, z.B. Oddibil	2	2	2
Leberschutz, z.B. Essentiale f.	-	2	-
☐ **Hormontherapien** (je nach Tumorart)			

* s. Seite 123, 124, 125
** s. Seite 134–145

bei
<u>»austherapierten« Patienten</u>
mit Chemo- und Strahlenresistenz, Inoperabilität,

bei
<u>längeren Chemopausen</u>
(siehe auch »Schaukel«-Therapie-Plan 10) zur biologischen Stabilisierung und Erhaltung der Chemosensibilität,

bei
<u>beginnender Metastasierung</u>,
um eine Chemotherapie so lange wie möglich hinausschieben zu können.

Name:
Daten:

Indikation

supportiv

Das supportive Programm am Beispiel ossärer Manifestationen zeigt sehr gut eine Möglichkeit auf, die Lebensqualität eines Patienten rasch und recht sicher verbessern zu können. Die vorgeschlagene Infusionstherapie mit AREDIA ist leicht in der Praxis durchführbar und gewährleistet eine optimale Compliance.

additiv

Therapiebegleitung vor, bei Chemotherapie/Radiatio bzw. nach Abschluß aller radikaltherapeutischen Maßnahmen zur Erhaltung der Knochenstabilität.

Bildgebende Diagnostik

Thorax-Röntgen
Diverse weitere lokale Röntgenuntersuchungen
Sonogrphie Leber und gesamtes Abdomen

CT diverser Knochenpartien
MR-Tomographien verschiedener Knochen
Rö diverse Knochen (1. Wahl)
Knochenscan (2. Wahl)

Labor

BB incl. Diff., BSG
Routine klin. Chemie: **AP**
Eiweiße:
- Elektrophorese
- Phasen-Proteine
- (bes. Haptoglobin beachten)

Tumormarker (tumorspezif.)
siehe Tumor-Marker-Tabelle
Basenpuffer-Kapazität
Immunstatus

Zeitraster

Präradikale Phase: z.B. Biologische Zytostase (Plan 12)

Supportives Programm (Plan 13)

Supportives Programm weiterführen

monate-, jahrelang; zyklisch

Zeitraum radikaler Therapien

Additive Programme (Plan 2, 2a)

Infusionen

Injektionen

Tägl. orale Einnahme

Supportives Programm am Beispiel ossärer Metastasen

Während laufender radikaler Therapien (Chemoth./Rad.), besonders aber nach Abschluß dieser Therapien.

Therapieplan 13

☐ Heger-Infusion	2 - 1 x wöch.
☐ Mistel-Infusion	2 x wöch.
☐ **Aredia-Infusion***	**lt. Plan**
☐ andere	

Dem laufenden Therapieplan anpassen

☐ Thymus Thymusextr. "Doskar"/Thymoject	1 - 2 x wöch.
☐ Mistel Helixor/Eurixor	2 x wöch.
☐ Gammaglob. 16% y-Glob "Kabi" aut sim.	1 x monatl. 2 ml
☐ **Calcitonin** (50 E., 100 E.)	**3 x wöch.** s.c., Spray
☐ andere	
☐	

Keine Immunstimulation während laufender zytotoxischer Therapien!

Dem laufenden Therapieplan anpassen

	morg.	mitt.	abds.
☐ Radikalfänger			
Selen-100-Cu bzw. Na-Sel.*	2 bzw. 3-4		-
ß-Carotin*	1	-	-
Vitamin E 400 E.	1	-	-
Vitamin C 1-3 g*	-	-	1-2 g
☐ Basenpufferung	je nach Bedarf 2-6 Kps.*		
☐ **Allg. interne Hilfen**			
Darmflora (Omnifl., Sancombi)	-		1 bzw. 10 gtt
Verdauungsenzyme (Arca-Enzym aut sim.)	1	1	1
Calcium (Calcipot D3)	2	-	2
☐ Hormontherapie			

Dem laufenden Therapieplan anpassen

* siehe S. 127

Teil B

Einzelbeschreibungen
Therapie -"Bausteine"

Arbeitsanleitung

Die einzelnen "**Bausteine**" der vorangestellten Therapieblätter werden auf den folgenden Seiten genauer erläutert.

Die in den Therapieblättern mit einem * gekennzeichneten Titel (z.B. Infusionsnamen) sind unter den jeweiligen Rezepturen und Zubereitungen (Seitenangabe) aufzusuchen.

Allgemein roborierende und entgiftende Begleitmaßnahmen Heger-Infusion Selen-Infusion Basen-Infusion Mistel-Infusion Aredia-Infusion **Infusionen**	Spurenelemente Darmflora Verdauungsenzyme Ungesättigte Fettsäuren Drainagierung Entgiftung "Radikalfänger" Zellstoffwechsel-Regulation **Substitutionen Regulation Regeneration**	Übersicht Thymuspeptide Weitere xenogene Peptide (Factor AF2, Immucothel) Mistelpräparate **Immun-"Training"**

"Bausteine"

Nur die exakte Übernahme der "Bausteine" in den Therapieplan gewährleistet die vollständige Betreuung des Patienten.

Außerdem ist nur durch diese Vorgehensweise eine (internationale) Vergleichbarkeit gegeben, wie sie im letzten Kapitel (Daten-Analytik) gefordert wird.

Mammakarzinom Prostatakarzinom Knochenmetastasen	Prostaglandinhemmer Periphere Analgetika "Suchtgifte" Psychopharmaka Intensive Gespräche	Tumor-Vakzine Eigenblut-Vakzine
Hormontherapie	**Schmerztherapie**	**Prospektiva**

Infusionen

Heger-Infusionen

Allgemeine roborierende, entgiftende und supportive Begleitmaßnahmen

Die Heger-Infusionen sind benannt nach dem Wiener Arzt Dr. Herbert Heger, der ab ca. 1975 begonnen hat, das Konzept für eine allgemein roborierende Infusion zu entwerfen. Zunächst als Begleitung zu radikalen tumorreduzierenden Therapien stand die Idee im Vordergrund, diese für den Patienten besser verträglich zu machen. Ein erster Schritt zur Verbesserung der Lebensqualität war getan. Es zeichnete sich aber auch bald ab, daß diese allgemeine Stärkung auch zu einer Verlängerung des rezidivfreien Intervalles und der Gesamtüberlebenszeit führte.

Dr. Heger (1918–1986)

In Anpassung an wechselnd zugelassene Medikamente ist untenstehende Rezeptur der derzeitige Standard (1997).

Als additives Programm:

Begleitung zu Chemotherapie/ Radiatio

Heger-Infusion I

400 ml Na-Chlorat phys. 0,9%
1 Amp. Hepa-Merz Infusionskonzentrat (10 ml)
1 Amp. Centramin
1 Amp. Mel-H
1 Amp. Laevostrophan 1/8 mg
1 Amp. Cevitol 1000*
1 Amp. Loftyl
1 Amp. Mucokehl D5
2 Amp. eines mischbaren Eisenpräparates
4 ml (bzw. 10 ml) Factor AF2**

BASIS

INGREDIENZIEN
↓

Laufzeit:
1 1/2 Stunden

* **Nicht** knapp vor (z.B. einen Tag vor oder am gleichen Tag) der Chemotherapie beimischen, jedoch schon in den Chemopausen geben.

** Knapp **vor** und **nach** (z.B. einen Tag bzw. auch am gleichen Tag) einer Chemotherapie **10 ml** beimischen, in den Chemopausen wieder auf 4 ml reduzieren.

Heger-Infusion II

Allgemeine Roborierung

- **Nach einem operativen Eingriff**
- **Bei zunehmend kataboler Entwicklung**
- **Bei subjektiv schlechter Befindlichkeit**
- **Bei Kachexie**

BASIS

INGREDIENZIEN

↓

400 ml Na-Chlorat phys. 0,9%

1 Amp. Hepa-Merz Infusionskonzentrat (10 ml)
1 Amp. Centramin
1 Amp. Mel-H
1 Amp. Laevostrophan 1/8 mg
1 Amp. Cevitol 1000
1 Amp. Loftyl
1 Amp. Mucokehl D5

4 ml Factor AF2

Laufzeit: 1 1/2 Stunden

Arbeitsanleitung:

→ Nach schwereren Operationen zur schnelleren Regeneration und besseren Heilung **eine 10-er Serie Infusionen 1 x wöchentlich,** Gesamtzeitraum somit ca. 2 1/2 Monate

→ Nach einer adjuvanten Chemotherapie (meist 6 Monate), besonders aber nach kombinierten Chemo-/Radiotherapien möglichst noch 1/2 Jahr Infusionen weiterführen, **3 Monate lang noch 2 x wöchentlich, die letzten 3 Monate kann meist auf 1 x wöchentlich reduziert** werden (besonders bei guter subjektiver Befindlichkeit).

↘↘ CAVE:

Bei erhöhten Leberwerten (z.B. γ-GT > 40 I.E.) muß das Hepa-Merz Infusionskonzentrat herausgenommen werden.

BASIS

INGREDIENZIEN

↓

400 ml Na-Chlorat phys. 0,9%

0 (ohne Hepa-Merz)
1 Amp. Centramin
1 Amp. Mel-H
1 Amp. Laevostrophan 1/8 mg
1 Amp. Cevitol 1000
1 Amp. Loftyl
1 Amp. Mucokehl D5

4 ml Factor AF2

Laufzeit: 1 1/2 Stunden

Mistel-Infusion

In höheren Dosen und i.v. bzw. per infusionem verabreicht werden die **zytotoxischen Eigenschaften von Viscum** ausgenützt. Dies im Sinne einer **biologischen Zytostase**.

Es ist empfehlenswert, die Dosis zunächst stufenweise anfluten zu lassen und je nach subjektiver Verträglichkeit zu steigern.
Besteht akuter Handlungsbedarf (siehe Indikationen) und hat der Patient noch nie Kontakt mit Mistelpräparaten gehabt, sollte der »Einstieg« noch vorsichtiger gemacht werden mit einer »Vordosis«.
Ist der Patient an eine s.c. Mistelapplikation gewöhnt, kann das Dosierungsschema mit 100 mg »gestartet« werden.

bei »austherapierten« Patienten mit Chemo- und Strahlenresistenz

bei längeren Chemopausen (siehe »Schaukeltherapie«) zur biologischen Stabilisierung und Erhaltung der Chemo-Sensibilität

bei primär chemo- und/oder strahlenresistenten Tumorentitäten

bei beginnender Metastasierung, um eine Chemotherapie so lange wie möglich hinausschieben zu können

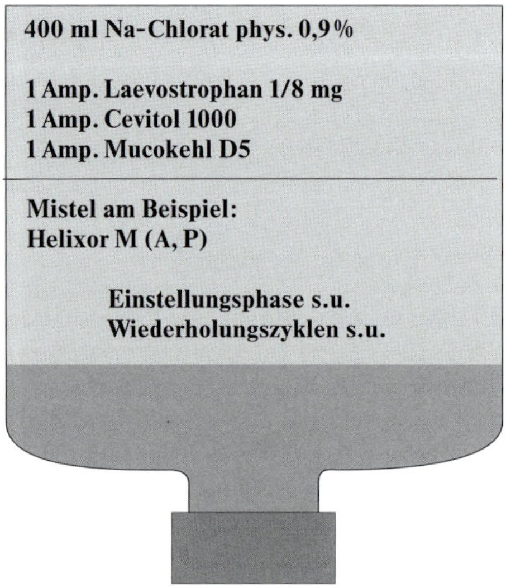

Laufzeit: 1 1/2 Stunden

➔ **Vordosis** (wenn noch nie Kontakt mit einem Mistelpräparat)

30 - 50 mg - (dann weiter wie unten)

»Null«-Woche

➔ **Einstellungsphase** (bei schon vorangegangener s.c. Mistel)

100 - 200 -	**300 - 400** -	**500 - 600** -	**800 - 1000 mg -**
1. Woche	2.Woche	3.Woche	4.Woche

➔ **Wiederholungszyklen (I)** (bei gutem Ansprechen)

500 - 600 -	**800 - 1000** -	**500 - 600** -	**800 - 1000 mg -**
Folge-Woche 1	-Woche 2	-Woche 3	-Woche 4 usw.

Nach jedem Wiederholungszyklus 14 Tage Pause usw.

➔ **Wiederholungszyklen (II)** (bei schlechterem Ansprechen Versuch einer Dosiserhöhung - subjektive Verträglichkeit beachten!)

800 - 1000 - 1200 - 1400 - .... - 2000 mg -

Folgewochen mit höheren Dosen

Basen-Infusion

Eines der großen Probleme bei Krebspatienten ist **die Übersäuerung bzw. die Erschöpfung des Basen-Potentials.**

Mehrere Gründe sind dafür verantwortlich (siehe auch besonders Kapitel V - Ernährungslehre):

- ➔ Falsche Ernährung, Übergewicht
- ➔ Zu wenig Säureelimination (Leber, Niere, Haut, Atmung)
- ➔ Radikale tumordestruktive Therapien (bes. Chemotherapie)
- ➔ Biologische Zytostase mit Mistelinfusionen

  u.a.

Bei primär schlechter subjektiver Befindlichkeit (und oft genug auch schlechten Befunden), An- bis Hypazidität wird eine orale Basen-Therapie (Basen-Pulver siehe Rp. S. 145) meist schlecht vertragen trotz bestehender und meßbarer Basendefizienz.

In diesen Fällen ist es notwendig und sinnvoll, die Basenpuffer-Kapazität per infusionem zu verbessern.

Angewendet wird eine 2,8%ige Basen-Lösung nach folgender Rezeptur:

Akute und oral nicht schnell genug korrigierbare Basenpuffer-Defizienz, besonders in Begleitung hochtoxischer (Chemotherapie) und Mistel-Infusionstherapien

BASIS

INGREDIENZIEN

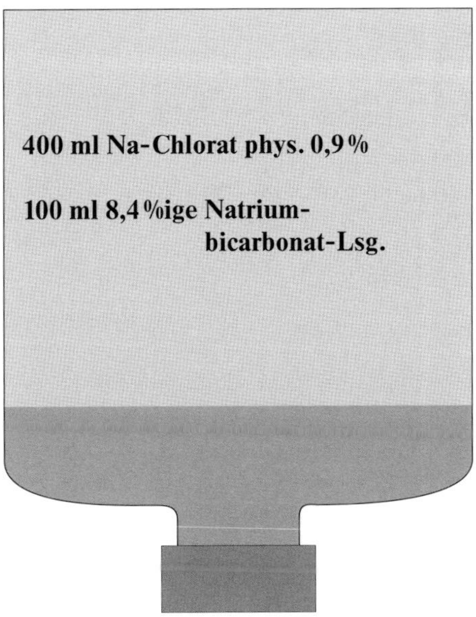

Laufzeit: ca. 20 min

Selen-Infusion

Nur eine ausreichende Versorgung mit »Radikalfängern« (Antioxidantien) schützt den Organismus vor Schäden durch freie Radikale.

Im Rahmen von radikaklen, tumordestruktiven Therapien fluten besonders durch Narkose, Chemotherapie und Radiatio eine große Menge solcher Freier Radikale an, deren »Entsorgung« mit den vorhandenen Reserven nur ungenügend bewerkstelligt werden kann.

Einerseits muß ja ein Defekt des Radikalfänger-Systems schon in der Entstehungsphase eines jeden Tumorgeschehens angenommen werden, andererseits belasten toxische, tumordestruktive Maßnahmen zunehmend ein noch vorhandenes antioxidatives Potential.

Neben einer oralen Dauer-(=Erhaltungs-)therapie (siehe Seite 136) ist bei den angeführten Indikationen die **Selen-Infusions-Stoßtherapie** angezeigt.

Das angewendete Na-Selenit kann schnell hoch anfluten, ist aber nur kurzfristig wirksam. Dies bedeutet zwar, daß kein dauerhafter Selenspiegel erreicht werden kann, dafür besteht aber auch nicht die Gefahr einer kumulativen Überdosierung.

»Radikalfänger«-Stoßtherapie

- **Vor und nach operativen Eingriffen**
- **Knapp vor und nach Chemotherapien**
- **Bei laufenden Strahlentherapien 1 x wöchentlich**

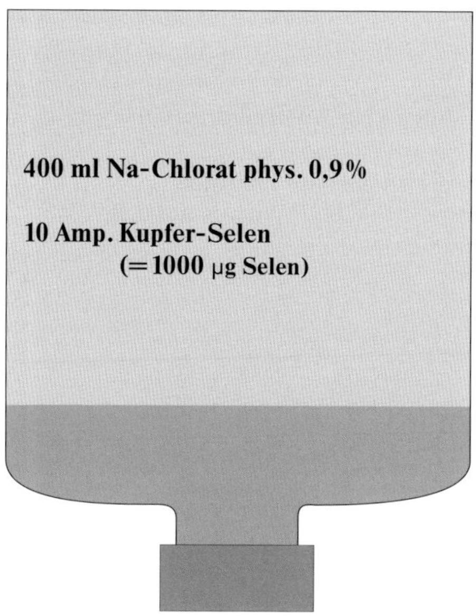

BASIS

Laufzeit: ca. 20 min (im »Schuß« an andere Infusionen anschließen)

Bisphosphonat-Infusion

am Beispiel Pamidronat (Aredia)

Bisphosphonate sind eine Klasse von Medikamenten, die in den letzten zwei Jahrzehnten zur Behandlung von verschiedenen Arten von Knochenkrankheiten entwickelt worden sind.

Sie erweisen sich als stark wirksame Inhibitoren der osteoklastischen Knochenresorption. Diese Hemmung dürfte zumindest teiweise auf der Bindung an den mineralischen Anteil des Knochengewebes (Hydroxyapatitkristalle) beruhen. Außerdem wird der Zugang der Osteoklastenvorstufen zur Oberfläche des Knochens erschwert und damit die Ausreifung zu resorbierenden Osteoklasten eingeschränkt.

Zeichen der hemmenden Wirkung von Bisphosphonaten bei einer tumorinduzierten Osteolyse sind die Senkung des Serumkalziums und der Harnausscheidung von Kalzium, Phosphat und Hydroxyprolin.

Schmerzen bei <u>Knochenmetastasen</u>, Hyperkalzämie, Osteoporose

Die Therapie mit Bisphosphonaten ist bei Knochenmetastasen zum Teil hochwirksam, der Erfolg ist allerdings nicht präzise vorhersehbar. Um so mehr ist es nicht vertretbar, einem Patienten mit Knochenmetastasen eine derartige Therapie vorzuenthalten.

In vielen Fällen läßt sich eine sehr gute schmerzreduzierende Wirkung erzielen, was eine deutliche bis vollständige Verringerung von Analgetika ermöglicht.

Auch hormon- und/oder chemoresistene Osteolyseherde zeigen im Röntgenbild oftmals eine Stabilisierung bzw. sogar Sklerosierung.

Datum	Woche	Anzahl der Infusionen	Dosis in jeweils 500 ml 0,9% NaCl lösen	Infusionszeit
	Einstellungsphase			
	1. Woche	1. Infus.	1 Amp. (=15 mg)	1 h
		2. Infus.	2 Amp. (=30 mg)	1 1/2 h
	2. Woche	3. Infus.	3 Amp. (=45 mg)	2 h
	3. Woche	4. Infus.	4 Amp. (=60 mg)	2–2 1/2 h
	Fortführung Je nach Schweregrad, Effekt, Wirkungsweise (zufriedenstellend, nicht oder noch nicht ausreichend)			
	Alle 2–4 Wochen eine Infusion mit 60 mg			2–2 1/2 h
	<u>Steigerbar bis</u>			
	Alle 2 Wochen eine Infusion mit 90 mg			2 1/2–3 h

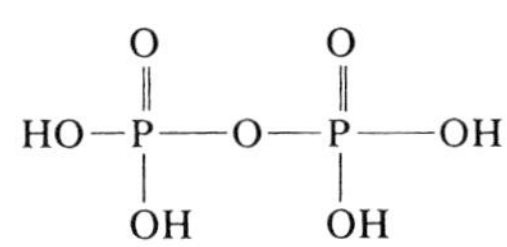

Pyrophosphorsäure

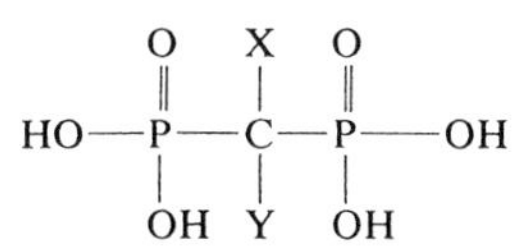

Biphosphorsäure

Substitution Regulation Regeneration

Spurenelemente, Darmflora, Verdauungsenzyme, ungesättigte Fettsäuren, Drainagierung und Entgiftung, »Radikalfänger«, Zellstoffwechsel-Regulation

Spurenelemente

Der Substitution mit Spurenelementen sollten deren Bestimmung in der Vollblut-Analyse vorangehen.

Defizienzen sollten ausgeglichen werden, es wird aber nochmals daran erinnert (siehe Laborteil), daß die unkontrollierte Zufuhr auch zu einer Überfüllung führen kann. Besonders bei Eisen und Zink ist auch bekannt, daß ein Zuviel dieser Substanzen die Tumorzellen vermehrt zum Wachstum anregen können.

	Salze	Österreich	BRD
Kalium	Kaliumaspartat	Tromcardin	idem
Magnesium	Magnesiumaspartat	Magnesium Verla	Magnesium Suppletten
Calcium	Calciumcitrat Calciumphosphat	Calcipot D3	Calcivitase
Kupfer	Kupfergluconat Kupferorotat komb. in Se-Cu s. auch Radikalf.)	komb. in Selen-100-Kupfer (Selamin plus)	Cuprenase Kupferorotat (magistral) oder komb. in Kupfer-Selen-Trinkampullen
Zink	Zinkorotat Zinkaspartat	Zinkorotat (mag.) Zinkamin	idem Zinkotase
Eisen	Ferrum sulfuricum	Tardyferon Aktiferrin	idem
Mangan u.a.	Manganchlorid	Rp. Manganchlorid EB 6 0,18 g Aethanolum 30% 50 g (magistral)	

Darmflora

Das Darmmilieu ist ein wesentlicher Faktor zur Gesunderhaltung. Die natürliche Symbiose trägt die Hauptlast einer ungestörten Darmflora, die allein in der Lage ist, pathogenen Keimen Einhalt zu gebieten. Dadurch erst sind ein optimaler Darm-pH-Wert und ein Hintanhalten des Wachstums von putrider Flora und von Pilzen gegeben.

Die innere Darmoberfläche beträgt bei einem Erwachsenen rund 300 m^2. Sie stellt mit dem Vorhandensein beispielsweise der Payerschen Plaques auch ein großes imunologisches Organ dar. Beeinflussende Faktoren für diese Funktion sind z.B. die Art der Nahrungsaufnahme (Kauvermögen, Eßgeschwindigkeit, Menge und Tageszeit u.a.), die Art der Nahrung, Alkohol, **Antibiotika und Antimykotika** und eine Reihe weiterer Faktoren (siehe Ernährungsteil).

	Österreich	BRD
	Omniflora	
Bifidus	Mutaflor	idem
Coli	Symbioflor	idem
Strept. faec.	Hylak	
Enterokokken	Antibiophilus	Acidophilius
Lactobazillen	Orthoflor A, B	
Isopathische Sanum-Therapie aus der Pilzphase	*SANUM*-Therapie:	
Mucor racemosus	Mucokehl	
Aspergillus niger	Nigersan	
Penicillium roqueforti	Fortakehl	
Candida parapsilosis	Pefrakehl	
Penicillium notatum	Notakehl	
Candida albicans	Albicansan	
Cand.alb., Cand.paraps., Penicill.roquf.	Exmykehl	
L(+)-Milchsäure	Sanuvis	

Pleomorphismus bedeutet die grundsätzliche Wandelbarkeit der Formen und beinhaltet die Möglichkeit, daß Mikroorganismen von ursprünglich avirulenten in potentiell virulente Zustände umschlagen können.

Die Begriffe Pleomorphismus und Symbiose sind untrennbar mit dem Namen des forschers und Mikrobiologen Prof. Dr. Günther **Enderlein** (1872–1968) verknüpft. In seinem Hauptwerk »Bakterien-Cyklogenie«, Berlin 1925 (heute herausgegeben vom Semmelweis Verlag, Hoya), beschreibt er detailliert die Wandlung und Entwicklung des Parasiten in seinen verschiedenen Erscheinungsformen und seinem Zyklus.

Die individuelle Zusammenstellung einer entsprechenden Therapie sollte nach vorhergehender Analyse der Darmflora und der Feststellung der vorhandenen physiologischen und (evtl. fakultativ) pathogenen Arten und Stämme erfolgen (siehe auch **Ernährungsplan Dysbiose**). Nach der entsprechenden Behandlung sollte durch eine weitere Untersuchung der Flora der Effekt der Therapie unbedingt nachkontrolliert werden.

Verdauungshilfen

Die Anwendung von Verdauungsenzymen bewirkt zweierlei:
- ➜ Durch verbesserte Aufschließung weniger Fäulnis und Gärung in den unteren Darmabschnitten.
- ➜ Bessere »Ausbeute« der zugeführten Nahrung, besonders wichtig bei kataboler Situation.

	Österreich	BRD
Proteasen	Acra-Enzym	
Lipasen	Kreon	idem
Amylasen	Combizym	
Cellulase	Intestinol	Dichronase forte
Pepsin	Helopanzym	idem
	Panzynorm	
Dimeticon (Entschäumung)	Helopanflat	idem
	Pankreoflat	
Bromelin	in Arca-Enzym	Bromelain
Galletreibende Mittel	Gallesyn	Gallopas
	Oddibil	Hoscal
	Cynarix	Bilobene
»Verdauungstropfen«	Roter Wermuth	Amara
	Cynar	

Proteolytische Enzyme
(höher konzentriert)

Immunkomplexe sind Antigen-Antikörper- Komplexe, die im Rahmen jeder Immunreaktion entstehen. Normalerweise werden sie über die Niere ausgeschieden. Ist die Ausscheidung behindert oder funktioniert sie nur ungenügend, entstehen immer größere Komplexe, die letztlich auch nicht mehr eliminierbar sind. Erhöhte Immunkomplexe haben aber einen quasi immunologischen Rückkopplungseffekt im Sinne einer Immunblockade, d.h., es werden weitere Immunreaktionen be-(ver-)hindert, um eine weiteres Anfluten von Antigen-Antikörper-Komplexen zu vermeiden.
Die Auflösung dieser Komplexe kann mit proteolytischen Enzymen in mehreren Kuren durchgeführt werden.

Beispiel:

Wobenzym-Kuren (mit einer OP zu 800 Stück)

1. Phase	3 x 5 Drg. tgl.	
	3 Wochen lang	=320 Drg.
2. Phase	3 Wochen Pause	
3. Phase	Wiederholung von 1	
	3 x 5 Drg. tgl.	
	wieder 3 Wochen lang	=320 Drg.
4. Phase	3 Wochen Pause	
5. Phase	3 x 5 Drg. Rest	=160 Drg.

Ungesättigte Fettsäuren

Seit den 30iger Jahren ist die Rolle der mehrfach ungesättigten Fettsäuren bekannt. Sie sind essentiell notwendig zum Aufbau von Membranen. Man unterscheidet n-3-, n-6- und n-9-Fettsäuren, die jeweils in verschiedenen Ölen repräsentiert sind (siehe Kapitel Ernährung). Im Zusammenhang mit dem immunologischen Geschehen interessiert die Tatsache, wie die angesprochenen Fettsäuren in den Zellen der endokrinen Drüsen zu Prostaglandinen synthetisiert werden, die ihrerseits über das »Second-messenger-System« der Zelle durch Stimulation bzw. Hemmung helfen, die Immunbalance aufrechtzuerhalten.

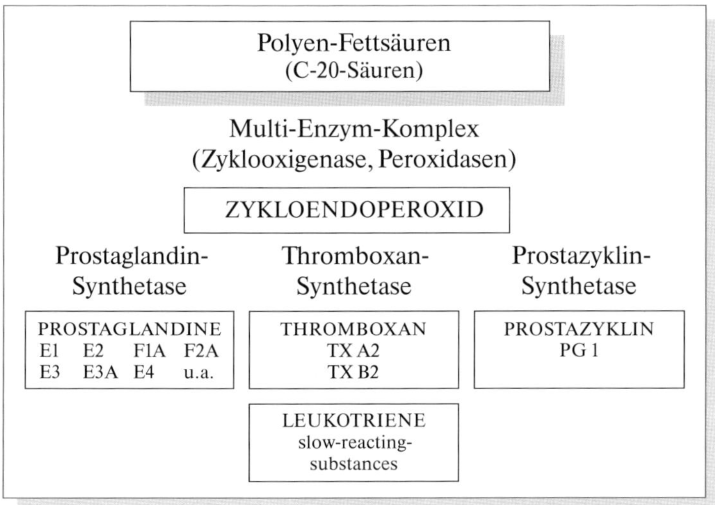

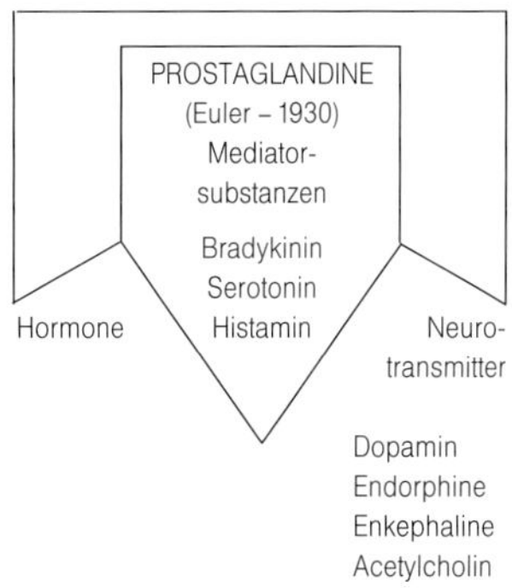

Die Biosynthese der Prostaglandine (Eicosanoide) läuft über drei Phasen:

1. Nach Reiz oder Schädigung der Zellmembran, dabei setzen
2. Phospholipasen die Polyen-Fettsäuren frei (Gamma-Linolensäure, Arachidonsäure, Eikosepentaensäure, Dokosahexaensäuren), dies führt zur
3. Synthese und Freisetzung der Prostaglandine.

An der Oberfläche von Zellen liegen eine Reihe von (Hormon-)Rezeptoren, die nach Bindung ihres jeweiligen Liganden (Hormons) die Adenylzyklase stimulieren oder hemmen. Die Adenylzyklase ihrerseits katalysiert die Bildung von cAMP (zyklisches Adenyl-Mono-Phosphat).

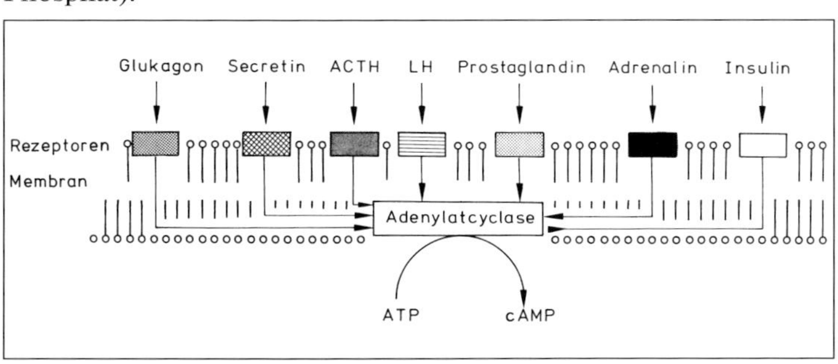

PG – **Prostaglandine**
- Schmerz, Hyperalgesie, Fieber
- Steuerung der Freisetzung von Releasing-Faktoren aus dem Hypothalamus
- Stimulierung oder Hemmung des cAMP-cGMP-Systems (übergeordneter Zellstoffwechsel)

LT – **Leukotriene**
- Unspezifische zelluläre Abwehr (in den Leukozyten)

TX – **Thromboxan**
- Beteiligt an Entzündungsprozessen, Thrombozytenadhäsion und -aggregation

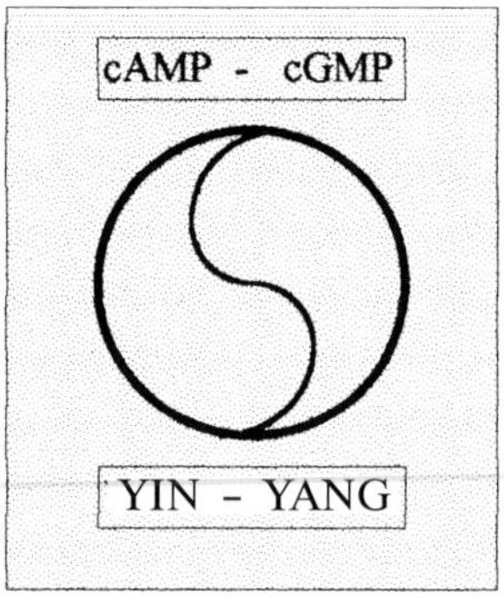

cAMP ist in vielen Geweben ein Regulator der Zellteilung. In Kulturen von CHO-Zellen (Chinese Hamster Ovary) zeigte sich, daß völlig irregulär aussehende Formen in bipolare, spindelförmige Strukturen überführt werden können.
Pastan und Mitarbeiter fanden, daß cAMP in hoher Konzentration die Proliferation von Zellen hemmt.

Der Gegenspieler ist das cGMP, zyklisches Guanyl-Mono-Phosphat. Der jeweilige Rezeptortyp an der Membran entscheidet, ob nach Stimulation durch Prostaglandine oder einen Neurotransmitter intrazellulär cAMP oder cGMP gebildet wird.

Prostaglandine sind somit ganz besondere Regulationsfaktoren und haben daher einen großen Anteil an einer ausgewogenen Immunlage im Rahmen eines ausgeglichenen biologischen Organverhaltens.

Jede Unterdrückung dieses Systems (Prostaglandinhemmer) paßt daher nicht in den Rahmen einer auf harmonisierendes Immunverhalten ausgerichteten Therapie.

		Anzahl der Doppelbindungen	
Fischöle	Docosahexaensäure	6 w-3	
Nachtkerzenöle			
Borretschöl	Eicosapentaesäuren	5 w-3	
Distelöl			
Leinöl	Linolensäure	3 w-3	
			Mehrfach ungesättigte
Sonnenblumenöl			**Fettsäuren**
Sesamöl	Arachidonsäure	4 w-6	
Rapsöl			
Olivenöl	Linolsäure	2 w-6	
Mohnöl			
Kürbiskernöl			
Haselnußöl			
Walnußöl	Ölsäure	1 w-9	**Einfach ungesättigte**
Mandelöl			**Fettsäuren**
Sommerbutter	Vaccensäure	1 w-7	
Tier. Fette, Fischöle	Palmitoleinsäure	1 w-7	
	Laurinsäure	0	**Gesättigte Fettsäuren**
Kokosfett	Palmitinsäure	0	
Palmkernfett	Stearinsäure	0	
Tierische Fette	Buttersäure	0	
Milchfett			

Drainagierung Entgiftung

Die Ausscheidung kann grundsätzlich über 4 Wege geführt werden:

- Leber-Galle,
- Nieren,
- Atmung und
- Haut.

Die Bemühung für eine adäquate Entgiftung kann mehrere Methoden beinhalten, die ihre Grundlage teilweise in der Volksheilkunde (Tees) haben, aber auch in der Homöopathie und der Ernährungslehre (siehe Kapitel V).

Teerezepturen:

Nierentee

Rp. Hb. Solidaginis
Hb. Spiraeae
Hb. Urticae
Fol. Taraxaci
aa ad 100 g

Rp. Fol. Betulae
Flor. Crataegi
Hb. Urticaeae
Fruct. Cynosbati
aa ad 100 g

Lebertee

Rp. Fol. Melissae
Fol. Menthae pip.
Herb.Chelidonii
Herb.Anserinae
aa ad 100 g

Andere galletreibende Medikamente:

Oddibil Drg.: 3 x 1
3 x 2 bei Chemotherapie
bis 5 x 2 an den Tagen der Chemotherapie

Gallesyn Drg., Tropfen
Cynarix Drg., Tropfen
Rowachol Kps., Tropfen

Allgemeine Stoffwechselanregung

Kombucha-»Tee«

Ein Teepilz, den man nach einmaliger Beschaffung selber weiterzüchten kann.
Cave: alkoholhaltig!! Ist vom Gehalt her wie Most! Verdünnen!!

Inka-Tee (Roter Lapacho)

Verwendet wird die innere Rinde der Roten Lapacho-Bäume. Seit einer Empfehlung im Cancer News Journal 1982 weit verbreitete Anwendung bei Anämien, allen Arten von Krebs, Infektionen

Homöopathische Entgiftungsmittel

Nieren- und Blasentropfen Nr.3 »Doskar«, 3–5 x 10 gtt
Taraxacum kompl. (Rihom) Tropfen, 3–5 x 10 gtt
Hydrastis kompl. (Rihom) Tropfen, 3–5 x 10 gtt

Antioxidantien

Das antioxidative Prinzip ist mit der Entwicklung des Lebens untrennbar verbunden.
Entwicklungsschritte in der Evolution konnten immer nur soweit gedeihen, wie weit gleichzeitig antioxidative Möglichkeiten ausreichend entwickelt waren, um einer neuen Phase (z.B. »Landnahme«) gerecht werden zu können.
Es ist somit während aller Zeiten, in denen Leben existiert, notwendig, Organismen gegen Angriffe aggressiver Stoffwechselprodukte zu schützen.

In allen früheren Zeiten wie auch heute stellt dieses antioxidative System (»Radikalfänger«) **den** »Schutzmantel« dar, der uns gegen die mannigfaltigen Umweltschäden abschirmt. Voraussetzung ist allerdings, daß die notwendigen »Bauteile« in ausreichenden Mengen vorhanden sind.

Die Abbildung im Kapitel »Freie-Radikalen- Biopathologie« zeigt jedoch, daß dieses Auffüllen der reaktiven Materialien immer schwieriger, andererseits aber auch immer wichtiger wird. Eine »künstliche« Zufuhr erscheint unumgänglich, soll die volle Leistungskraft des Systems gewährleistet sein.

In der Folge sind die nach dem heutigen Stand des Wissens gut erforschten Antioxidantien aufgelistet und ihre Bedeutung kurz umrissen.

Selen

Nach den Untersuchungen und Berichten von *Schrauzer* gilt Selen als universeller Schutzstoff, der unsere Zellen vor dem Angriff aggressiver Stoffwechselprodukte schützt.

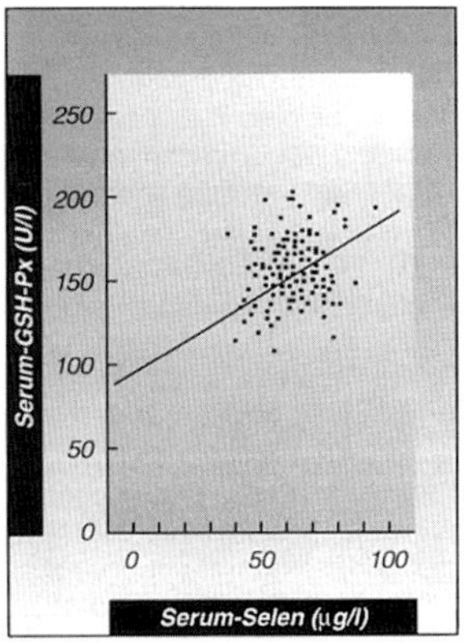

Korrelation des Serumgehaltes an Selen mit der Glutathionperoxidase-Aktivität im Serum.

Die antioxidative Schutzwirkung des Selens beruht darauf, daß es Bestandteil des Enzyms **Glutathionperoxidase** ist, welches im tierischen und menschlichen Organismus den Abbau von hochreaktiven Peroxiden katalysiert.

Experimentelle Untersuchungen haben gezeigt, daß Selen eine Schutzwirkung gegen die drei wichtigsten Ursachen der Krebsentstehung besitzt: chemische, virale und strahlenbedingte Schädigungen.

Umfangreiches Datenmaterial beweist, daß die Häufigkeit des Auftretens von Krebserkrankungen umgekehrt proportional zur täglichen Selenaufnahme ist.
Epidemiologische Studien in den USA haben außerdem gezeigt, daß in Regionen mit einer hohen Selen-Versorgung der Menschen über die Nahrung (selenreiche Böden – selenreiche Nahrungskette) die Krebsrate deutlich niedriger liegt als in vergleichbaren Regionen mit Selen-Unterversorgung.

Schrauzer konnte schon 1988 zeigen, daß ein Zusammenhang zwischen Krebsrate und täglicher Selenaufnahme gibt (siehe nebenstehende Abbildung).

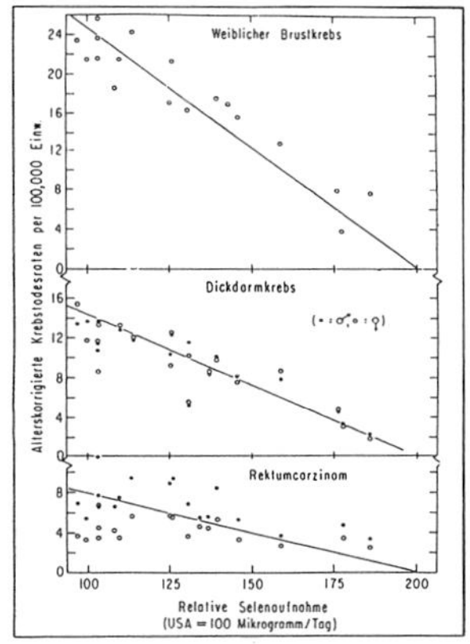

Inverse Assoziation zwischen alterskorrigierten Krebstodesraten und der aus dem Pro-Kopf-Nahrungsmittelverbrauch ermittelten Selenaufnahme (nach Schrauzer, 1988).

Zur Toxizität:
Der Wandel der wissenschaftlichen Einschätzung des Selens ist augenscheinlich:

Wurde es noch bis zum 2. Weltkrieg als hochtoxisch und krebserregend eingestuft, erlebte dieses Bild eine totale Umkehr durch die Forschungen ab den 60er Jahren.

Noch immer aber wird man mit Vorstellungen vom »schmalen« therapeutischen Bereich konfrontiert, die jeder Grundlage entbehren.

Eine 1992 durchgeführte Duplicate Diet Study (Pfannhauser, Wien) deckte auf, daß bei 20 freiwilligen Testpersonen kein einziger die erforderliche Tagesmenge von zumindest 50 µg Selen aufgenommen hatte.
Auch wenn diese österreichische Untersuchung weiter beschreibt, daß dies ein besonders schlechtes Ergebnis wäre, liegen andere europäische Staaten und die U.S.A. nicht wesentlich besser.

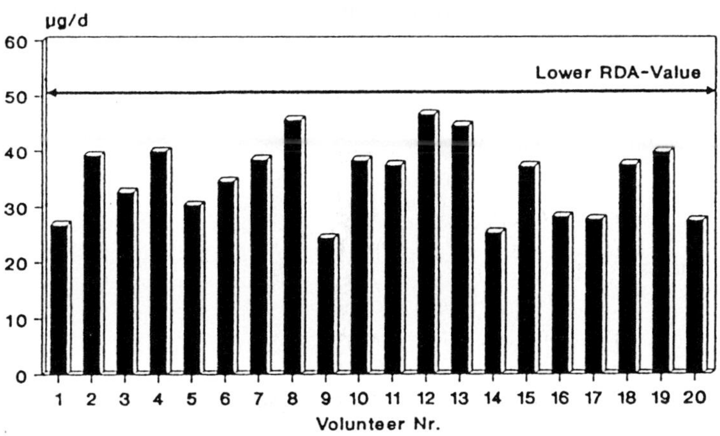

Durchschnittliche Tagesaufnahme von Selen über die Nahrung im Rahmen einer Duplicate Diet Study bei 20 freiwilligen Probanden (Pfannhauser, Wien, 1992).

Dies bedeutet, daß eine derartige Unterversorgung nicht ausreicht, um das ensprechende antioxidative Enzymsystem (Glutathionperoxidase) optimal zu »sättigen«. Die folgliche Minderaktivität führt daher zu einer Schwächung der antioxidativen Funktion.

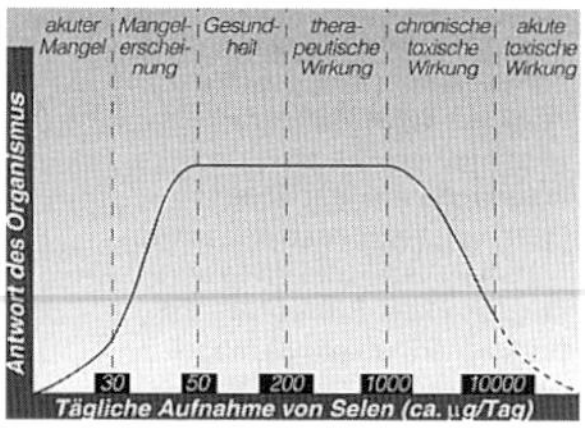

Dosis-Wirkungs-Kurve von Selen:
Ausreichend prophylaktisch:
In der Vollblutanalytik finden sich bei über 50% aller Untersuchten Werte unter 100 µg/l.
Eine Substitution von 100–200 µg ist daher angezeigt.
Therapeutisch:
Zur Optimierung der Aktivität des Enzyms Glutathionperoxidase sind 200 µg/l Vollblutspiegel erforderlich.
High-dose-Selengaben:
Zur Kompensation freier Radikale bei Chemotherapien (Cisplatin u.a.) sind Stoßtherapien mit 1000 µg erforderlich (siehe Selen-Infusion).
Chronisch-toxisch:
Bei zeitlich länger anhaltenden Selenwerten über 1000 µg kommt es zu knoblauchartigem Geruch und Diarrhoen. Diese Werte werden aber unter einem sinnvollen Therapieregime nicht erreicht.

Im therapeutischen Bereich muß zwischen einer
- ➜ prophylaktischen, gesunderhaltenden Zufuhr und einer
- ➜ therapeutischen Dosis vor allem im onkologischen Bereich

unterschieden werden.

Um Blutspiegel von über 200 µg/l im Vollblut zu erreichen, ist durchschnittlich eine Tagesdosis von 200 µg Selenmethionin oral notwendig. Dies entspricht üblicherweise 2 Tbl. Selenmethionin zu 100 µg.

Zur Qualität der Präparate:

- ➜ Möglichst hefefreie Präparate verwenden (ansonsten bei Langzeittherapie massive Darmbesiedlung durch Hefe),
- ➜ Keine Kombinationen.
  Besonders keine Kombinationen mit Vitamin C.
  Im feuchten Magen-Darm-Milieu kommt es durch Ascorbinsäure zu einer Reduktion zum (biologisch unwirksamen) metallischen Selen.
  Andere Kombinationen mit weiteren Antioxidantien (oftmals Vitamin E, β-Carotin) sind meist von minderer Qualität, da viel zu niedrig dosiert.

In der therapeutischen Wirksamkeit können folgende Dosen genutzt werden:

	Österreich	BRD
Selenmethionin (oral) (möglichst hefefrei)	Selamin (plus) 2–5 tgl. Selen-100 µg 2–5 tgl. Selenminerase 3–5 tgl. (Bierhefe!)	
Na-Selenit (oral)	Kupfer-Selen-Trinkampullen 3–5 tgl.	Selenase 3–5 tgl. Kupfer-Selen-Trinkampullen 3–5 tgl.
Na-Selenit per infus.	Kupfer-Selen-Amp. pro infus. bis zu 10 Amp. in 250 ml phys. NaCl	Kupfer-Selen-Amp., bis zu 10 Amp. (s. Infus.)

Vitamin E

Vitamin E gehört zusammen mit β-Carotin zur Gruppe der lipophilen Antioxidantien.
Infolge seiner langgezogenen Kettenstruktur lagert es sich besonders zwischen den ungesättigten Fettsäuren der Zellmembran ein und wirkt so direkt vor Ort als wirksamer Membranschutz durch Reduktion der Lipidperoxidation.

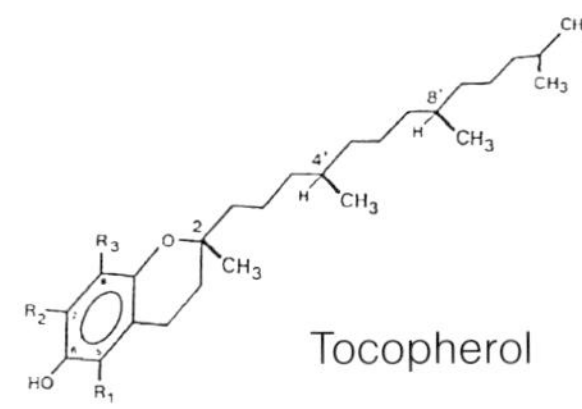

Tocopherol

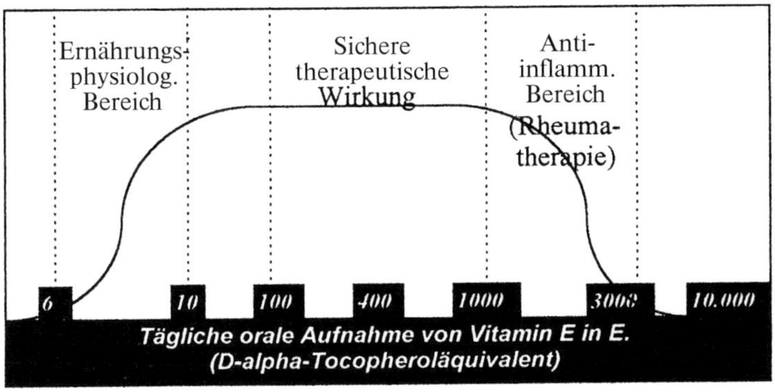

Die natürlichen Vitamin-E-Quellen sind Speiseöle, wobei die Öle aus den Weizenkeimen, der Sonnenblume, der Sojabohne und dem Maiskeim den höchsten Anteil an Gesamt-Tocopherolen aufweisen (ca. 1000 bis 2200 mg/kg Öl).
Die Öle aus den Kürbiskernen, der Olive und aus der Distel enthalten etwa 200 bis 600 mg/kg Öl.

Natürliches (pflanzliches) D-alpha-Tocopherol ist ein einzelnes Stereoisomer.
Synthetische Formen sind ein Gemisch von acht Stereoisomeren und werden als Racemate bezeichnet. Die biologische Verfügbarkeit sinkt bei Racematen sehr rasch auf die Hälfte bzw. ein Viertel ab durch die Vermengung mit dem L-Anteil (siehe nebenstehende Tabelle).

Biologische Wirksamkeit von Tocopherolen (Elmadfa, Bosse):

	D-alpha Tocopherol-äquivalent mg	Biolog. Wirksamkeit (%)
1 mg D-alpha TCP	1	100
1 mg D, L-beta-TCP	0,5	50
1 mg D, L-gamma TCP	0,25	25
1 mg D, L-delta TCP	0,01	1

	Österreich	BRD
Natürliches (pflanzliches) Vitamin E = reines D-alpha-Tocopherol	**Etocovit** (400 E.)	Malton E (400 E.) Bioto-E (500 E.)
Synthetisches Vitamin E D, L-alpha-Tocoph.-acetat (**Racemat**, 50 bis 75% Wirkungsverlust)	Evitol Avigilen Vit. E. Sanhelios 200 Biogelat (200 E.)	Vit E 1000 Vitagutt Detulin 400

Umrechnungsfaktor
mg → Einheiten
1,5
z.B.: 335 mg = 500 E.

Beta-Carotin

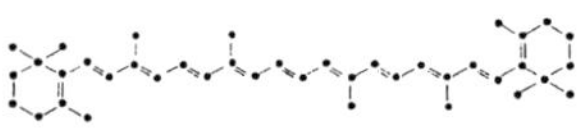

Struktur von β-Carotin

β-Carotingehalt diverser Nahrungsmittel:

mg BC/100 g

Süßkartoffel	6
Karotten	6
Spinat	6
Grünkohl	5
Mango	3
Melonen	2
Chicoréee	2
Aprikosen	1,5
Kopfsalat	1
Tomaten	0,5
Orangen	0,1

Die durchschnittliche β-Carotin-Aufnahme in den USA liegt bei etwa 1,5 mg. In Mitteleuropa schwankt dieser Wert zwischen 1,5 und 2 mg.

»Jede Kette ist nur so stark wie ihr stärkstes Glied«

Beta-Carotin ist ein Provitamin A und gehört ebenfalls zu den fettlöslichen Vitaminen.

Dem β-Carotin als antioxidativem Vitamin wurde in den letzten Jahren viel Aufmerksamkeit zuteil. Zunächst wurden Carotinoide hinsichtlich ihrer Funktion lediglich als Vorläufer von Vitamin A betrachtet.

Epidemiologische Daten und experimentelle Untersuchungen haben aber eine eigenständige Funktion für die Prävention verschiedener Krebsarten erwiesen.

Die antikarzinogene Wirkung hängt mit den antioxidativen Eigenschaften zusammen. β-Carotin desaktiviert den Singulett-Sauerstoff und neutralisiert freie Sauerstoffradikale.

Immunologische Wirkung wird entfaltet durch die Umkehr der Hemmung der Zytokinaktivitäten (z.B. Interferonhemmung) durch die Tumorzellen. Insofern wird die Immunabwehr aktiviert.

Eine weitere Wirkung wurde studienabhängig geprüft: β-Carotin hemmt die Dysplasie-Progression, womit eine wesentlich Beeinflussung einer schwerwiegenden Präkanzerose möglich ist.

Mehrere Autoren berichteten auf dem internationalen Kongreß in Wien 1993 von dem guten synergistischen Effekt von β-Carotin und Vitamin E.

	Österreich/BRD	England/USA
β-Carotin	**Carotaben** (25 mg) 1 x 1 Bei merkbarer Gelbfärbung der Handflächen Dosis reduzieren auf 3–4 x/Woche	Betacarotene zu 6, 15 mg

Die folgenden beiden Tabellen zeigen die Wirkung eines bedeutenden Umweltgiftes auf den Vitamin-C- und β-Carotin-Status.

Carotin-Plasmaspiegel von Rauchern und Nichtrauchern

Nichtraucher mg/l	Raucher mg/l	%		
Carotine				
1,3	1,0	83	Witter	1982
1,6	1,3	85	Davis	1983
1,9	1,6	88	Russell-Briefel	1985
1,7	1,3	78	Chow	1986
0,24	0,17	70	Bolton-Smith	1991
2,0	1,7	81	Stähelin	1991
β-Carotin				
0,46	0,34	74	Aoki	1987

Plasma- oder Serumkonzentrationen

Vitamin-C-Plasmakonzentration von Rauchern und Nichtrauchern

Nichtraucher mg/l	Raucher mg/l	%		
9,1	5,2	57	Calder	1963
6,2	4,4	71	Brook	1968
1,8	1,3	72	Albanese	1975
7,8	5,1	65	McClean	1976
13,2	13,2	100	Yeung	1976
9,6	8,3	86	Hoefel	1977
5,9	5,3	90	Hoefel	1977
6,0	4,2	70	Pelletier	1977
8,8	6,9	78	Keith	1980, 1982
6,6	3,9	59	Murata	1984
7,1	5,6	79	Basu	1990

Die Wirkung der Ascorbinsäure als Antioxidans beruht auf einer Reaktion mit Peroxylradikalen im wäßrigen Milieu. Weiterhin erfüllt sie die Funktion eines Co-Antioxidans durch Wechselwirkung mit alpha-Tocopherol (Vitamin E). Die Aktivität der wasserlöslichen Ascorbinsäure zur Regeneration (verbrauchtes = oxidiertes Vitamin E wird wieder regeneriert) und Einspaarung von alpha-Tocopherol ist daher biologisch besonders wichtig.

Insgesamt besteht eine synergistische Wirkung zwschen Vitamin E, β-Carotin und Vitamin C.

Im Zusammenhang mit der Osteoporose ist eine Wirkstoffkombination von Kalzium plus Vitamin C, D und B_6 wichtig. Probleme mit Osteoporose im Zusammenhang mit malignen Erkrankungen entstehen besonders bei Hormonblockaden im Rahmen der Therapie hormonabhängiger Tumoren (z.B. Tamoxifen/Lh-RH-Analoge bei Mammakarzinom).

Außerdem sind viele biologische Reaktionen und Synthesen Vitamin-C-abhängig, wie z.B. die Biosynthese des Carnitins aus Lysin und Methionin, die Hydroxylierung von Steroiden und Cholesterin und die Synthese von Peptidhormonen.

Bedeutung von Vitamin C für immunologische Mechanismen:

- Mononukleäre und polymorphkernige Leukozyten enthalten die 10- bis 40fache Konzentration des umgebenden Plasmas an Vitamin C.
- Stimulierungsmöglichkeit dieser Zellen in vitro durch hohe Vitamin-C-Dosen.
- Der Phagozytoseprozeß geht mit Verbrauch von Vitanim C einher.
- Reaktive Oxidantien in den Granulozyten werden durch Vitamin C kontrolliert bzw. abgefangen.

alle Länder

Ascorbinsäure

Ascorbinsäure 1–3 g tgl.
1 g = 1 Messerspitze auf ein wenig Wasser

CAVE:

Konz. Vitamin C **nicht** direkt zusammen mit Selen einnehmen. Vitamin C reduziert Selen zum metallischen Selen, das biologisch inaktiv ist.

Handelsübliche Vitamin-C-Präparate und Brausetabletten beinhalten meist Süß- und Geschmacksstoffe sowie lösliche Kohlensäure. Dies alles ist nicht notwendig und eher zu vermeiden.

Vitamin C

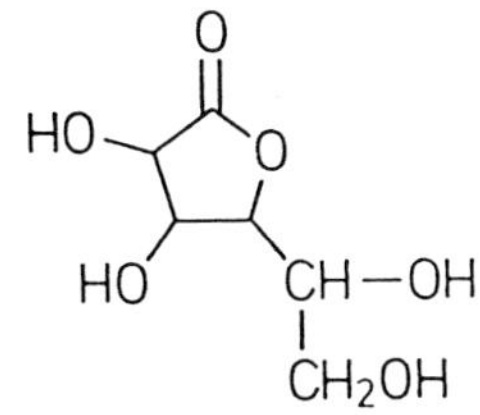

Ascorbinsäure

Vitamin C:
Summenformel: $C_6H_8O_6$

Der Mensch und andere Primaten können L-Ascorbinsäure nicht synthetisieren und benötigen sie daher als essentiellen Mikronahrungsstoff.

Vitamin-C-Status von schwangeren Raucherinnen (Norkus 1987)

Anzahl Zigaretten pro Tag	Mutter-Plasma mg/dl	Plazenta mg/100 g
0	0,99	26,2
6–10	0,89	23,8
11–20	0,49	12,2
>20	0,31	8,1

Eine Reihe von weiteren Spurenelementen und Vitaminen interessieren noch im Rahmen einer biologischen Gesamtsicht zur Aufrechterhaltung einer stabilen biologischen Homöostase. Sie sind in der Folge kursorisch zusammengestellt.

Zink

Die essentielle Rolle des Elementes Zink auf der Ebene der gezielten Enzymkatalyse, der Proteinbiosynthese, der zellulären Abwehr und der gezielten Schutzfunktion gegenüber Schwermetallen wird immer deutlicher.

Zink ist Bestandteil von mehr als 80 Metallenzymen und beteiligt an der DNA- und RNA-Synthese.

Ein Zn-Defizit führt zu immunologischen Dysfunktionen durch verminderte Antikörperproduktion, verminderte T- und NK-Zellen und eine Einschränkung der Chemotaxis und der Phagozytose.

Offensichtlich durch gesteigerte Abwehrvorgänge wird bei einer neuerlichen Tumorprogression Zink verbraucht, so daß ein Abfall resultiert (siehe Vollblutanalyse). Aber auch durch Chemo- und Radiotherapie sinkt Zink deutlich ab.

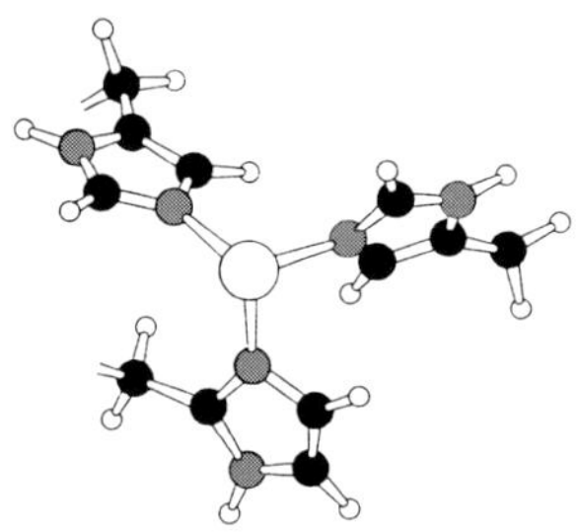

Das Modell zeigt die koordinative Bindung eines Zinkions (weiß) an drei Stickstoffatome von Histidin-Seitenketten im katalytischen Zentrum der Carboanhydrase.

	Österreich	BRD
Zn-DL-Hydrogen-aspartat	Zinkamin 2 tgl.	Zinkotase
Zn-Orotat	Zinkorotat 50 mg 1–2 x tgl.	Zinkorotat (magistral)

Magnesium

Die Domänen des Magnesiums sind zunächst bekannterweise die koronare Herzkrankheit und die arterielle Hypertonie. In der Onkologie interessiert Magnesium einmal als Antiarrhythmikum bei Chemotherapien (Kardiotoxizität). Besonders lassen sich supraventrikuläre Rhythmusstörungen durch Magnesium positiv beeinflussen. Auch begleitende Koronarspasmen sprechen gut auf Magnesium an. Auch die im Rahmen von Chemozyklen oft auftretenden Muskelkrämpfe (vorzugsweise in der Nacht und in den frühen Morgenstunden) sind eine Indikation für Magnesium-Gaben.

	Österreich	BRD
Mg-K-Aspartat	Trommcardin 1–2 tgl.	idem
Mg-Citrat	Magnesium-Diasporal 1–2 tgl.	idem
Mg-Citr.-Glutamat	Magnesium-Verla 1–2 tgl.	Microsan 1–2 x 1
		Magnesium Suppletten

Kalzium

Kalzium interessiert in der Onkologie im Zusammenhang mit Osteoporose bei längerzeitiger antihormoneller Therapie (z.B. Tamoxifen/ LH-RH-Analoga) und einer notwendigen Rekalzifikation in der Behandlung von Knochenmetastasen (Radiatio, Bisphosphonate).

Etwa 300 mg Kalzium gehen täglich mit Stuhl und Urin verloren. Etwa 1000 mg Kalzium müssen mit der Nahrung zugeführt werden, um diesen täglichen Verlust auszugleichen.
Kalzium wird aus dem Knochen durch osteoklastäre Osteolyse freigesetzt, um die Konzentration an Kalziumionen in den extrazellulären Flüssigkeiten und im Blut konstant zu halten.
Die tägliche Supplementation bei Mangel sollte etwa eine Dosis von 500 mg Kalzium beinhalten.

	Österreich	BRD
Ca-Glycerino-phosphor. Ca-Citric. Ca-Carbon. Ca-Lactat	Calcipot D3 2 x 2 Calcisan-D 2–3 x 1	Calcivitase 2–3 x 1 Frubiase

Lithium

In den 60er Jahren erschienen die ersten Berichte über positive Effekte von Lithium bei der Behandlung von manisch-depressiven Patienten. Die Zuslassung dafür erfolgte in den USA aber erst 1974.
In der Onkologie interessiert heute aber eine weitere Indikation: In niedrigen Dosen wirkt Lithium als Immunstimulans, indem es die Leukopoese stimuliert über Erhöhung der Konzentration von CSF (koloniestimulierender Faktor) und die granulopoetische Differenzierung fördert.
Im Rahmen von radikalen, tumorreduzierenden Krebstherapien (Chemo-/Radiotherapie) mindert es die Leukopenie und stimuliert die Makrophagen. Der leukoprotektive Effekt des Lithiums ist gut dokumentiert.

Therapie:
- ➜ (Langzeit-)Dosis als Immunprotektion: ca. 300 mg Li-Carbonat.
- ➜ Rhythmus: Immer wieder Pausen einlegen, z.B.: 1 Woche nehmen, 1 Woche Pause.

	Österreich	BRD
Li-Carbonat	Neurolepsin 1 x 1 Quilonorm ret. 1 x 1 Rhythmus: 1 Woche nehmen. 1 Woche Pause	Leukominerase 2 tgl. Rhythmus: idem

Gerade bei der Supplementation von Vitaminen und Spurenelementen muß auf eine Begrenzung der Präparationen geachtet werden.

Mangel im Überfluß

Wie aus der umfangreichen einschlägigen Literatur bekannt ist, besteht in weiten Bereichen bereits ein beträchtlicher Mangel, der aber nicht ungezielt durch breitgestreute Mischpräparate abgedeckt werden kann und sollte.

Richtlinien zur Supplementation:

➜ »Blinde« Zufuhr nur bei bekannten (europaweiten) allgemeinen Mangelzuständen, besonders im Bereich der Radikalfänger wie Selen, β-Carotin, Vitamin E, C.
Merksatz: *Was mich mit Sicherheit* **gegen** *den Tumor stärkt*

➜ Besondere Vorsicht bei Elementen, die auch zu einer Tumorproliferation führen können - Zink, Eisen, Vitamin-B-Komplex (B_6, B_{12}).
Merksatz: *Was möglicherweise mich* **und** *den Tumor stärkt*

➜ Mit Ausnahme der oben angeführten Radikalfänger sollte eine Supplementation nur nach vorheriger Bestimmung in der Vollblut- bzw. Plasma-(Serum-)analyse erfolgen.

Eisen

Aus Zellkulturen ist bekannt, daß die Zufuhr von Eisen auch zu einer Tumorzellproliferation führen kann. Die Substitution von Eisen sollte daher nur nach strenger Kontrolle und bei einem entsprechenden Mangel erfolgen.
Die Richtlinie zur Eisengabe muß sein: Verordnung erst nach Bestimmung von Vollblut-(Serum-)Eisen und Ferritin (= Maß für Depoteisen).
Nach Chemo-/Strahlentherapien liegt sehr oft »nur« eine Eisenverwertungsstörung vor, das Ferritin ist aber hoch. In diesem Fall ist eine Eisengabe kontraindiziert.

Mangan

Mangan ist ein wichtiger Co-Faktor für eine Reihe von Enzymen wie Arginase, Alkalische Phosphatase, Pyruvatcarboxylase u.a.

Die Blutgerinnung wird durch Mangan positiv beeinflußt. Bei Skelettmetastasen kann es zu Manganmangel kommen.
Eine Überdosierung führt in erster Linie zu Intoxikationen des Zentralnervensystems.

Rp.	Manganchlorid EB 6	0,18 g
	Aethanolum 30%	50 g
	(magistral)	

Der tägliche Bedarf eines Erwachsenen beträgt 2–4 mg.

Folgende Nahrungsmittel sind besonders reich an Mangan: Haselnüsse, Bohnen, Erbsen, Haferflocken, Kakao.

Kupfer

Kupfer ist Bestandteil des Scavanger-Enzyms Superoxiddismutase und gehört somit zum wichtigen Kreis der Radikalfänger-Elemente.

Zusammen mit Eisen greift es in zahlreiche Stoffwechselvorgänge ein: bei der Cytochromoxidase in den Mitochondrien und bei der Hämoglobinbiosynthese, wobei das Coeruloplasmin die Umwandlung des zweiwertigen zum dreiwertigen Eisen katalysiert.
95% des Kupfers sind an Coeruloplasmin gebunden.

Kupfer ist in manchen Präparaten mit Selen kombiniert:
Kupfer: Bestandteil der Superoxiddismutase.
Selen: Bestandteil der Glutathionperoxidase.

	Österreich	BRD
Kupferorotat	Selamin plus 2 tgl. Kupferorotat 450 mg 1 x 1 tgl.	Kupfer-Selen-Trinkampullen 2–4 Amp. tgl. Kupferorotat 450 mg 1 x 1 tgl.

Chrom

Chrom (dreiwertige Form) ist Bestandteil des Glukosetoleranzfaktors, der die Glukosehomöostase reguliert.
Nichtraffinierter Zucker enthält noch ca 250 µg Chrom, weißer Zucker hingegen nur mehr 20 ng Chrom pro Gramm.
Bei Chrommangel ist auch der Lipidmetabolismus gestört.

Nach längerdauernder und/oder besonders aggressiver Chemotherapie kommt es in der Folge wiederholt zu Entgleisungen des Zuckerstoffwechsels, eine Therapie mit Chrom sollte daher durchaus in Erwägung gezogen werden.

	Österreich	BRD
Chrom	nurmehr magistral	idem

Wismut

Wismutsalze sind Verbindungen, die eine Wirksamkeit auf Helicobacter pylori aufweisen. Angesicht der unphysiologischen und extrem teuren Eradikationstherapien sollte dieses Behandlungsprinzip neu bewertet werden.

	Österreich	BRD
Wismut	idem	Ulcominerase 3 x 1

Zellstoffwechsel-Grundgerüst-Regulation

An dieser Stelle sind Erfahrungen aus dem homöopathischen (antihomotoxischen) Wissensschatz zusammengestellt. Die Intention des Autors ist es aber, zu zeigen, daß auch dieser **Therapiebereich in ein Gesamtkonzept eingebaut** und nicht als ausschließliche Therapiemodalität eingesetzt werden sollte.

Reckeweg, Meyer-Langsdorff, Cordier, Heger u.a. haben in vielen Erfahrungsberichten dargelegt, wie sehr die feinstoffliche Zellregulation zu auffälligen Verbesserungen subjektiver Beschwerden führen kann. Die Zusammenstellung der verschiedenen Schemata ist daher unter dem Gesichtspunkt zu sehen, biologische Zellvorgänge durch substitutive und regulative bzw. restaurative Eingriffe zu verbessern.

Meyer-Langsdorff war Chefarzt der Röntgen- und Strahlenabteilung des Stiftungskrankenhauses Speyer.

In Anpassung an parallel laufende Therapieschemata (Radikalfänger etc.) wurden die folgenden Behandlungsvorschläge modifiziert:

»Immuntherapeutischer« Stoß nach Meyer-Langsdorff (als Präventivmaßnahme vor Operation und Strahlentherapie):

1. Tag	Ubichinon comp.
2. Tag	Galium-Heel, Traumeel, Engystol Lycopodium Injeel
3. Tag	Galium Heel, Traumeel, Engystol Hepeel

Andere von Meyer-Langsdorff, Reckeweg und Cordier angewandte Mittel:

Durch die Erweiterung des üblichen Therapieschemas (OP-Strahlentherapie) um die von ihm angegebenen biologischen Maßnahmen – »immuntherapeutischer Stoß«, diverse Zusammenstellungen von Anti-Homotoxikologika – konnte er deutliche Besserungen in der 5-Jahres-Prognose und Überlebensrate beobachten.

Zur Sensibilisierung von Tumoren auf Radiatio	Ubichinon Injeel
Inop. Sigmakarzinom	Traumeel, Engystol, i.m.
	Galium Heel, Lymphomyosot, Veratrum-Homaccord, Chelidonium Homaccord per os
Inappetenz	Ubichinon Injeel Hepeel Cerium oxal-Injeel Alfalfa D1 Dil., Kreosotum C5 Tbl.
Galleflußanregend bei gastrointest. Tumoren	Natr. muriatricum D4
Aufbaumittel	Ginseng comp.-Heel, Dil.
Anämie	Katalysatoren des Zitronensäurezyklus

Es ist natürlich klar, daß mit dieser kurzen Zusammenstellung die Möglichkeiten der homöopathischen Therapie nicht ausgeschöpft sind. Sie sollen auch nur als Anregung und zur Positionierung dienen.

Basenpulver

Neben Umstellungsmaßnahmen im individuellen Ernährungskonzept und anderen Faktoren der Lebensführung (Sport, körperliche Belastung, Streß u.a.) ist es oft notwendig, mit einer gezielten Substitution den Säure-Basen-Haushalt zu optimieren.

Patienten, die besonders durch körperliche Gebrechen zu Inaktivität und/oder Immobilität »verurteilt« sind, können ihr Säure-Basen-Gleichgewicht kaum aus eigener Anstrengung heraus (Ernährung) einregulieren.

Daraus resultiert eine Reihe von Beschwerden, die oftmals wieder mit einer übersäuernden symptomatischen Therapie (Analgetika, vor allem Antirheumatika) »bekämpft« werden.

Derartige nicht zielführende Wege sollten Anlaß dazu sein, die gängigen Verschreibungs- »Reflexe« zu überdenken und zumindest den Versuch zu unternehmen, mit einer Basen- Therapie den folgenden Teufelskreis zu unterbrechen.

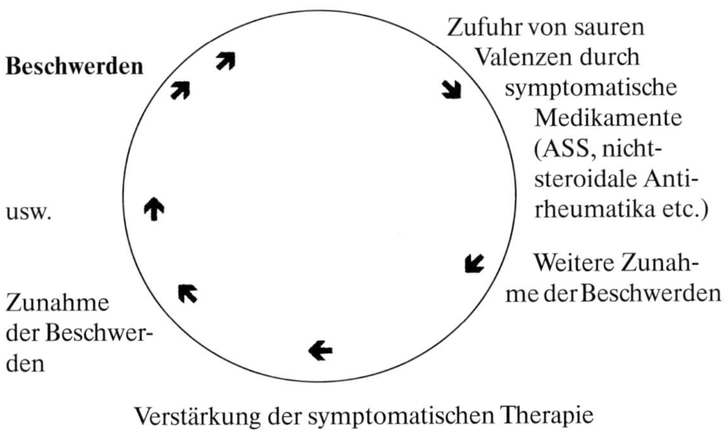

Jedes Basenpulver stellt in wäßrigem Milieu eine Lauge dar. Daher entspricht der Geschmack dem einer Seifenlösung. Dies ist nicht gerade förderlich für eine gute Compliance.
Das Einrühren von Basenpulver in geschmacksstarke Fruchtsäfte führt jedoch zu einer weitgehenden Inaktivierung der basischen Valenz. Außerdem neutralisiert offenes Basenpulver zu sehr die Magensäure, was wiederum die parallel laufende Alkaliproduktion des Magens verringert (siehe Kapitel Ernährung – Magen als Alkaliquelle).
Zur Lösung dieser Probleme hat sich die Verkapselung zur verzögerten Basenfreigabe bewährt. Über 500 Kontrollen der Säure-Basen-Pufferkapazität haben ergeben, daß ein ausreichender Effekt erzielt werden kann (Messung nach Jörgenson – siehe Kapitel Labor).

Rp.

Basenpulver

Na-Hydrogencarb.	0,41
Ca-Carb.	0,14
Mg-Carb.	0,09
K-Citric.	0,05
Na-Monohydrogenphosphat	0,025

d. tal. dos.Nr.XC
da ad caps.

Dosierung
je nach Basen-Defizienz
3 x 1 bis 3 x 2 Kps. tgl.

Immun-»Training«

Dieser Abschnitt behandelt die Möglichkeiten physiologisch modulierender und stimulierender Therapiemaßnahmen mittels phyto- und organotherapeutischer »Biological Response Modifiers« (BRM).

Das vorliegende Buch ist auf die Anwendung in der Praxis ausgerichtet, daher ist es nicht seine unmittelbare Aufgabe, eine vollständige (theoretische) Abhandlung über immuntherapeutische Möglichkeiten zu liefern.

Gleichwohl soll zu derzeit laufenden klinischen Immun-»Therapie«-Modellen kritisch Stellung genommen werden.

Der Ablauf einer physiologischen Immunantwort auf einen bestimmten Reiz beinhaltet eine ungeheuer große Anzahl von Aktionen und Reaktionen der entsprechenden kompetenten Zellen samt deren dazugehörigen Verständigungsmechanismen (Zytokine), so daß es nach wie vor vermessen erscheint, zu glauben, diese Immunkaskade auch nur annähernd durch Einzelsubstanzen richtig beeinflussen oder gar imitieren zu können.

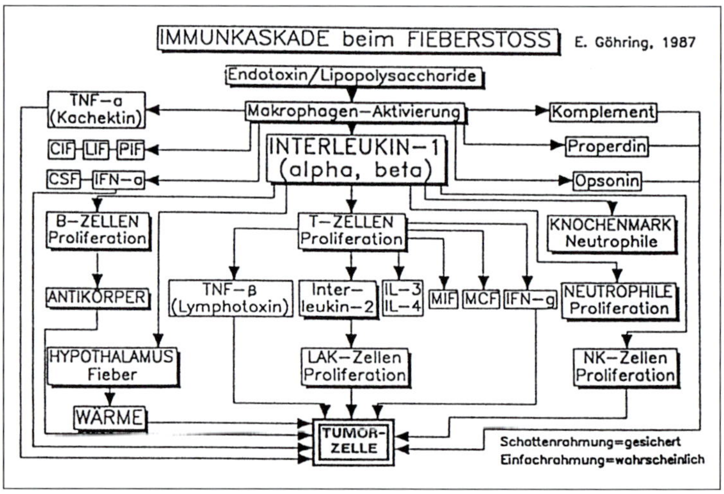

Immunkaskade beim Fieberstoß: Diese Darstellung wurde von E. Göring 1987 entworfen und zeigt nach der damals gültigen Vorstellung die vielschichtigen Querverbindungen im Rahmen einer immunologischen Reaktion.

Die Betrachtung dieser (schematisch) dargestellten Immunkaskade läßt nur annähernd erahnen, wie komplex die Mechanismen einer Immunreaktion sind.

Es ist daher im höchsten Ausmaß unphysiologisch, in dieses feine und vielfältige Gebilde mit letztlich willkürlich herausgegriffenen (weil derzeit bereits isolier- und produzierbar) Mittlersustanzen (Zytokine) hochdosiert »hineinzuschießen«. Dies kann das System nur stören und aus seinem Gleichgewicht bringen. Eine geordnete Stimulierung (»Angriff«) kann dadurch nicht in Gang gesetzt werden.

Unser Abwehrsystem ist nur dann voll leistungsfähig, wenn es in ungestörter Harmonie seine Aufgabe erfüllen kann (darf). Der Vergleich mit einem Orchester drängt sich auf, in dem alle Instrumente ihren genau vorgegebenen Part zu spielen haben. Jedes Zuviel (auch Zuwenig) wirft das ganze Orchester (Immunsystem) aus der Bahn.

Die derzeit üblichen (viel zu) hoch dosierten Zytokin-Anwendungen (Interferone, Zytokine) sind daher in der gegebenen Form unlogisch, unwissen- und unwirtschaftlich, da absolut unphysiologisch. Oft genug bergen sie eine beträchtliche Gefahr in sich: Immunblockade, daher eher metastasenfördernd, Herz-Kreislauf-Sensationen unbestimmten Grades.

Weniger ist oft mehr

Wir sollten uns daher heute darauf beschränken, das zu tun, was immunologisch möglich ist: den (richtig dosierten) Primärreiz zu setzen, den Ablauf der Immunkaskade aber der Natur zu überlassen.

Diese physiologische Anregung ist ausschließlich durch biologische Substanzen möglich (Biological Response Modifiers - BRM-Substanzen), deren Reizprofil zu einer ausgewogenen Reizbeantwortung führt.

Immuntherapie darf daher nie nach quantitativen Regeln (je höher, desto besser) verabreicht werden, sondern nur nach der möglichen Reiz-»Kraft« des einzelnen Mittels.

Ein kleiner, sich aber ständig wiederholender Reiz bringt immunologische Reaktionsmechanismen auf jenes Maß an Effizienz, die das System letztlich erfolgreich sein läßt.

Immunologische Therapie kann und darf daher nur nach dem Gesichtspunkt eines langzeitigen »Trainings-Programms« geplant werden, niemals kann das Immunologikum selbst das wirkungsvolle Agens sein.

Schema Immun-»Training«

	B* R M	
➥ **Auflösen von Immunkomplexen** (falls vorhanden) ermöglicht durch		mit proteolytischen Enzymen
➥ **chronisch dosierte Reizung** mittels vieler kleiner Stimulationen		Lithium, Zytokine Organo-, Phyto-Therapeutika wie xenogene Peptide (Thymus, Milz/Leber)
➥ die alleinig wirksame **IMMUN-HOMÖOSTASE** Diese wiederum erst ermöglicht eine effiziente		
➥ **IMMUN-MODULIERUNG** zur spezifischen Attacke gegen das anzugreifende Ziel.		autologe Tumor-Vakzination

* biological response modifiers

➜ **Primärreiz**
durch ein physiologisch wirkendes Immunologikum (Phyto-, Organtherapeutikum)

➜ **Immunkaskade**
Reizbeantwortung

➜ **Wiederholung**
Immer wieder neuerlicher Primärreiz nach angemessener Pause

➛ **CAVE:**
Die ständige **Überlagerung** *von Primärreizen führt ansonsten zur Überforderung des Systems und verschlechtert (bis blockiert) dessen Effizienz.*

Aspekt des
← **IMMUN-TRAININGS:**
Nicht das Immunologikum ist das wirksame Agens, sondern der durch das Mittel erzielte Effekt.

Unter dem Begriff BRM-Substanzen (Biological Response Modifiers) wird eine Reihe von Substanzen zusammengefaßt, die in irgendeiner Form immunologische Reaktionen auslösen können. Dies beinhaltet alle Formen von Reaktionsweisen wie Stimulation und Suppression, der Hauptsinn sollte aber in einer dauerhaften Harmonisierung liegen (Homöostase).

In der Grundphase ihrer Wirksamkeit bewirken sie die Reifung und Differenzierung von Leukozyten und aller ihrer Untergruppen.

Immunologisch wirksame **Einzelsubstanzen** werden heute durchwegs gentechnisch hergestellt, natürliche Immunstimulantien sind meist **Komplexmittel**, die pflanzlicher oder tierischer Herkunft (Phyto-, Organotherapeutika) sind.

Immuntherapie: Immunologische Reaktionen können auf verschiedenen Modalitäten beruhen:

1. **Gentechnisch hergestellte Einzelsubstanzen;** Dosierung schwierig. »Überziehen« von physiologischen Reaktionsmustern immanent
2. **Biologische Komplexmittel:** Ermöglichen viel leichter ein physiologisches Immun-»Training«, kein Überziehen der Immunreaktionen, sinnvolle Homöostase

Immun-Therapie

Gentechnische Monosubstanzen	**BRM**	**Biologische Komplexmittel**
Zytokine Inteferone (IFN) Interleukine (IL) CSF* TNF**		**Phyto**-Therapeutika Viscum Echinacea **Organo**-Therapeutika Xenogene Peptide (Thymus, Milz, Leber)

* CSF = Colony stimulating factor ** TNF = Tumor-Nekrose-Faktor

Organo- und Phytotherapeutika ⇨

Xenogene Peptide		**Mistel**
Thymusextrakt »Doskar« **Thymoject**	**Factor AF** **Immucothel**	**Eurixor** **Helixor** **Isorel** **Iscador**

Thymus

Erstmals lieferte Andreas Vesal 1560 eine zuverlässige Beschreibung des Thymus, es dauerte aber noch fast 4 Jahrhunderte, bis 1936 Hammar die Vermutung äußerte, daß zwischen der Funktion der Thymusdrüse und den im Körper nach der Geburt auszubildenden Immunvorgängen Zusammenhänge bestehen.

Erst 1961 beschrieb A.P. Miller die Rolle der Thymusdrüse als Steuerorgan der Immunabwehr. Nach und nach klärte sich das Bild des Thymus als Überwachungszentrale besonders bei Reifung und Differenzierung der aus dem Knochenmark stammenden Vorläuferzellen zu immunkompetenten T-Lymphozyten.

Die Erforschung der Thymusenzyme, -proteine, - peptide und -steroide hat wesentlich zum Verständnis immunologischer Reaktionsabläufe beigetragen und die Grundlage zur Therapie mit diesen Substanzen gelegt.

Seit 1961 ist bekannt, daß thymektomierte Ratten nach wenigen Wochen an allgemeiner Schwäche, Gewichtsverlust und Infektionen sterben. Werden jedoch Thymushormone bzw. - polypeptide zugeführt, bleiben die Tiere normal lebensfähig.

1964 wurde das Nezelof-Syndrom beschrieben, eine autosomal rezessive Lymphopenie. Die Krankheit ist gekennzeichnet durch eine Thymushypoplasie, Serum-Immunglobuline und NK-Aktivität sind meist vorhanden.
Das DiGeorge-Syndrom vereinigt eine embryonale Thymushypoplasie mit einem Hypoparathyreoidismus. Das T-Zell-Kompartiment ist numerisch und funktionell defekt.
Durch die Verabreichung von Thymushormonen können die verschiedenen Mangelzustände behoben oder gebessert werden.

Thymuspeptide sind somit tatsächlich in der Lage, die Differenzierung von Lymphozyten zu induzieren.
Für die klinische Therapie ist entscheidend, daß es im Rahmen der Anwendung zu einer ausgewogenen Stimulierung kommt. Nur die Immunhomöostase gewährleistet eine optimale Situation.

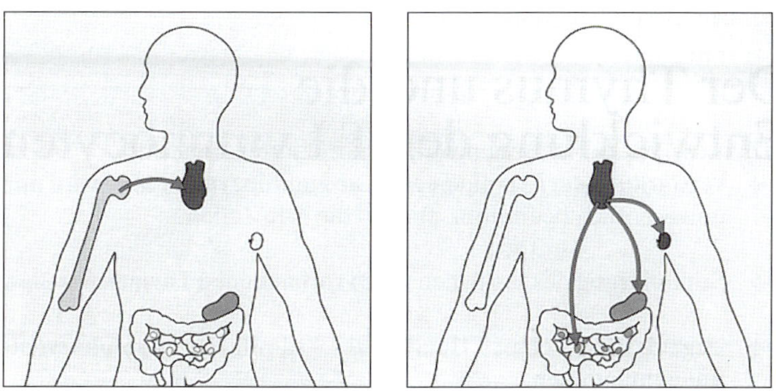

T-Zellen stammen von Knochenmarkzellen ab, deren Nachkommen zur Reifung in den Thymus wandern (links). Die reifen T-Zellen verlassen den Thymus und zirkulieren vom Blut aus durch die sekundären Lymphgewebe (Lymphknoten, Milz und Peyersche Plaques, rechts), wo sie auf Antikörper treffen können (aus Janeway, Travers: Immunologie, 1995).

Thymus-Fraktionen

Protein-Fraktionen
Steroid-Fraktionen

Aus der Thymusdrüse können **Protein-Fraktionen** (hochmolekulare Komponenten, Polypeptide, Oligopeptide) und **Steroid-Fraktionen** isoliert werden.

Die folgende Tabelle gibt einen stichwortartigen (unvollständigen) Überblick der verschiedenen Präparationen:

Vollthymus-extrakte

THX nach Sandberg	Enthält zahlreiche makromolekulare Komponenten	
Thymusextrakt »Mulli«	Hochmolekulare Komponenten weitgehend hydrolysiert	

Teilextrakte

Teilweise biochemisch charakterisiert (makromolekulare Komponenten weitgehend entfernt)

Thymosin Fraction V	A. Goldstein	
TP-1	Serono	
Solcothymosin	Solco	
Leukotrofina	HMW	
TFX	Polfa	
THF	Trainin	

Definierte Peptide

Fact. thymique serique (FTS)	Bach	Nonapeptid
Thymopentin (TP1)	Ortho	Pentapeptid
Thymosin alpha 1,5,8	Goldstein	Peptid 28 Aminosäuren
TPF-Klemke	Klemke	13 kurzkettige Peptide
Thymostimulin		
Thymusextrakt »Doskar«	Doskar	Poly-Peptid-fraktion
Thymoject	Biosyn	Poly-Peptid-fraktion

Thymus-steroide

Thymosterin	Protop & Milcu (historisch)	
7-Hydroxy-Cholesterin (Tumosteron)	Klemke	Steroid

Anwendung

Thymus-Peptid-Fraktionen wirken in mehrerer Hinsicht:

→ **Verstärkung der Lymphopoese.** Die granulozytäre Phase wird nur unwesentlich beeinflußt, ebenso die NK-Zellen.

→ **Stimulierung** des restlichen, noch **vorhandenen Thymusgewebes.**

→ **Organisation** einer **Homöostase** sämtlicher **Lymphozyten-Subpopulationen.**

Modalitäten der praktischen Anwendung:

Langzeitanwendung

In den **standardisierten Programmen** (siehe Therapiepläne) wird Thymus bei Lnn-pos. Malignomfällen seit über einem Jahrzehnt kontinuierlich eingesetzt. Die dargelegten statistischen Auswertungen (Therapieplan 3a, N1-Mammakarzinom adjuvant) haben einen deutlichen positiven Effekt hinsichtlich einer Prognoseverbesserung zeigen können.

	Österreich	BRD
Thymus-Polypeptid-Fraktion	**Thymusextrakt »Doskar«** 1 x wöch. (2 ml)	**Thymoject (Biosyn)** 1 x wöch. (2 ml)

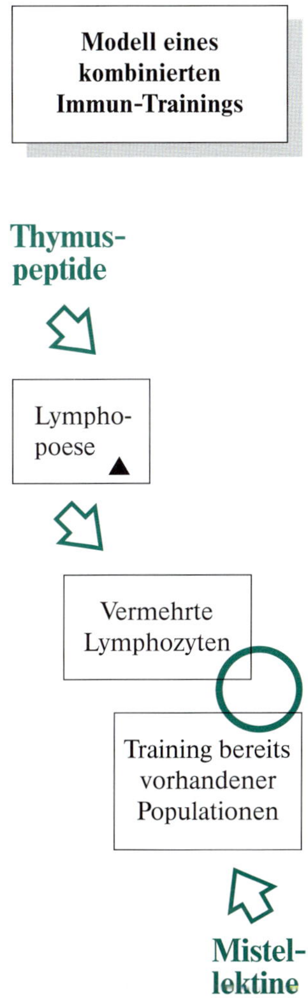

Stoßtherapie

Zur rascheren Anregung der Lymphopoese bei akuten zellulären Defizienzen:

- **Akuter T-Zell-Mangel** nach Radiatio, Chemotherapie, Operation
- Als kurzfristiger »kleiner« **Zusatzstimulus**, wenn die Immunlage immer wieder »absackt«

1. Zyklus:	**Mo bis Fr tägl.**	1 Amp. Thymusextrakt »Doskar« bzw. 1 Amp. Thymoject i.m.
	Samstag/Sonntag Pause	
2. Zyklus:	**Mo bis Fr tägl.**	1 Amp. Thymusextrakt »Doskar« bzw. 1 Amp. Thymoject i.m.

Es werden somit innerhalb von 14 Tagen 10 Amp. einer Thymus-Peptid-Fraktion verabreicht.
Der Effekt ist nach 14 Tagen deutlich meßbar. Die Kontrollen des Differentialblutbildes sollten daher nach diesem Zeitraum durchgeführt werden. Bei zu früher Untersuchung mißt man noch in der lymphozytären Entwicklungsphase, die oftmals sogar durch niedrigere Werte gekennzeichnet ist als vor einer derartigen beschriebenen Wachstumsanregung.

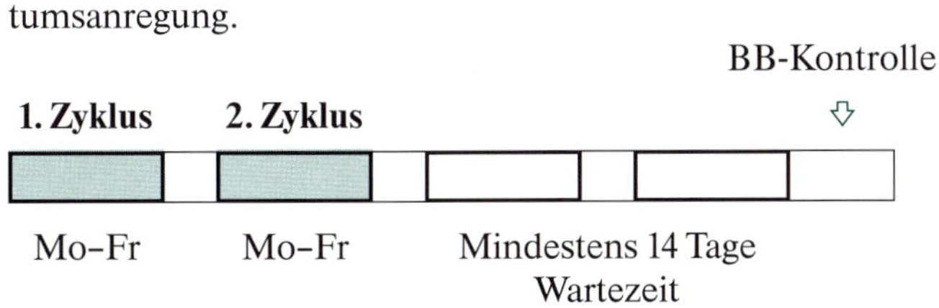

Mistel

Die Mistel (Viscum album) ist schon seit altersher bekannt und wurde schon von Hippokrates und arabischen Ärzten gegen verschiedene Krankheiten eingesetzt.

1920 führte Rudolf Steiner (1861–1925) wäßrige Mistelextrakte in der Behandlung von Krebserkrankungen ein. Das parasitäre Verhalten der Mistel (braucht Wirtsbaum) spiegelt sich in dem parasitären Verhalten von Tumoren wider.

Von der Krafft und Würckung
(Hieronymus Bosch, 16. Jh.)

Die Mistel seind der eigenschaft das sie allerley geschwulst zertheilen erweichen und herausser ziehen.
Von natur mehr wässriger dann drucken
nicht zu kalt noch zu warm
einer mittelmässigen temperatur und vermischung
werden zum theil inn Leib und ausserhalb genützet.

Als pflanzliches Komplexmittel ohne exakte Definition war die Mistel daher immer schon der Erfahrungsheilkunde zugeordnet, da zwar positive Wirkungen vielfach beobachtet, diese Wirkung aber nicht einer Einzelsubstanz zugeordnet werden konnte.

Zwischen 1955 und 1975 wurde eine Reihe von Inhaltsstoffen isoliert. Hauptsächlich niedermolekular fand man phenolische Pflanzensäuren und Flavonoide, höhermolekulare Verbindungen wurden als Viscotoxine, Polysaccharide und Glykoproteine (Lektine) identifiziert.

Ende der 80er Jahre erforschte die Arbeitsgruppe um Hajto, Hostanska und Gabius am Max-Planck-Institut für Experimentelle Medizin in Göttingen und an der Lukas-Klinik in Arlesheim die immunmodulierende Wirkung von wäßrigen Mistelextrakten.

Anwendung

Die Wirksamkeit aller derzeit gängigen Mistelpräparate basiert auf einem langzeitigen Immun-Training.

Daß es dieses Training gibt, ist unbestritten und gut belegbar. *Wie* dieses Immun-Training ausgelöst wird, darüber gehen nach wie vor die Meinungen auseinander. Die Zukunft wird uns lehren, ob beide Denkmuster nicht ohnehin einen gemeinsamen Nenner haben.

Jahrzehntelang wurde die zu **erzielende Rötung als Maß für die zu erreichende Immunreaktion** gewertet.

Bei allen Mistel-Präparaten flacht nach einer anfänglichen starken Reaktion (Hautrötung) diese auch bei steigender Dosis sehr rasch ab und ist manchmal überhaupt nicht mehr auslösbar. Dies ist mit der Bildung von Antikörpern zu erklären.

Für die Aufrechterhaltung der Entzündungs- Potenz werden daher verschiedene »Tricks« angewendet:
Dosisänderungen, Pausen, wechselnde Injektionsorte, Wechsel des Wirtsbaumes, Präparatewechsel u.a.

Die Grundlagenforschung um Hajto, Hostanska und Gabius (Max-Planck-Institut Göttingen, Lukas-Klinik Arlesheim) und die weiterführenden Arbeiten von Beuth, Pulverer und Uhlenbruck (Universität Köln) sehen als wirksames Prinzip jedoch ausschließlich das **Mistellektin-1 (ML-1).**

Lektintherapie

Die optimale Immunantwort wurde bereits bei sehr niedrigen Wirkstoffkonzentrationen gefunden:

0,5–1 ng pro kg Körpergewicht.

Im folgenden werden vier gängige Mistelpräparate besprochen. Der jeweilige Anwendungsmodus ist einfach gestaltet, so daß er für die Patienten kopiert und ihnen mitgegeben werden kann. Daher kommt es auch vereinzelt zu Wiederholungen bei den jeweiligen Zusatztexten.

✂ und für Patienten kopieren

Iscador M, A, Qu

In Österreich und BRD gleich

Iscador ist das am längsten verwendete Mistelpräparat. Es werden mehrere Wirtsbäume angeboten:
Visc. **a**bietis = Tanne; V. **m**ali = Apfelbaum; V. **qu**ercus = Eiche

Die vorliegende Empfehlung folgt *nicht* der Zuordnung einzelner Wirtsbäume zu Tumortyp und Geschlecht, sondern nützt die verschiedenen Inhaltsstoffe lediglich zur Reizerhaltung.

Genereller **Impfmodus:** 2 x wöchentlich, flach s.c.
wechselnde Impforte (Stamm, Extremitäten)

Einstellungsphase:
Iscador (M, A, Qu)
Serie 0 und Serie I

0,01 mg - 0,01 - 0,1 - 0,1 - 1,0 - 1,0 - 1,0	
1. Woche 2. Wo 3. Wo	4. Woche = **Pause**
0,1 mg - 0,1 - 1,0 - 1,0 - 10,0 - 10,0 - 10,0	
5. Woche 6. Wo 7. Wo	1-2 Wochen **Pause**

Bei noch starker lokaler Rötung Einstellungsphase wiederholen, ansonsten weiter laut Plan.

Fortsetzungs- und Erhaltungsphase:
Iscador (M, A, Qu)
Serie II, III, 50 mg

1,0 mg - 1,0 - 10,0 - 10,0 - 20,0 - 20,0 - 20,0	
1. Woche 2. Wo 3. Wo	4. Woche = **Pause**
10,0 mg - 10,0 - 20,0 - 20,0 - 30,0 - 30,0 - 30,0 - 50,0	
5. Woche 6. Wo 7. Wo	
Anschl. 1-2 Wochen Pause und wieder mit Woche 1 beginnen.	

Dieses Schema jahrelang beibehalten, bei völliger Reaktionslosigkeit Umstellen auf ein anderes Mistelpräparat!

✂ und für Patienten kopieren

Österreich
Isorel M, A, P
BRD
Vysorel

Die vorliegende Empfehlung folgt *nicht* der Zuordnung einzelner Wirtstypen zu Tumortyp und Geschlecht, sondern nützt die verschiedenen Inhaltsstoffe lediglich zur Reizerhaltung.

Genereller **Impfmodus:** 2 x wöchentlich, flach s.c.
Wechselnde Impforte (Stamm, Extremitäten)

Einstellungsphase:
Isorel (M, A, P)
Serienpackung (SP)
I, II, III

SP I:	1 mg - ... - 6 - ... - 12 mg;	1 Woche **Pause**
SP II:	24 mg - ... ... - 36 mg;	1 Woche **Pause**
SP III:	24 mg - ... - 36 - ... - 60 mg;	1-2 Wochen **Pause**

Bei noch starker lokaler Rötung evtl. SP II und/oder III wiederholen, ansonsten weiter laut Plan.

Fortsetzungs- und Erhaltungsphase:
Isorel (M, A, P) 60 mg

Woche A		Woche B		Woche C		Woche D = Pause
60 mg - 60	-	60 - 120	-	60 - 60		
60 mg - 60	-	120 - 120	-	60 - 60		
60 mg - 60	-I-	120 - 180	-I-	120 - 60	-I-	0 - 0 -

Auf Dauer mit diesem wellenartigen Zyklus weiter, nach drei Injektionswochen stets 1-2 Wochen Pause. Bei völliger Reaktionslosigkeit Umstellen auf ein anderes Mistelpräparat!

✂ und für Patienten kopieren

Helixor, M, A, P

In Österreich und der BRD gleich

Die vorliegende Empfehlung folgt *nicht* der Zuordnung einzelner Wirtstypen zu Tumortyp und Geschlecht, sondern nützt die verschiedenen Inhaltsstoffe lediglich zur Reizerhaltung.

Genereller **Impfmodus**: 2 x wöchentlich, sehr flach s.c.
Wechselnde Impforte (Stamm, Extremitäten)
Bei stärkerer lokaler Rötung Impfintervall 1-2 Tage verlängern!

Einstellungsphase:
Helixor (M, A, P)
SP I, II, IV: Langsame Steigerung
SP III, IV: Schnellere Anflutung

SP I:	1 mg - ... - 5 - ... - 10 mg;	1 Woche **Pause**
SP II:	10 mg - ... - 20 - ... - 30 mg;	1 Woche **Pause**
SP IV:	20 mg - ... - 30 - ... - 50 mg;	1-2 Wochen **Pause**

Bei noch starker lokaler Rötung am Ende der SP IV diese evtl. noch einmal wiederholen, ansonsten weiter nach Plan.

Fortsetzungs- und Erhaltungsphase:
Helixor (M, A, P) 100mg

Woche A		Woche B		Woche C		Woche D = Pause
100 mg - 100	-	100 - 200	-	100 - 100		
100 mg - 100	-	200 - 200	-	100 - 100		
100 mg - 100	-I-	200 - 300	-I-	200 - 100	-I-	0 - 0 -

Auf Dauer mit diesem wellenartigen Zyklus weiter, nach drei Injektionswochen 1-2 Wochen Pause. Bei nahezu Reaktions- losigkeit Umstellen auf ein anderes Mistelpräparat!

✂ und für Patienten kopieren

Genereller **Impfmodus**: 1–2 x wöchentlich, anfangs **i.c.**, später sehr flach **s.c.**
Wechselnde Impforte (Stamm, Extremitäten)
Bei stärkerer lokaler Rötung Impfintervall 1–3–4 Tage verlängern!

Eurixor

In Österreich und der BRD gleich

Wegen möglicher recht heftiger Anfangsreaktionen sollen die ersten Dosisversuche mit 1/10-Amp. **i.c.** gegeben werden:
1–2 x pro Woche (je nach Reaktion):

Woche A		**Woche B**		**Woche C**	**Woche D = Pause**
0,1 Amp - 0,2	-	0,2 - 0,3	-	0,3 - 0,4	
0,4 - 0,5	-	0,5 - 0,6	-	0,6 - 0,7	
0,7 - 0,8	-	0,8 - 0,9	-	0,9 - 1,0	

Einstellungsphase

Eurixor
Nur eine Stärke im Programm

Woche A		**Woche B**		**Woche C**	**Woche D = Pause**
0,8 - 1,0	-	0,8 - 1,0	-	1,0 - 1,2	
je nach Reaktion (lokale Hautrötung)					
0,8 - 1,0	-	1,2 - 1,5	-	1,2 - 1,0	

Auf Dauer mit diesem wellenartigen Zyklus weiter, nach drei Injektionswochen stets 1–3 Wochen Pause.

Fortsetzungs- und Erhaltungsphase

Eurixor, gleiche Stärke wie oben

- **In der subkutanen (intrakutanen) Verabreichung stellen Mistelpräparate eine unspezifische immunologische Reiztherapie dar. Die kontinuierliche, jedoch eher unrhythmische Gabe stellt ein physiologisches »Training« aller Immun-Kompartimente dar.**

- **Bei Mammakarzinom-Patientinnen Injektion <u>nicht</u> in den lymphdissezierten Arm, ansonsten alle zarten Hautareale benützen: vorderer Stamm, Oberarme, Oberschenkel, Flanken.**
<u>Nicht</u> in die Nähe von Narben, Operationsgebiete handbreit meiden!
<u>Nicht</u> in Ödemgebiete!

- **Meist sind Rötungen erwünscht, sie sind sichtbares Zeichen der »dahinter« ablaufenden Immunkaskade.**
Lokale Hautrötungen sollten aber nicht zu groß sein, Durchmesser zwischen 3 und 5 cm. Bei stärkeren Rötungen (z.B. bei Steigerungen) diese abklingen lassen, Dosis eine Stufe zurücknehmen.

Factor AF2

1 ml Injektionslösung enthält 50 mg biotechnologisch gewonnene, chromatographisch einheitliche, molekular standardisierte pyrogenfreie Polypeptide, Glykopeptide, Glykolipide und Nukleotide aus der Leber und Milz neugeborener Lämmer. Die enthaltenen immunologische wirksamen Biomoleküle werden der Gruppe der BRM (Biological Response Modifiers) zugeordnet.

In umfangreichen Untersuchungen konnte gezeigt werden, daß Factor AF2 schmerzlindernd wirkt und ganz besonders die Verträglichkeit von Strahlen- und Chemotherapie verbessert.

Anwendung

Additiv zu Operation, Chemo-, Strahlentherapie:

Siehe **Heger-Infusionen I und II**

Perioperativ:	**Heger II**	1–2 x prä-, evtl. 1 x wöch. postop.
Radiatio:	**Heger I**	2 x wöchentl.
Chemotherapie:	**Heger I**	knapp *vor* und *nach* der Zytostatikagabe mit 10 ml, zwischen den Zyklen 2 x wöch. 4 ml

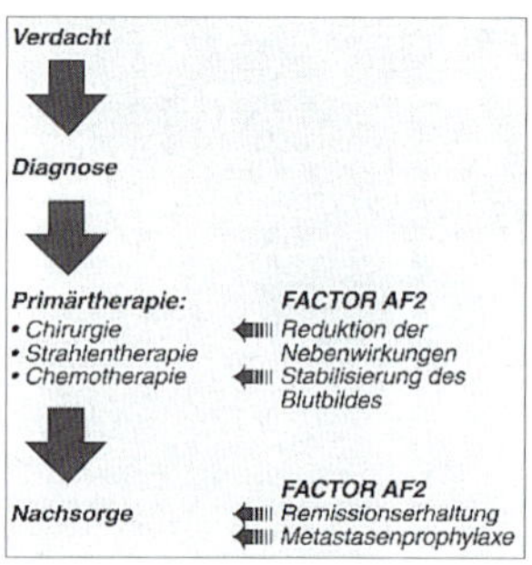

Adjuvant

In der langjährigen Nachsorge nach Abschluß der primär radikalen tumorreduzierenden Maßnahmen (Operation, Chemo-, Strahlentherapie) kann die immunologische Prognosesicherung anstelle mit Thymus auch mit Factor AF2 1–2 x 2 ml pro Woche i.m. durchgeführt werden.
(Siehe Standardprogramm Lnn-positive Tumoren **onko data 2000** S. ■)

Lokal

In guten Kasuistiken und eigenen Erfahrungen wurde deutlich, daß Factor AF2 bei folgenden Indikationen tumorhemmende Wirkung zeigen kann:

- Die intrapleurale und intraabdominelle Instillation bei Pleuritis und Peritonitis carcinomatosa vermindert die Bildung von Pleuraergüssen und Aszites.
- Oberflächliche, somit gut zugängliche Tumoren werden durch Um- und Unterspritzung oft über längere Zeit in ihrem Wachstum gehemmt, gelegentlich sogar zum Rückgang gebracht.

Immucothel

Aus der Gruppe der Immuncyanine konnte eine hochmolekulare Substanz gewonnen werden, die sich bisher im Rahmen mehrerer Studien als wirksames Immuntherapeutikum zur Rezidivprophylaxe beim oberflächlichen Harnblasenkarzinom qualifiziert hat.

Immuncyanin (keyhole limpet haemocyanin/KLH) ist eine hochmolekulare Substanz (Molekulargewicht 5–7 Millionen D) aus dem Blutfarbstoff der Meeresschnecke Megathura crenulata; sie hat Kupfer als Zentralatom.

Anwendung

Hauptanwendung ist die **Instillationstherapie bei oberflächlichem Harnblasenkarzinom.**

Nach Primärtherapie liegt die Rezidivrate innerhalb der ersten beiden Jahre bei 50–90% (Klippel, Celle).
Es ist daher eine wirksame und zuverlässige Prophylaxe notwendig. Mit Immunocyanin-Instillationen konnte die Rezidivrate nach 3 Jahren auf 30% gesenkt werden.

Kalifornische Schlüsselloch-Napfschnecke (keyhole limpet) – Megathura crenulata

Diese Ergebnisse sind mit Rezidivprophylaxe-Schemen mit Mitomycin C, Doxorubicin und/oder BCG vergleichbar.

Blaseninstillationen mit Zytostatika bergen jedoch die Gefahr der Zweitneoplasie in sich, die nichtverstoffwechselten Toxine stellen auch eine beträchtliche Umweltbelastung dar.

BCG-Stämme können bei meist ohnehin geschwächter Immunlage Tuberkulosen induzieren.

Therapieschema:

1 x monatl. jeweils 10 mg (= 10 ml) Immucothel in die Blase instillieren.

Harn möglichst zwei Stunden halten. Dann normale Miktion.

Hormontherapie

Die Anwendung von Hormonen, gegengeschlechtlichen Hormonen und Hormonrezeptorblockern geht auf die Tatsache zurück, daß eine Reihe von Tumoren hormonsensibel ist. Dies bedeutet in den meisten Fällen, daß ein entsprechender Tumortyp durch ein bestimmtes Hormon in seinem Wachstum gefördert wird.

Als Beispiel sei das Östrogen genommen:
Seine Aufgabe ist es unter anderem, alle 4 Wochen in der kurzen Zeit von 14 Tagen das durch die vorangegangene Menstruation abgeblutete Endometrium wieder vollständig aufzubauen.
Es ist kaum vorstellbar, welche ungeheure Wachstumskraft dieses Hormon ausüben kann, um dieser Aufgabe gerecht zu werden.

Es ist jedoch gut vorstellbar, wie sehr gerade dieses Hormon auch andere Zellpopulationen, besonders maligne, zum Wachstum anregen kann. Durch eine Blockade der Östrogenrezeptoren läßt sich dieser Effekt unterbinden.

Die Nebenwirkungen sind meist gut zu ertragen. Daher ist besonders im palliativen Bereich der Hormontherapie zunächst immer der Vorzug zu geben.

Mammakarzinom

Östrogen-rezeptorblocker	Tamoxifen (z.B. Nolvadex)	20–40 mg
Gestagene	Medroxyprogesteronacetet (Farlutal, Provera)	Start: 1000 mg, 6 Tage 500 mg Erhaltung
	Norethisteronacetat (Primolut-Nor)	30 mg = 3 x 2 Tbl./die
Aromatase-hemmer	Aminoglutethimid (Orimeten)	Einschleichend steigern bis 4 x 1
	4-Hydroxyandrostendion (Lentaron)	Depot: 14tägig i.m.
	Anastrol (Arimidex)	1 x 1 tgl. oral
	Letrozol (Femara)	1 x 1 tgl. oral
LH-RH-Analoga	Goserelinacetat (Zoladex)	1 x monatl. i.m.
	Buserelin (Suprefact)	Alle 2 Monate i.m.

Prostatakarzinom

Androgen-rezeptorblocker	Flutamid (Fugerel) Bicalutamid (Casodex)	3 x 250 mg tgl. 1 x 50 mg tgl.
Östrogene	Polyöstrolphosphat (Estradurin)	40–80 mg alle 2–4 Wochen
	Fosferol (Honvan)	Initial 1200 mg als tgl. Infusion, evtl. 1–4 wöchentl. mit 300 mg weiter
Gestagene	Cyproteronacetet (Androcur)	Dosis individuell
	Medroxyprogesteronacetat (Provera, Farlutal)	Präp. 2. bis 3. Wahl subj. oft günstig
Komb.-Präp.	Estramustinphosphat (Estrazyt)	1–2 x 2 Kps. tgl.
LH-RH-Analoga	Goserelinacetat (Zoladex)	1 x monatl. i.m.
	Buserelin (Suprefact)	Alle 2 Monate i.m.

Uterus-, Endometriumkarzinom

Gestagene	Medroxyprogesteronacetet (Farlutal, Provera)	Start: 1000 mg, 6 Tage 500 mg Erhaltung
	Megestrolacetet (Nia)	60–180 mg/d
	Norethisteronacetat (Primolut-Nor)	30 mg = 3 x 2 Tbl./die

Ovarialkarzinom

LH-RH-Analoga	Goserelinacetat (Zoladex)	1 x monatl. i.m.
	Buserelin (Suprefact)	Alle 2 Monate i.m.

Hypernephrom Prostatakarzinom Gastrointestinale Tumoren

Gestagene	Cyproteronacetet (Androcur)	Dosis individuell
	Medroxyprogesteronacetat (Provera, Farlutal)	Präp. 2. bis 3. Wahl subj. oft günstig
	Norethisteronacetat (Primolut-Nor)	30 mg = 3 x 2 Tbl./die

Gestagene haben einen sehr guten roborierenden Effekt, sie sind bei fast allen Tumorentitäten gerechtfertigt. CAVE: bei Männern verweiblichender Effekt!

Knochenmetastasen

Calcitonin	Lachs-, Aalcalcitonin (Calcitonin »Sanabo«)	3 x wöch. 50–100 E.
	(Elcimen)	3 x wöch.

Schmerztherapie

Schmerzlindernde Maßnahmen haben in der Medizin schon immer einen wichtigen Platz eingenommen.

Schmerzen machen Angst, sie machen mutlos, zermürben und treiben den Kranken in eine tiefe Verzweiflung und Lebensunlust. Der schmerzgepeinigte Patient möchte und würde alles tun, um diese Schmerzen zu beenden oder sie zumindest zu lindern.

Diese Verzweiflung, dieses »schwarze Loch«, in das der Kranke dann fällt, wirkt sich natürlich auch auf seine innere Abwehrhaltung negativ aus. Die innere Aufgabe (»alles ist egal«) wirkt lähmend auf das Immunsystem.

Allerdings muß sich der Therapeut darüber klar sein, daß manche seiner schmerzstillenden Maßnahmen ebenfalls Immunmechanismen unterbrechen. Dazu gehören Prostaglandinhemmer und ASS, die als Blocker des »Second- Messenger-Systems« in der Zelle die Immunbalance erheblich stören.

Prostaglandinhemmer können zwar Suppressor-Anteile bei Lymphozyten und Makrophagen hemmen, stellen aber in ihrer Gesamtheit kein selektives Prinzip dar, so daß ein letztlicher Nutzen oder Schaden nicht auftrennbar ist.

Magistrale Rezepturen

Rp.	Novalgin Amp.Nr.V	
	Tinct. Valerian. ad	100,0
	S: 2–5 x 40 gtt	

Rp.	Novalgin Amp. Nr.V
	Tramal Amp.100 mg Nr.V
	M. f. sol.
	S: 2–3 x 30 gtt

Rp.	Cocaini hydrochlor.	0,05
	Aethanoli	10,0
	Saccharosi	3,0
	Tinct. Aurantii	2,0
	Aquae dest.	ad 100,0
	M. f. sol.	
	S: 2 - 5 x 30 gtt	

Suchtgifte (Auswahl)

Österreich	BRD
Tramal Amp., Kps., Tr., Supp. Temgesic-Sublingual-Tbl. Codidiol ret., 60, 90, 120 mg Mundidol ret., 10, 30, 60, 100, 200 mg	idem

Psycho-pharmaka (Auswahl)

Österreich	BRD
• **Antidepressiva** Deanxit 1-1-0 Ludiomil 10 (25, 50, 75) mg abds. • **»Tranquilizer«** Lexotanil 3 mg, 1-2 x tgl. • **Neuroleptika** (stärkste Schmerzen) Truxal Drg. 50 mg, 2-3 x 1 Truxaletten 5 mg, 2-3 x 1 Haldol Tbl. 1 mg (10), 1-3 x 1	idem

Das Gespräch

Schmerz ist in ganz besonderem Maß von der subjektiven Empfindung abhängig. Die momentane Lebenssituation, die Krankheit, die Ängste sind prägend für Stimmung und Empfindsamkeit. Besonders die Ängste.
Sie sind aber immer auch ein Zeichen dafür, daß es *uns* Therapeuten nicht gelungen ist, diesen uns anvertrauten Kranken nicht von seinen Ängsten zu befreien.

Weiterhin sind es die Verständigungsbasis zu den anderen und die »unerledigten Geschäfte« (Kübler-Ross), die Kranke in eine tiefe Unausgeglichenheit stürzen können.

Die »unerledigten Geschäfte«, die einem keine Ruhe finden lassen, die aufpeitschen. Sie führen zu einer Auflehnung gegen das Schicksal, weil man noch nicht »fertig« ist.

Wir sehen ja so sehr die Quanten in unserem Leben, das »Erreichte«, das »Vorzeigbare«.

Und doch ist es vielmehr die Summe aller Ereignisse, Erlebnisse, die Summe allen Glücks, die uns »fertig« werden läßt. Die Summe aus Zufriedenheit über Getanes, über Gelungenes.

In all das eingepackt ist die subjektive Empfindung der Krankheit gegenüber, dem Schmerz gegenüber.

Schmerz für den Patienten ist auch, wenn *wir* Therapeuten mit ihm zu wenig reden.
Wenn *wir* ihm (aus Zeitmangel) nicht zuhören.
Wenn *wir* nicht einmal sein Hand nehmen.

So sind also auch *wir* ein »Rezept« gegen den Schmerz.

Schmerz
ist

das Nicht-Getane,
das Unfertige,
das Nicht-Gelungene,
die Unzufriedenheit,
das Nicht-Lächeln,
die Kälte,
das Unglückliche,
das Negative
schlechthin.

Prospektiva

Vakzine-Therapien

Vakzination bedeutet, das Abwehrsystem auf einen exakt definierten »Gegner« hin zu trimmen. Die Vakzine stellt für das Immunsystem im übertragenen Sinn das Fahndungsfoto dar, also die genaue Ansicht des zu bekämpfenden »Feindes«.
Naturgemäß ist eine Vakzine aus Tumorzellen (wie immer auch aufbereitet) die beste Möglichkeit, die Besonderheiten dieses Feindbildes zu übermitteln.

Oftmals ist es aber nicht möglich, eine Vakzine aus autologem Tumorgewebe herzustellen. Langjährige Beobachtungen und Forschungen haben aber gezeigt, daß auch bestimmte Formen der Eigenblut-Aufbereitung der körpereigenen Abwehr offensichtlich auch reichlich Information liefern, um tumorspezifisch zu reagieren.

Auf die beiden genannten Formen von Impfungen wird kursorisch eingegangen, soweit es für den niedergelassenen Arzt von Interesse ist und in seinen Möglichkeiten liegt, derartige Therapien zu organisieren und durchzuführen.

Eigenblut-Vakzine

Morphologische Untersuchungen des menschlichen Blutes mit Hilfe der Dunkelfeldmikroskopie zeigen das Auftreten verschiedenartiger sogenannter Dunkelfeldkörperchen, deren Erscheinungsbild im Zusammenhang mit malignen und auch anderen Erkrankungen steht (Bleker, 1993). Morphologisch umfassend untersucht wurden diese Phänomene erstmals am Anfang des 20. Jahrhunderts von Enderlein, der aufgrund seiner Beobachtungen auf einen Befall des Blutes mit Endobionten schloß. Seine Forschungen führten ihn 1925 zur Formulierung einer Bakterien-Zyklogenie, in der er den Pleomorphismus von Dunkelfeldkörperchen beschreibt. Krankheit wird hier als Symbiosestörung zwischen dem Wirt Mensch und ubiquitären Endobionten interpretiert.

Jahrzehntelange Beobachtungsdaten vieler Ärzte erhärteten die von Enderlein erhobenen Befunde hinsichtlich der Korrelation mikroskopischer Befunde aus der Dunkelfeldmikroskopie nativen Blutes mit verschiedenen Krankheiten. So beschrieb z.B. F. Ruzicka 1983 Dunkelfeldkörperchen (hier Sphäroide von etwa 0,25 µm Durchmesser) aufgrund ihrer Eigenschaften als Basoplasmen, wobei ein signifikanter Unterschied der beobachtbaren Basoplasmen-Menge im Blut von Tumorpatienten im Vergleich zu gesunden Kontrollpatienten festgestellt wurde. Ab 1995 untersuchte Gerner die beobachtbaren Strukturen mit modernen biochemischen Methoden bezüglich ihrer Identität.

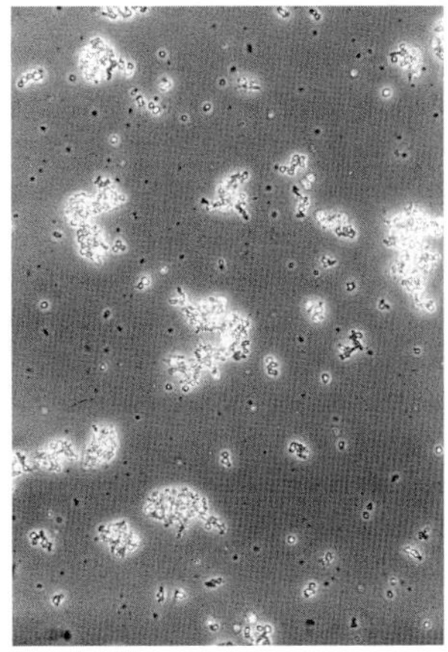

Für die im folgenden beschriebene Eigenblut-Vakzine (syn.: Auto-Vakzine) wurden Dunkelfeldkörperchen aus menschlichem Blut nach der Methode von Winkelströter gewonnen. Diese Dunkelfeldkörperchen sind morphologisch den beobachtbaren Strukturen im nativen Blut vergleichbar, welche von Enderlein als Protite bezeichnet wurden. Mit Hilfe der hochauflösenden zweidimensionalen Gelelektrophorese (2D-PAGE) wurde die Proteinzusammensetzung untersucht und die Hauptproteinbestandteile identifiziert. Es konnte gezeigt werden, daß es sich um eine spezifische Polymerisation eines oder mehrerer endogener Proteine (Globin) handelt.

Auch bei der mikroskopischen Analyse von klinischem Tumormaterial zeigen sich bei 10–20% der untersuchten Proben filamentöse Strukturen, welche mit den Beschreibungen von Enderlein weitgehend übereinstimmen.
Derartiges Tumormaterial sowie gesundes, dem untersuchten Tumor benachbartes Gewebe als Kontrolle wurden homogenisiert und einem ähnlichen Reinigungsverfahren wie bei den kultivierten Dunkelfeldkörperchen unterzogen.

Bei der Analyse der 2D-Elektrophoresen wurde ebenfalls Globin als Polymerisationsprodukt sowohl in den Tumorproben wie auch in der Identifikation der Dunkelfeldkörperchen nachgewiesen. Darüber hinaus konnten tumorassoziierte Proteinbestandteile des Fibrins nachgewiesen werden. Daraus ging hervor, daß Globinpolymere offensichtlich korreliert mit dem Tumorgeschehen in Erscheinung treten und daß es sich bei den im Tumorgewebe nachweisbaren Dunkelfeldkörperchen zumindest zum Teil um Globin- und Fibrinpolymere handelt.

Über den Globin-Metabolismus in Erythrozyten

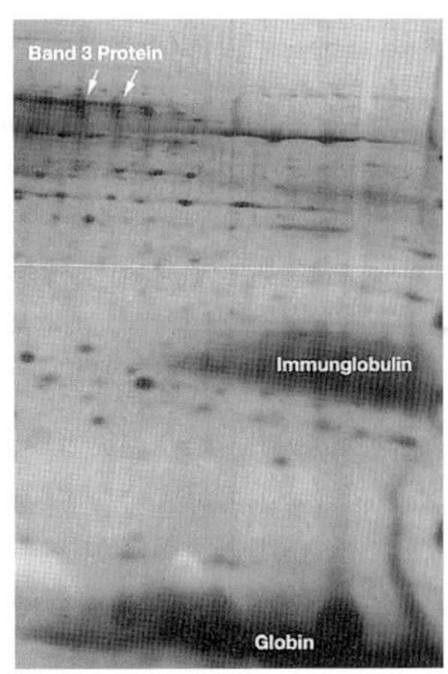

Zur Homoostase des zirkulierenden Blutes müssen alte und beschädigte Erythrozyten selektiv entfernt werden können. Dies wird durch die Erkennung eines Epitopes am Erythrozytenmembranprotein (Band-3-Protein) in der Milz bewerkstelligt, dessen räumliche Anordnung bei gealterten Zellen spezifisch verändert ist. Die Bildung dieses Epitopes wird durch eine Aggregation des Band-3-Proteins ausgelöst, wofür wiederum die Denaturierung intrazellulären Hämoglobins verantwortlich ist (Low and Waugh, 1985). Letztlich führt also eine (hauptsächlich oxidative) Schädigung des Globin-Proteins und dessen Denaturierung, d.h. die Bildung von sog. Hemichrom, zum Entfernen der betroffenen Erythrozyten in der Milz. Wird dieser Alterungsprozeß nicht frühzeitig durch vollständigen Abbau der Erythrozyten mittels Phagozytose gestoppt, können in weiterer Folge aus dem Hemichrom sogenannte Heinzsche Körperchen in den Erythrozyten gebildet werden.

In einer Arbeit von Kannan et al. (1988) wurde die Proteinzusammensetzung Heinzscher Körperchen aus Erythrozyten von Sichelzellanämie-Patienten analysiert. Da sowohl die festgestellte Proteinzusammensetzung wie auch die physikalisch-chemischen Eigenschaften (wie z.B. Unlöslichkeit, sphärische Morphologie) dieser Partikel weitestgehend mit den hier erhobenen Befunden über die Dunkelfeldkörperchen übereinstimmen, schließen wir auf die Identität der von uns untersuchten Dunkelfeldkörperchen mit den in dieser Arbeit beschriebenen Heinzschen Körperchen.
Wir interpretieren damit den durch Enderlein beobachteten »Endobionten-Befall« von Erythrozyten letztendlich als Bildung und Aggregation von Hemichrom, was an sich einen pathologischen Vorgang darstellt.

Die **Herstellung der beschriebenen Eigenblut-Vakzine** erfolgt nach einem genau definierten Verfahren.

Die Anwender lehren diese Methode, die patentiert ist, in einem Seminar.

Anmeldungen können direkt beim Autor oder über den Verlag erfolgen.

Anwendung der Eigenblut-Vakzine

Der Einsatz der Dunkelfeldkörperchen als Therapieprinzip erfolgt seit etwa drei Jahrzehnten und wurde besonders durch die Beobachtungen von Pekar gestützt. Als niedergelassener Arzt konnte er erfahren, daß die Verabreichung eines derartigen Impfstoffes zur

- Verbesserung des subjektiven Befindens beitrug, ebenso aber auch zur
- Verbesserung des Gesamtzustandes bei einem floriden metastasierenden Tumorgeschehen im Sinne einer Proliferationsverzögerung führte.

Diese Beobachtungen veranlaßten uns (Winkelströter, Steinkellner), die Eigenblut-Vakzine systematisch sowohl **im adjuvanten wie palliativen Bereich** einzusetzen, und es zeichnen sich erste Ergebnisse ab, die nachstehend wiedergegeben werden.

Adjuvanter Einsatz der Eigenblut-Vakzine

Nachstehende Graphik zeigt, daß durch die Hinzunahme der Eigenblut-Vakzine die Prognose von Patienten gegenüber der alleinigen Standardtherapie (siehe Therapieteil) noch einmal verbessert werden kann. Die dargestellten Daten basieren allerdings noch auf dem Herstellungsmodus von 1991 bis November 1996. Nach den ersten Ergebnissen der Untersuchungen von Gerner wurde die Konzentration der Vakzine ab Dezember 1996 verdoppelt. Die nächsten Jahre werden zeigen, ob dies eine weitere Prognoseverbesserung bringen wird.

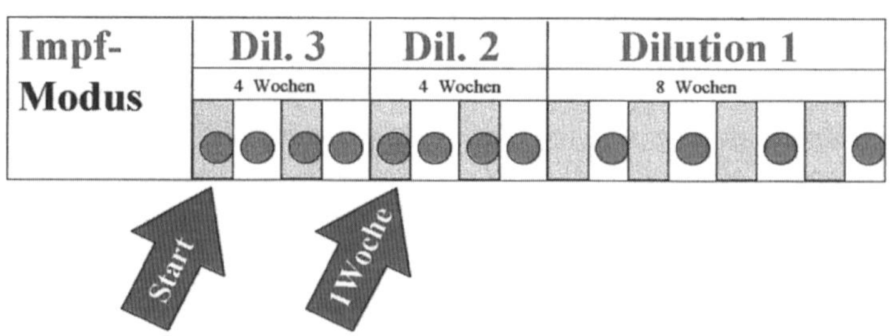

Anwendungs-Schema
Bis 1997 ist der Anwendungs-Modus im adjuvanten und palliativen Bereich vorerst gleich.

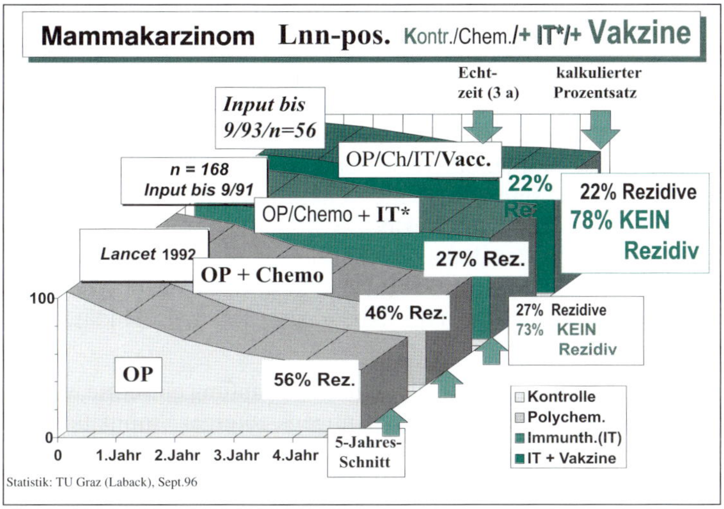

Ergebnisse

Verbesserung der Prognose bei der **Anwendung der Eigen-Vakzine** im Zusammenspiel mit der im Therapie-Teil beschriebenen immunbiologischen Standardtherapie bei **Lnn-pos. Mammakarzinom-Patientinnen.**

Block I:	OP (Lancet 1992)
BlockII:	OP plus Chemotherapie (Lancet 1992)
Block III:	Klinische Ersttherapien plus immunbiologische Standardtherapie (*IT)
Block IV:	Klinische Ersttherapie plus immunbiologische Standardtherapie (*IT) PLUS **Eigenblut-Vakzine**

Ab dem 4. Jahr nach Einsatz der Eigenblut-Vakzine häuften sich die Beobachtungen, daß auch bei einer frühen, neuerlichen Metastasierung eine Proliferationsdämpfung eintritt. Besonders nach einem zweiten und dritten Zyklus trat dieser Effekt verstärkt auf.

Palliativer Einsatz der Eigenblut-Vakzine

Nachstehend zwei typische Beispiele, anhand von Tumormarkern dargestellt, die zeigen, wie besonders in Phasen einer neuerlichen Tumoraktivität (ansteigende Marker) bei jedoch noch sehr geringer Tumormasse (bildgebende Diagnostik noch negativ) die proliferationsdämpfende Wirkung deutlich wird.

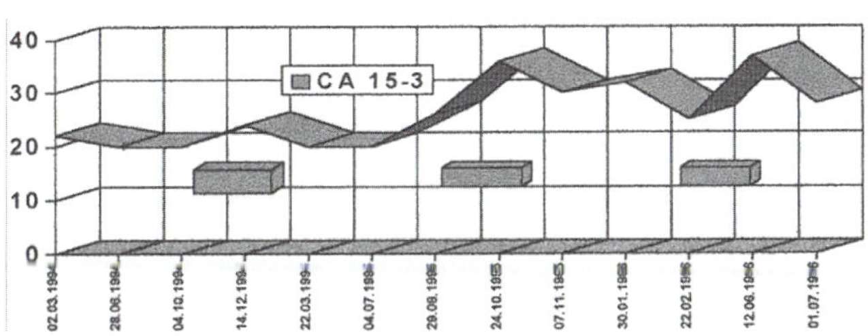

Pat. W. R.	**Mammakarzinom**
Febr. 1994	Ablatio
Staging:	pT1N0
Histologie:	Intradukt. Karzinom, die Tumorformationen reichen mehrfach bis an den Rand des Präparatstückes!
Hormonrez.:	negativ

Ab März 94 Beginn mit einer immunbiologischen Standardtherapie Ab Okt. 1995 path. Tumormarker, die nach Blöcken der Eigenblut-Vakzination immer wieder einen Rückgang zeigen.

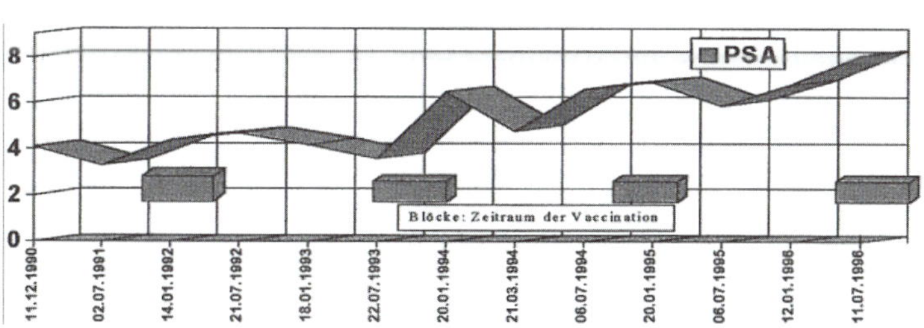

Pat. Sch. M.	**Prostatakarzinom**
Nov. 1992	rad. Prostatektomie
Staging:	pT3N0
Histologie:	Adenokarzinom Prostata, mäßiger Differenzierungsgrad

Ab Beginn 1994 erstmals PSA-Anstieg über 1. Bei laufendem unverändertem immunbiologischem Standardprogramm bringt der blockweise Zusatz einer Eigenblut-Vakzine immer wieder eine Dämpfung des langsam ansteigenden Markers.

Tumor-Vakzine

Im Dezember 1995 wurde von der Europäischen Kommission ein *Erster Bericht* über verstärkte Anstrengungen zur Entwicklung von Vakzinen herausgegeben. Unter II/2 wird festgestellt, daß um die Jahrhundertwende in den USA die Kosten für direkte und indirekte Tumorbehandlungen über 240 Billionen Dollar erreichen werden.
Wörtlich heißt es: Radiotherapie und Chemotherapie sind nicht nur extrem teuer, sie sind oftmals nicht effektiv und verursachen langzeitige, oft irreversible Nacheffekte.
Es wird gefordert, daß durch neue Einsichten in die Pathogenese und Immunologie die Möglichkeit geschaffen wird, therapeutische Vakzinen gegen wesentlich mehr Krankheiten mit hoher Morbidität zu entwickeln.

Seit Edward Jenner 1796 die Pockenschutzimpfung einführte, wissen wir, daß die Verabfolgung eines Antigens zu einer Stimulation des körpereigenen Immunsystems führt. 109 Jahre später konnte Paul Ehrlich den Nachweis erbringen, daß auch Tumorantigene bei Karzinomkranken das immunologische Abwehrsystem stimulieren können. Bislang war das Immunsystem als wirkungsvoller Helfer weitgehend auf den onkologischen Stationen ausgeschlossen. Der ungeheure Aufschwung der immunologischen Forschung aber hat auch den Weg zur Tumor-Vakzine eröffnet, wenngleich es noch ein weiter Weg ist herauszufinden, welche Vakzinationsart die besten Erfolge bringen wird.

Aktiv-spezifische Immuntherapie ASI

Die Anwendung einer Vakzine aus autologem Tumormaterial wird als aktiv-spezifische Immuntherapie (ASI) bezeichnet. Bisher wurden von mehreren Forschern verschiedene Vakzine-Modelle entwikkelt:

W. Cassel stellte Onkolysate her, inkubierte mit NDV (Newcastle-Disease-Virus) und impfte seine Patienten. V. Schirrmacher, Deutsches Krebsforschungsinstitut Heidelberg, verwendet ein nicht lytisches NDV und erreicht damit eine starke Induktion zur Produktion von Zytokinen. T. Tallberg von der Universität Helsinki verwendet autologes polymerisiertes Tumorgewebe zur Immunisation. C.F. Rotauge immunisierte an der Urologischen Klinik der Universität Gießen Patienten mit neuraminidasebehandelten inaktivierten Tumorzellen und beobachtete eine Verdoppelung der 5-Jahres-Überlebensraten bei metastasierenden Prostatakarzinom-Patienten.
Birnstiel, Wien, entwickelte ein spezielles Gentransfersystem zum Einschleusen des Interleukin-2-Gens in die Tumorzelle. Durch Gamma-Bestrahlung wird die Zelle inaktiviert. Das vermehrt produzierte Interleukin-2 lockt verstärkt zytotoxische T-Lymphozyten an und soll das Immunsystem dazu bringen, auch genetisch nicht veränderte Melanomzellen zu erkennen und zu vernichten.

Der niedergelassene Arzt wird von Patienten immer wieder mit dem Thema Tumor-Vakzine konfrontiert werden. Es kann durchaus formuliert werden, daß bei dem heutigen Stand des Wissens und der Erfahrung eine derartige adjuvante Therapie auch außerhalb klinischer Studien unbedingt befürwortet werden kann.

Kapitel V

Ernährungstherapie

unter besonderer Berücksichtigung des Glukose-, Fettsäure- und Eiweißstoffwechsels sowie des Säure-Basen-Haushaltes

»Das sicherste Heilmittel dürfte sein, dem Kranken das Gegenteil der Nahrung zu geben, die er bisher zu sich nahm«

(Hippokrates)

Georg Christoph Lichtenberg,
geboren am 1.7.1742 in Oberramstadtbis (in der Nähe von Darmstadt), gestorben am 24.2.1799 in Göttingen.

»Die Speisen haben vermuthlich einen sehr großen Einfluß auf den Zustand der Menschen, wie er jetzo ist, der Wein äußert seinen Einfluß mehr sichtbarlich, die Speisen thun es langsamer, aber vielleicht ebenso gewiß; wer weiß, ob wir nicht einer gut gekochten Suppe die Luftpumpe und einer schlechten den Krieg oft zu verdanken haben.

Es verdiente dieses eine genauere Untersuchung.

Allein, wer weiß, ob nicht der Himmel damit große Endzwecke erreicht, die Unterthanen treu erhält, Regierungen ändert und freie Staaten macht, und ob nicht die Speisen das thun, was wir den Einfluß des Klimas nennen.«

Kapitel V Ernährung

1. Grundsätzliches: Gesunde Lebensart und Ernährung

Basis dieses Kapitels bilden die ernährungstherapeutischen Konzepte für Tumorpatienten. Bereits im Jahr 1983 befaßte ich mich während meiner Ausbildung zur diplomierten Diätassistentin & ernährungsmedizinischen Beraterin (EMB) mit diesem Problem. Damals arbeitete ich an einem Krankenhaus, in dem Krebspatienten nicht individuell nach ihrem Befinden oder angepaßt an die jeweilige klinische Therapie beraten oder betreut werden konnten.

Sie wurden mit »Normal- oder Schonkost« versorgt, und als besonderen Service gab es für präterminale oder Patienten mit schlechtem Allgemeinzustand die »Abspeisung« mit sogenannter »Wunschkost«.

An dieser Vorgehensweise hat sich - laut der Befragung von rund 30 Kolleginnen - bis heute nichts wesentliches geändert. Sehr wohl hat sich dagegen aus biochemischer Sicht grundlegendes Gedankengut verändert.

Beispielsweise wurden die Arbeiten von Otto Warburg über den Gärungsstoffwechsel bei Tumorzellen aufgegriffen und nach den neuesten chemisch-analytischen Methoden bewiesen und experimentell im Tierversuch nachvollzogen.

Fazit aller Untersuchungen und wissenschaftlichen Arbeiten ist, daß 40 - 60% aller krebsverursachenden Faktoren ernährungsbedingt sind, damit sollte es als Selbstverständlichkeit gelten, die Ernährung bei Tumorerkrankungen als tägliche Langzeittherapie zu betrachten.

Mit dem Begriff der Langzeittherapie ist die reproduzierbare und programmierbare Wirkung von diversen »Wunderkrebsdiäten« gleichzeitig in Frage gestellt. Was nicht bedeutet, daß ich nicht von Spontanremissionen - scheinbar bedingt durch Fastenkuren - gehört oder gelesen habe. Das Problem dabei ist jedoch, daß »Wunder« sehr selten auftreten und vor allem nicht vorhersehbar und programmierbar sind.
Es gibt eine geradezu unüberschaubare Fülle an Literatur, Empfehlungen und »Vorschriften« darüber, wie sich ein Krebspatient zu verhalten bzw. wie sein Speiseplan auszusehen hat. Würde er alle diese Regeln durchführen, wüßte er am Schluß kaum mehr, was er noch essen könnte.

Auch wenn es viele Bücher und Broschüren über die ganz und gar strengen Ernährungsformen und Diäten gibt, ist die Einhaltung solcher Vorgaben für den einzelnen oft belastender als der Nutzen. Jeder Therapeut weiß zu berichten, wie sehr sich Patienten mit Selbstvorwürfen plagen, weil sie vermeintliche Diätfehler begangen hätten!

Der Essensfreud' er abgeschworen, nur Vegetarisches erkoren, so darbt an Krankheit er und Frust ... ach hätt' ich alles das gewußt ...

Viele Autoren solcher Bücher übersehen bisweilen, daß ihre Diätvorschriften erst wieder neue Zwänge bei den Kranken hervorrufen, neue Ängste, neue Verunsicherungen, die für den Krankheitsverlauf oft mehr als schädlich sind.

Damit soll aber keineswegs denen zugestimmt werden, die jegliche Steuerung unserer Ernährungsgewohnheiten ablehnen nach dem Motto:
Iß und trink, was Du willst und was Dir schmeckt.

Das sinnvolle Motto hingegen soll sein:
Eine vernünftige Ernährung als selbstverständliche Lebensgewohnheit lebenslang zu praktizieren.

Ernährungslehre und . . .

Über die Lebensart einer gesunden Ernährung

Grundsätzliches

Kohlenhydrate
Fette
Eiweiße

Grundbausteine

Tabelle
Ursachen der Übersäuerung

Basenüberschüssiger Tagesplan

Der Säure-Basen-Haushalt

Diätetik ⇨ ⇨

1e Gesunde Basis
Plan einer »vernünftigen« Ernährung im Sinne einer selbstverständlichen Lebensgewohnheit

2e Chemotherapie-Begleitung

3e Katabolie

4e Dysbiose

Ernährungsfahrpläne

Breuß-Kur
F.X. Mayr-Kur
Vollwertkost
Schroth-Kur
Haysche Trennkost
Eiweißfasten nach L. Wendt
Kushi-Krebsdiät (Makrobiotik)
Budwig-Diät (Öl-Eiweiß-Kost)

Kurzbeschreibung von

Ernährungssonderformen

2. Grundbausteine

Kohlenhydrate (KH)

Kohlenhydrate (KH) gehören neben Proteinen, Nukleinsäuren und Lipiden zu den vier Hauptklassen von Biomolekülen. Chemisch betrachtet sind sie Aldehyde und Ketone mit zahlreichen Hydroxylgruppen. Aufgrund ihrer vielfältigen Funktionen in allen Lebensformen sind sie die häufigsten organischen Verbindungen auf der Erde.

Das Skelett von Schalentieren enthält viel Chitin, das zweithäufigste Biopolymer auf der Erde.

Die Unterteilung der KH erfolgt u.a. in

Monosaccharide	Disaccharide Oligosaccharide	Polysaccharide
Glukose, Fruktose, Galaktose, Mannose	Saccharose, Laktose, Trehalose, Gentiobiose, Maltose	Stärke, Dextrine Glykogen, Inulin Galaktane, Zellulose, Pektine

Unterscheidung der KH nach ihren vier Funktionsgruppen:

- KH als Energiespeicher, als Brennstoffe und als Metaboliten (Stärke in den Pflanzen und das Glykogen in den Tieren sind Polysaccharide, die schnell zu Glukose abgebaut werden können, dem wichtigsten Brennstoff zur Energie-Erzeugung).
- Die Zucker Ribose und Desoxyribose bilden Teile des Grundgerüstes der RNA und DNA.
- Polysaccharide sind Strukturelemente in den Zellwänden von Bakterien und Pflanzen und den Außenskeletten einiger Tierarten (Zellulose und Chitine).
- KH sind in vielen Strukturen mit Proteinen und Lipiden verbunden. Beispielsweise spielen KH-Einheiten auf der Zelloberfläche eine Schlüsselrolle bei der Zell-Zell- Erkennung während der Entwicklung; ferner sind sie für die stark polare, anionische Hülle der Erythrozyten verantwortlich.

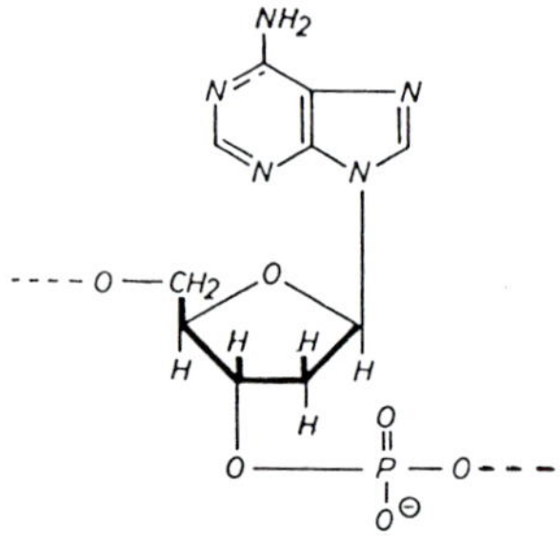

Desoxyribonukleinsäure (Formelausschnitt)

KH enthalten 4,2 kcal/g, die unter Verbrauch von 0,83 Liter Sauerstoff oxidativ freigesetzt werden. Pro Liter verbrauchtem Sauerstoff können also mit KH 5 kcal erzeugt werden, das sind um 8 % mehr als bei der Fettoxidation und um 11 % mehr als beim Abbau von Aminosäuren.

KH sind auch für die Fettoxidation unbedingt erforderlich, genauer handelt es sich dabei um die aus der Glykolyse stammende Brenztraubensäure. Werden KH nicht ausreichend zur Verfügung gestellt, muß Glukose aus dem Intermediärstoffwechsel vorwiegend aus Aminosäuren synthetisiert werden; dieser Vorgang wird **Glukoneogenese** genannt.

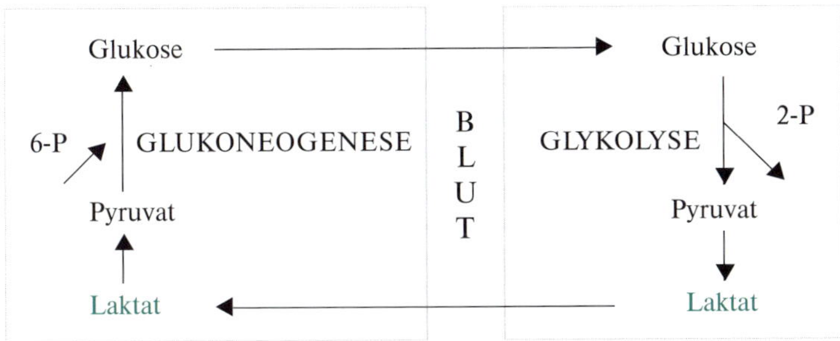

in der Leber **in der Muskulatur**

Der Cori-Zyklus: Das Laktat, das in der aktiven Muskulatur entsteht, wird in der Leber in Glukose umgewandelt. Dieser Zyklus verlagert einen Teil der Stoffwechsellast von der aktiven Muskulatur zur Leber.

Glykolyse und Energiegewinnung

Maligne Tumorzellen zeichnen sich durch progressives Wachstum und die Bildung von Metastasen aus, was letztendlich durch eine abnorme Stoffwechselreaktion der KH bedingt ist. Erste Klärungsversuche in dieser Richtung stammen von Otto Warburg, der schon 1923 versuchte, die biochemischen Veränderungen nachzuvollziehen, wenn sich normale Zellen zu Tumorzellen entwickeln.
Von ihm stammt die These, daß gutartige und maligne Zellen zwar denselben Sauerstoffverbrauch aufweisen, jedoch Glukose als Energielieferant in Gegenwart von O_2 unterschiedlich verwerten.

Tumorzellen setzen trotz aerober Verhältnisse das in der Glykolyse entstehende Pyruvat zu Laktat um, was pro Mol Glukose einem Gewinn von lediglich 2 Mol Laktat und 2 Mol ATP entspricht.
Normalzellen hingegen wenden diesen Weg nur bei Sauerstoffmangel an. Unter Optimalbedingungen wird Pyruvat (aus der Glykolyse) in den Citratzyklus und anschließend in die Atmungskette eingeschleust, was eine Energieausbeute von 38 Mol ATP pro Mol Glukose ergibt.

Verschiebung der Enzymaktivität

- **Akkumulation von Phosphometaboliten**
  - **Zellbausteine der Tumorzelle**

Fehlen der Glycerol-3-phosphat-Dehydrogenase

Hyperaktivität der Hexokinase

Inaktivität der Pyruvatkinase

Stoffwechsel und Enzymanomalien der Tumorzelle

Obwohl es ein unökonomischer und energieverschwendender Weg ist, dient der Tumorzelle die Umsetzung der Aminosäure Glutamin zu Laktat zunächst als Energiegewinnung. Die Energie aus dem glykolytischen Abbau ermöglicht den Zellen die Migration und Metastasierung. Die Möglichkeit der Anpassung des Tumorstoffwechsels an einen Sauerstoffmangel dient letztlich auch ihrem Überleben.

Ferner besteht auch eine – für die Tumorzelle jedoch durchaus sinnvolle – Anomalie von Enzymaktivitäten in der Glykolyse. Diese betrifft in erster Linie das Schlüsselenzym **Hexokinase,** welches für den

Phosphorylierungsprozeß der Glukose zu Glukose-6-phosphat verantwortlich ist und in Tumorzellen in einem hyperaktiven Zustand vorliegt. Das zusätzliches Fehlen der **Glycerol-3-phosphat-Dehydrogenase** bewirkt letztendlich einen Anstau von **Phosphometaboliten,** die wiederum die Synthese von Zellbausteinen der Tumorzelle gewährleisten.

**Das Glukoseangebot in der Nahrung beeinflußt das Wachstum des Tumors:
Je höher die Umsatzrate der Glykolyse, desto schneller das Tumorwachstum.**

Bestimmte Ernährungsmaßnahmen haben somit sehr wohl einen Einfluß auf das Tumorgeschehen.

Dies ist ein erster Nachweis für den Zusammenhang zwischen Glykolyserate und Proliferationsgeschwindigkeit von Tumoren.

Das zweite ausschlaggebende Schlüsselenzym ist die **Pyruvatkinase;** sie liegt in malignen Zellen in einem inaktiven Zustand vor. Folglich kann Phosphoenolpyruvat nicht umgesetzt, jedoch wiederum als Zellbausubstanz verwendet werden.

Die Forschungen von Otto Warburg und jüngste Untersuchungen decken und ergänzen sich somit.

Bewertung isolierter Zuckerarten für den menschlichen Organismus

Die Frage der notwendigen Zufuhr von isolierten Zuckern wurde in den letzten Jahren häufig diskutiert und kann seit den Forschungen von Yudkin (1971) und Menden (1978) mit Sicherheit verneint werden.

Es besteht kein Bedarf an isolierten Zuckern, so daß auch bei einer langfristigen Karenz kein Defizit an essentiellen Nahrungsbestandteilen festgestellt werden kann, da diese in isolierten Zuckern nicht vorkommen. Somit ergeben sich keine ernährungsphysiologischen Vorteile durch deren Aufnahme; jedoch sind sie für eine Reihe von physiologischen Schäden verantwortlich wie z.B.:

- Entmineralisierung des Skelettes (Osteoporose)
- Störung der Darmflora - Karies
- Überernährung = Fehlernährung

Grundsätzlich muß man zwischen süß schmeckenden, z.B. Glukose, Fruktose, und den nicht süß schmeckenden bzw. neutralen Zuckern, z.B. Laktose, Zellulose, Hemizellulose, Lignine, Pektine, unterscheiden. Die Zuckerarten werden im Rahmen der Vollwertkost in **isolierte Zucker** und **in Lebensmittel eingebundene Zucker** unterteilt.

Isolierte Zucker bedeutet, daß die Zucker als chemisch reine Substanzen vorliegen, bei deren Isolierung aus dem natürlichen Produkt (vorwiegend Zuckerrohr und Zuckerrüben) praktisch alle anderen Inhaltsstoffe entfernt werden.

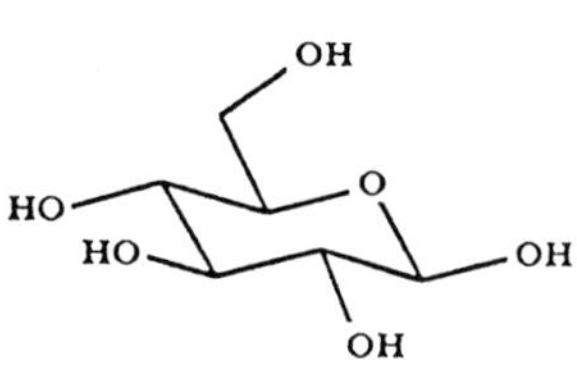

β-D-Glukose, Sesselform

Dazu zählen alle industriell hergestellten Zuckerarten (Fabrikzucker, Industriezucker = weißer und brauner Zucker), wobei die Farbe nicht von der Herkunft, sondern vom Grad der Verarbeitung abhängt.

- **Isolierter Traubenzucker**
  Chemisch Glukose, durch Spaltung von Stärke, besonders aus Mais und Kartoffeln hergestellt, nicht aus Trauben

- **Isolierter Fruchtzucker**
  Chemisch Fruktose, durch Spaltung von Rohrzucker, Isomerisierung von Traubenzuckern aus dem Polysaccharid Inulin, welches in der Topinamburpflanze enthalten ist, aus Dahlienknollen, Zichorienwurzeln hergestellt, aber nicht aus Früchten

- **Isolierter Milchzucker**
  Chemisch Laktose, aus der Molke gewonnen

- **Zuckeralkohole**
  Diese kann man auch als isoliert bezeichnen; sie werden neben Fruchtzucker auch in der Diabetestherapie eingesetzt. Dazu gehören:
  - Sorbit (hergestellt aus Traubenzucker)
  - Mannit (aus Fruchtzucker gewonnen)
  - Xylit (aus Xylose hergestellt, die aus Holz isoliert wird)

- **Nicht vollständig isoliert,**
  jedoch im Vergleich zum Rohprodukt stark konzentriert sind die heute oft erwähnten Produkte aus der Vollwertkost:
  - Zuckerrübensirup
  - Melasse
  - Ahornsirup
  - Malzextrakt

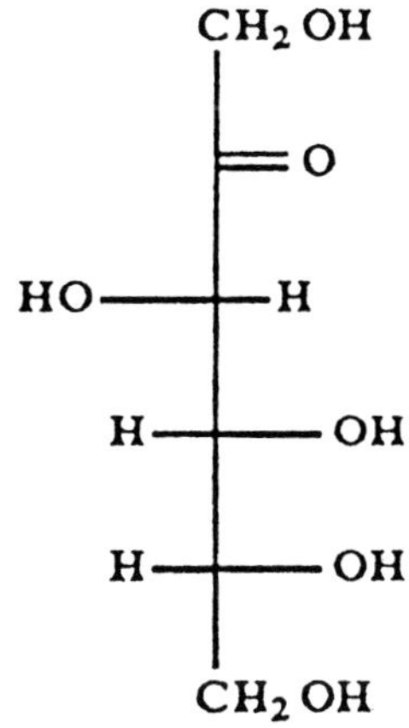

Fruktose, offenkettige Form

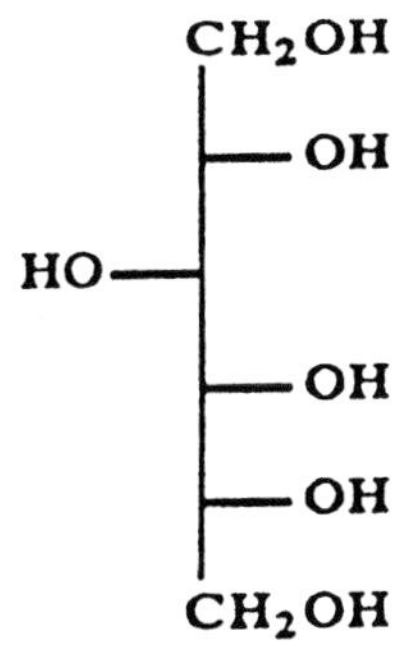

D-Sorbit

In der Tumortherapie werden isolierte Zucker in lebensbedrohlichen Stadien (katabole Entwicklung) in Form von 30–40 g Laevoral oder 20–30 g Fruchtzucker pro Tag verabreicht werden. Die Menge von 5 g als Einzeldosis sollte nicht überschritten werden.

Bei starker Entkräftung und Kachexie wirken **sich Lävulose-Infusionen** günstig auf den Allgemeinzustand des Patienten aus, während die üblichen **Glukose-Infusionen** das Tumorwachstum fördern! Weiterhin hat sich die Verabreichung von 3–4 Teelöffeln **Milchzucker** pro Tag bei Tumorpatienten bewährt, da dieser bekanntlich nicht süßt, als Darmtherapeutikum aber gut eingesetzt werden kann. Er kann in den oberen Darmabschnitten nicht resorbiert werden und sorgt im Kolon für schlechte Wachstumsverhältnisse von proteolytischen Keimen, die das Stoffwechselgleichgewicht erheblich beeinträchtigen können (Leberfunktion).

Fazit: Bei malignen Erkrankungen genauso wie bei Diabetes mellitus Blutzuckerspitzen vermeiden, denn genau in dieser Situation würde die Tumorzelle »zum Zug« kommen.

Richtlinien

für den empfehlenswerten Einsatz der KH bei malignen Erkrankungen

- **Verzicht auf isolierte KH** (Weißmehl und dessen Produkte sowie alle süß schmeckenden, isolierten Zucker, außer in Gefahrenstadien).
- **Verwendung von komplexen KH** in Form von Vollgetreide, wobei immer auf die individuelle Verträglichkeit geachtet werden muß.
- **Eingeschränkter Verzehr** von Obst unter Vermeidung von stark zuckerhaltigen Sorten.

Alternativen sind »naturidente Süßstoffe«, die auf Eiweißbasis (Aspartam) hergestellt sind und kein Saccharin oder Zyklamat enthalten.
Aspartam-Süßstoffe sind nicht kochfest. Im Handel sind sie erhältlich in Tablettenform (in warmen und kalten Flüssigkeiten aufzulösen) und in Form von Streuwürze (als Staubzuckerersatz).

Bei Tumorerkrankung sollte man auf den Verzehr von süßen, überreifen Früchten (Bananen, Hawaii-Ananas, Trauben, süße Birnen und Zwetschgen) sowie jegliches Dörrobst verzichten. Von den verbleibenden Sorten können bedenkenlos bis zu 200 g pro Tag verzehrt werden, das entspricht ca. 2 bis 3 Stück Obst.
Je nach Verträglichkeit bieten sich hier alle Beerenfrüchte, Äpfel, Kiwi, Mandarinen, Marillen, Nektarinen, Melonen und dergleichen mehr an, wobei das verkochte Obst (Apfelkuchen ungesüßt aus Vollkornmehl oder Marillenmus) in die Tagesration miteinberechnet werden soll.

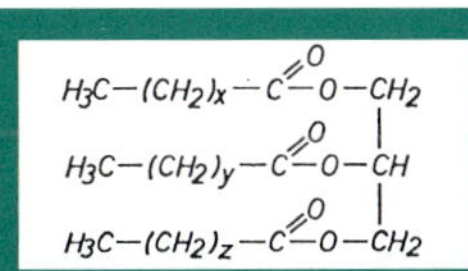

Triacylglycerin (Triglyzerin)

Fette

Fettsäurestoffwechsel - spezielle Veränderungen im Fettstoffwechsel

Risikofaktor Nummer eins für die menschliche Gesundheit ist auch heute noch immer mit Abstand die Ernährung oder besser Ernährungsfehler speziell im Bereich der Fette. Sie rangieren noch vor den Krankheitserregern, Toxinen, vor Rückstandssubstanzen usw.

Fett ist kein einheitlicher Stoff, sondern eine Gruppe von Stoffen mit gemeinsamen Merkmalen. Man unterscheidet Fette und fettähnliche Substanzen, die in tierischen und pflanzlichen Organismen vorkommen. Die exakte Bezeichnung der Fette ist **Neutralfette** - Verbindungen aus jeweils einem Glyzerinmolekül und 1-3 Fettsäuremolekülen, wobei die weitaus meisten natürlich vorkommenden Fette **Triglyzeride** sind. Alle übrigen sind die fettähnlichen Stoffe, die als Nahrungsfette die tierischen Sterine wie das Cholesterin, die pflanzlichen Phytosterine und auch die Phospholipide, wie z.B. das Lezithin, umfassen.

Charakteristikum der Fette sind die Fettsäuren (FS). Diese bestehen aus entweder 6–12 (kurzkettige) oder meist 16–18 Kohlenstoffatomen in gesättigter Form. Ungesättigte FS sind dadurch gekennzeichnet, daß in der Kette zwei Kohlenstoffatome nicht durch einfache, sondern, weil je ein H-Atom fehlt, durch Doppelbindungen aneinander gekettet sind. Dadurch sind freie Valenzen verfügbar, über die chemische Reaktionen mit anderen Molekülgruppen möglich sind.

Öle nennt man Fette, die bei Zimmertemperatur flüssig sind. Je kürzer die Kohlenstoffkette und je größer die Anzahl der Doppelbindungen ist, desto niedriger liegt der Schmelzpunkt des Fettes. Je länger die FS sind, um so fester ist das Fett (Kakaobutter, Palmkern- und Kokosfett).
Margarine ist ein vom Menschen geschaffenes Produkt, das nach gesetzlichen Bestimmungen sowohl tierische als auch pflanzliche Bestandteile enthalten kann.

Hauptcharakteristika von Fettsäuren

Physikalische Eigenschaften und biochemische Funktionen

Kettenlänge
Anzahl der C-Atome:
- kurzkettig: bis zu 4 C-Atome
- mittelkettig: 6–12 C-Atome
- langkettig: mehr als 12 C-Atome

Sättigungsgrad
- gesättigt: ohne Doppelbindungen
- einfach ungesättigt: eine Doppelbindung
- mehrfach ungesättigt: mehrere Doppelbindungen

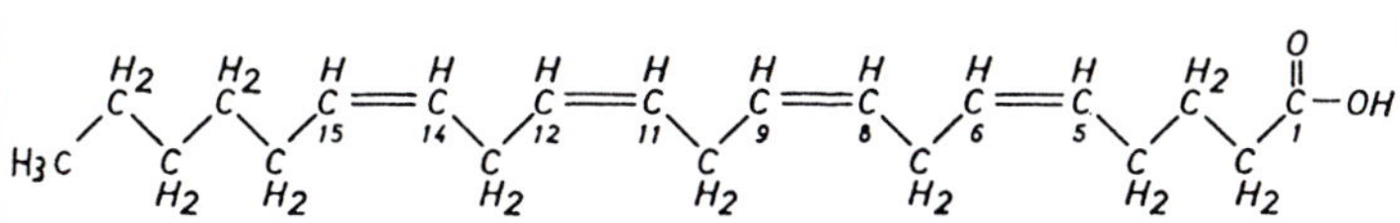

Chemische Struktur der Arachidonsäure $C_{20}H_{32}O_2$. Die ungesättigten C_{20}-Säuren sind die Muttersubstanz der Prostaglandine. Andere höher ungesättigte FS sind z.B. die Linolsäure und die Linolensäure.

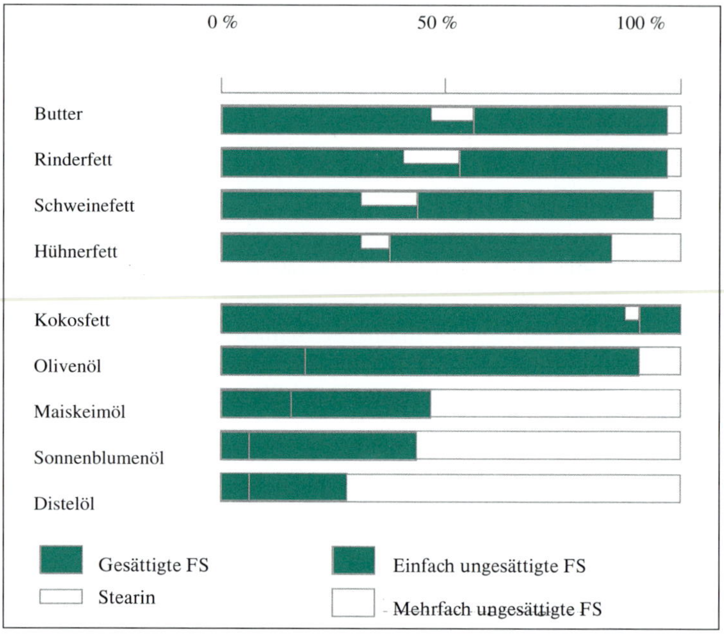

Fettsäurezusammensetzung der wichtigsten Nahrungsfette tierischen und pflanzlichen Ursprungs: Zunehmender Anteil an mehrfach ungesättigten FS bei pflanzlichen Nahrungsfetten. Stearin ist hauptsächlich in den tierischen Fetten enthalten, kaum mehr in den hochwertigen pflanzlichen Ölen.

Linolsäure
2 Doppelbindungen
$C_{18}H_{32}O_2$

Linolensäure
3 Doppelbindungen
$C_{18}H_{30}O_2$

Fettsäurestoffwechsel

Die FS haben drei bedeutende physiolgische Aufgaben:

- Bausteine von **Phospholipiden** und **Glykolipiden**. Diese Moleküle stellen wichtige Bestandteile biologischer Membranen dar.
- Fettsäurederivate als **Hormone** und intrazelluläre **Signalmoleküle**.
- **Brennstoffmoleküle**.

Der systematische Name einer FS wird vom betreffenden Kohlenwasserstoff unter Beifügung des Zusatzes -säure abgeleitet. Zum Beispiel bezeichnet man die gesättigte C-18-FS als Octadecansäure, da der entsprechende Kohlenwasserstoff das Octadecan ist. Mit einer Doppelbindung heißt diese FS Octadecansäure, mit zwei Doppelbindungen Octadiensäure usw.

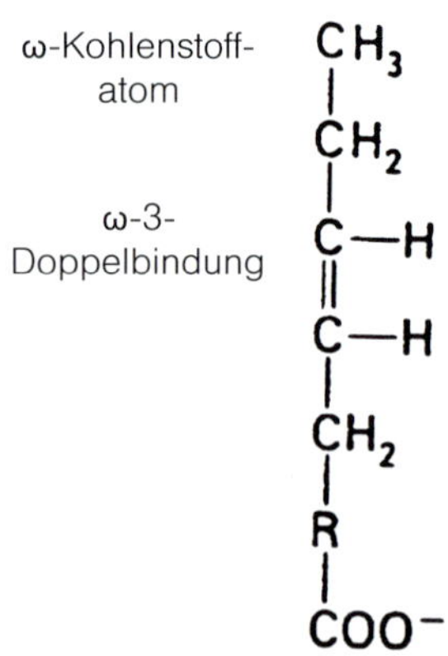

ω-3-Fettsäure

Die C-Atome 2 und 3 werden oft auch mit alpha und beta bezeichnet, der Kohlenstoff der Methylgruppe am äußeren Ende der Kette wird Omega-Kohlenstoffatom genannt. Auch die Position der Doppelbindung wird gekennzeichnet. Die Position einer Doppelbindung wird mit dem Symbol Δ und einer hochgestellten Indexnummer angegeben, z.B. cis-Δ^9, wobei es sich um eine **Cis**-Doppelbindung zwischen den Kohlenstoffatomen 9 und 10 und bei trans-Δ^2 um eine **Trans**-Doppelbindung zwischen den Kohlenstoffen 2 und 3 handelt. Die Eigenschaften der FS und der von ihnen abgeleiteten Lipide hängen von der Kettenlänge und der Anzahl der Doppelbindungen ab. Ungesättigte FS besitzen einen niedrigeren Schmelzpunkt als gesättigte FS der gleichen Länge. So liegt z.B. der Schmelzpunkt der

Stearinsäure bei 69,9 °C, der der Ölsäure (weist eine Cis-Doppelbindung auf) bei 13,4 °C. Die Schmelzpunkte der mehrfach ungesättigten FS aus der C-18-Gruppe liegen noch niedriger.

Triglyzeride stellen hochkonzentrierte Energiespeicher dar!
Die Fettsäureoxidation ist der wichtgste energieliefernde Prozeß.

Bei Säugern werden Triglyzeride hauptsächlich im Zytoplasma der Fettzellen gespeichert. Sie sind hochkonzentriert, da sie im Vergleich zu Kohlenhydraten und Proteinen in reduzierter und wasserfreier Form vorliegen. Bei vollständiger Oxidation liefern FS ca. 38 kJ/g (9,3 kcal/g) gegenüber ca. 17 kJ/g (4,2 kcal/g) bei Kohlenhydraten und Proteinen.

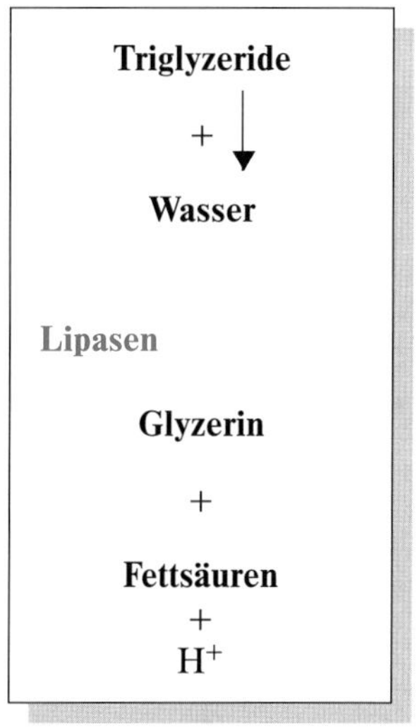

Ausgangspunkt der Fettverwertung zur Energiegewinnung ist die Hydrolyse der Triglyzeride durch Lipasen.
Die Aktivität der Lipasen in den Fettzellen wird durch die Hormone Adrenalin, Noradrenalin, Glukagon und das ACTH reguliert.

1904 konnte F. Knoop aufgrund seiner Versuche feststellen, daß Fettsäuren durch Oxidation am Beta-Kohlenstoffatom abgebaut werden. Erst etwa 45 Jahre später wiesen E. Kennedy und A. Lehninger die Fettsäureoxidation in den Mitochondrien nach. Nachfolgende Arbeiten zeigten, daß FS vor dem Eintritt in die mitochondriale Matrix aktiviert werden müssen.

Diese aktivierten langkettigen FS werden mit Hilfe von **Carnitin** (eine aus Lysin und Vitamin C gebildete zwitterionische Verbindung) durch die innere Mitochondrienmembran transportiert. Bei Carnitinmangel ist daher die Oxidation der langkettigen FS beeinträchtigt. Im Extremfall treten bei einem solchen Mangel schmerzhafte Muskelkrämpfe, Herzrhythmusstörungen sowie massive Erschöpfungszustände auf.
Diese Erscheinungen zeigen sich auch bei allen Formen kataboler Erkrankungen - speziell bei Tumorerkrankungen nach Chemotherapie - sowie bei Extremfastenkuren, Hochleistungssport und bei unmäßiger, fettreicher Ernährung. In all diesen Fällen ist die Fettsäureoxidation der wichtigste energieliefernde Prozeß, vorausgesetzt, daß die Enzyme der Glykolyse normal arbeiten und auch die Lipolyse der Triglyzeride einwandfrei verläuft.

Aufgrund dieser Erkenntnisse wird in den letzten Jahren Carnitin vermehrt substituiert und sozusagen als physiologisches Doping (bei Hochleistungssportlern wie auch bei Tumorpatienten) eingesetzt. In unserer Ernährung findet man Carnitin in brauchbaren Mengen im Schaf- und vermehrt im Lammfleisch, in Avocados, in der Muttermilch, Spuren von Carnitin im Kalb- und Schweinefleisch.

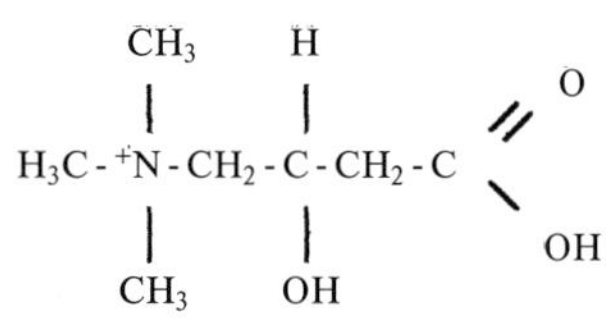

Carnitin
zur Verbesserung der
Fettstoffparameter

Der menschliche Organismus kann vor allem in Leber und Nieren selbst Carnitin synthetisieren (aus Aminosäuren und Vitamin C), jedoch reicht diese Menge meist nicht aus, um einen Mangel auszugleichen. Die Substitution ist in Form von Infusionszusätzen wie auch oral möglich, wobei in beiden Fällen eine Mindestverabreichungsdauer von vier Wochen notwendig ist, um das Carnitindefizit aufzuheben. Die beste Kontrollmöglichkeit dafür sind die Fettstoffwechselparameter, die sich nach dem »Auffüllen der leeren Carnitinspeicher« als erste Konsequenz in Richtung Normalwerte bewegen.

Spezielle Veränderungen im Fettstoffwechsel bei Tumorpatienten

Bei Untersuchungen gesunder Personen entspricht die Energiereserve hauptsächlich dem Körperfett. Für einen Mann mit 71,5 kg wurde ein Fettanteil von 13,9 kg ermittelt; ähnliche Verhältnisse lassen sich auch bei Krebskranken mit normalem Ernährungszustand nachweisen.

Bei unterernährten Krebspatienten war der Fettanteil im Vergleich zu chronisch gestreßten, hungernden Patienten deutlich vermindert. Es besteht bei Krebskranken ein energetisches Ungleichgewicht zugunsten des Verbrauchs von aus dem Fettgewebe freigesetzten FS gegenüber den aus der Nahrung aufgenommenen FS.

Verschiedene Studien bei Krebspatienten zeigten einen erhöhten Grundumsatz in Ruhe. Ferner spielt die lipolytische Wirkung der Katecholamine eine wichtige Rolle für den unterernährten Zustand, unabhängig vom Tumorgeschehen.

Eine 1988 publizierte Untersuchung in Kanada bei 666 Frauen mit lokal infiltrierendem Mammakarzinom ergab folgendes Resultat: Sowohl prä- als auch postmenopausale Frauen, die im vorhergehenden Jahr vermehrt ungesättigte FS (cis-Formen, die ihre biologische Verfügbarkeit beibehalten, weil sie aus unraffinierten Nahrungsfetten stammen) zu sich nahmen, wiesen zum Zeitpunkt der Diagnose signifikant wenger Lymphknoteninfiltrate auf. Die Einnahme von gesättigten FS war hingegen positiv korreliert mit einer häufigeren Lymphknotenbeteiligung bei postmenopausalen Frauen.

In den neuesten Richtlinien der American Cancer Society zur Krebsprävention wird empfohlen, Adipositas zu vermeiden und den Fettanteil auf 30% oder weniger der täglichen Energieaufnahme zu reduzieren, wobei ein hoher Anteil an mehrfach ungesättigten FS (mit möglichst geringem Anteil an trans-FS) befürwortet werden kann.

Diese Richtlinien basieren auf epidemiologischen Untersuchungen, die zeigen, daß Fehlernährung mit einem höheren Risiko für Mamma-, Kolon-, und Prostata-Karzinomen korreliert.

Nahrungsfette

Wir unterscheiden grundsätzlich zwischen sichtbaren (Fette, die in reiner Form den Speisen zugesetzt werden) und versteckten Fetten (natürlicherweise in Lebensmitteln enthalten), wobei erwähnenswert ist, daß derzeit der Verzehr von sichtbarem Fett ca. zu 75% durch industriell verarbeitete Fette gedeckt wird. Durch die Untersuchungen der letzten Jahre und die daraus resultierenden Empfehlungen - vorerst nur für Säuglinge und bei Tumorerkrankungen - haben Verarbeitung und Gewinnung von Fetten und die Bedeutung von trans-Fettsäuren an Wichtigkeit zugenommen.

Reformerische Qualität

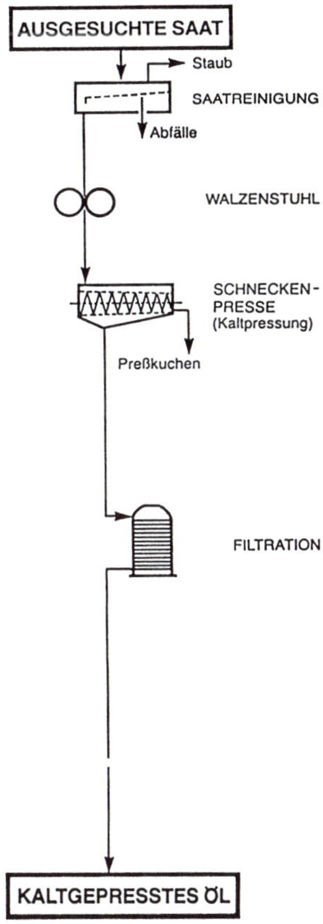

Fettgewinnung und Fettverarbeitung

Früher wurden die meisten Öle aus den Ölfrüchten bzw. Ölsamen durch **Kaltpressung,** d.h. ohne Zufuhr von Wärme, gewonnen. Dabei entstehen bei üblichem Preßdruck Temperaturen um 40 °C. Bei Pressung mit höherem Druck und bis zu 80 °C werden unerwünschte Ölsaatbestandteile mit ausgepreßt, die eine anschließende Raffination notwendig machen. Kaltpreßöle, die keiner Raffination unterzogen wurden, entsprechen in ihrer Zusammensetzung der Fettbegleitstoffe weitgehend den erntefrischen, ausgereiften Ölsaaten und werden im Handel als kaltgepreßte, unraffinierte Öle angeboten. Die Haltbarkeit dieser Öle wird durch den natürlichen Vitamin-E-Gehalt gewährleistet (durchschnittlich 1 mg Vitamin E pro Gramm Linolsäure). Das Kaltpreßverfahren ist das schonendste Verfahren, um Öl zu gewinnen, jedoch ist die Ausbeute wesentlich geringer als bei der herkömmlichen Heißpressung; ein weiterer Vorteil liegt auch in der Erhaltung der natürlichen Geschmackskomponenten und der cis-Fettsäuren, die eine wichtige Rolle in der Bioverfügbarkeit der mehrfach ungesättigten Fettsäuren spielen.

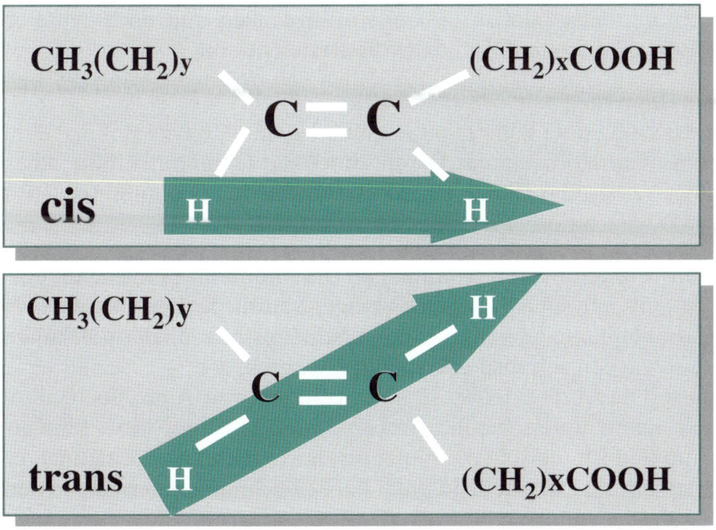

cis-/trans-Konfiguration bei mehrfach ungesättigten FS.

Heißpressung
führt zu einer wesentlich höheren Ausbeute als die Kaltpressung.

Extraktion
anstelle der Pressung führt nochmals zu wesentlich höheren Ausbeuten. Sie wird unter Einsatz von aliphatischen Kohlenwasserstoffen (Leichtbenzine) durchgeführt.

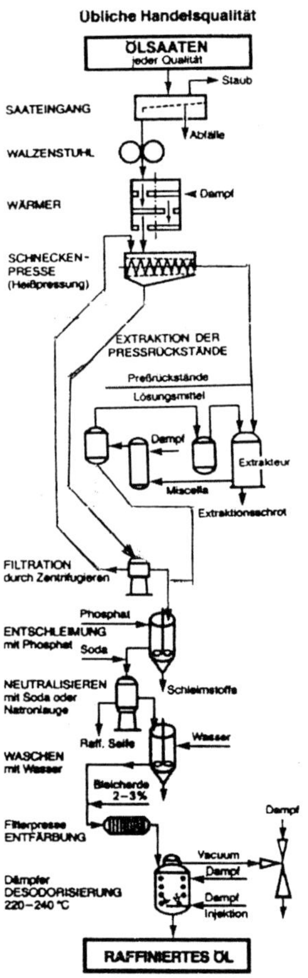

Bei der **Heißpressung** wird zusätzlich Wärme zugeführt, um die Fette flüssig zu machen und somit die Ausbeute zu erhöhen. Diese Fette müssen raffiniert werden, um die entstandenen gesundheitsschädlichen Inhaltsstoffe zu beseitigen.

Meist erfolgt anstelle der Pressung die **Extraktion** mit einem organischen Lösungsmittel. Für Nahrungsfette werden heute üblicherweise aliphatische Kohlenwasserstoffe verwendet, wie z.B. n-Hexan und Leichtbenzine. Die Ausbeute bei diesem Verfahren ist wiederum sehr groß; es verbleibt nur noch maximal 1% Öl in den proteinhaltigen Saatrückständen, die in der Futtermittelindustrie Verwendung finden. Das so gewonnene Rohöl ist noch nicht genießbar, sondern muß nach dem Extraktionsverfahren einer Raffination unterzogen werden, da es noch eine Reihe unerwünschter Begleitstoffe (Wachse, Geschmacksstoffe, Farbstoffe, Lösungsmittelrückstände) enthält.

Ziel der **Raffination** ist die Entfernung all dieser Begleitstoffe und Verunreinigungen, um ein klares, neutral schmeckendes und lagerfähiges Öl zu erhalten. Dieser Prozeß läuft in mehreren Stufen ab:

- **Entschleimung (Vorbehandlung):**
Die Entfernung von Phosphatiden (z.B. Lezithin) und Schleimstoffen, daneben auch mineralischen Begleitstoffen aus dem Rohöl wird u.a. mittels Säurelösung oder Phosphaten erreicht.

- **Entsäuerung (Neutralisation):**
Entfernung freier Fettsäuren sowie eines Teils der nicht natürlichen färbenden Substanzen durch Verseifen mit Laugen oder Abdestillation mittels hoher Temperaturen und Vakuum.

- **Trocknung und Entfärbung (Bleichung):**
Durch Trocknung unter Vakuum werden alle Wasseranteile entfernt, durch Zugabe von Bleicherde (und/oder Bleichkohle) wird der Farbton aufgehellt. Es werden somit die natürlichen und bei der Rohölgewinnung entstandenen färbenden Substanzen und noch evtl. vorhandene Seifen- und Schleimstoff-Reste entfernt.

- **Dämpfung bzw. Desodorierung:**
Entfernung unerwünschter Geschmacks- und Geruchsstoffe, indem man unter Hochvakuum Dampf durch das Öl hindurchführt. Allerdings verliert das Öl bei den angewendeten Temperaturen (bis etwa 240 °C) auch noch wertvolle Fettbegleitstoffe.

Die durch Raffination gewonnenen Öle sind somit weitgehend reduziert um physiologisch hochwertige, natürliche Begleitstoffe wie Phosphatide, Tocopherole, Sterine, Schleimstoffe, niedermolekulare FS sowie den sortenspezifischen Geschmack.
Diese Öle werden teilweise im nachhinein mit Alpha-Tocopherol und einem unterschiedlich hohen Anteil an Linol- bzw. Linolensäure (jedoch meist in der biologisch inaktiven trans-Form) angereichert, um sie anschließend unter der Bezeichnung **Reformöle** in den Handel zu bringen.

Fetthärtung und Umesterung

Die **Härtung** der Fette hat zum Ziel, daß das flüssige gereinigte Öl zum festen Fett (z.B. Margarine) wird. Dies erreicht man, indem Wasserstoff durch Katalysatoren bei ca. 180 °C an eine oder mehrere Doppelbindungen der ungesättigten Fettsäurekette angelagert wird. Dabei werden z.B. fettlösliche Vitamine völlig zerstört, außerdem hat die Fetthärtung Veränderungen im räumlichen Molekülaufbau oder an der Lage der Doppelbindungen zur Folge. So entstehen z.B. aus Linolsäure **Linolsäure-Isomere**, also **Stereo-Isomere** (cis-trans-, trans-trans-, trans-cis-Octadecadiensäure) und **Positions-Isomere** (Verschiebung der Doppelbindung). Da Linolsäure-Isomere von Natur aus in Pflanzenfetten nicht oder nur in Spuren vorhanden sind, hängt der Anteil isomer veränderter Fettsäuren von der technologischen Belastung ab; bei schonender Verarbeitung ist der Anteil um ein Vielfaches geringer. Den bedeutendsten Einfluß hat die Isomerisierung bei der Linolsäure, deren isomere Formen *keinen* essentiellen Charakter mehr besitzen und daher nicht zu den essentiellen Inhaltsstoffen gerechnet werden dürfen. Die Aufnahme von trans-Fettsäuren (alle trans-ungesättigten Fettsäuren, nicht nur die trans-Formen der Octadecadiensäure) erhöht den Bedarf an Linolsäure und beeinträchtigt die Umwandlung der Linolsäure zu Arachidonsäure. **Linolsäure** ist die einzig wirklich **essentielle** Fettsäure, die der Organismus nicht selbst synthetisieren kann!

Härtung
der Fette zu Margarinen durch Anlagerung von Wasserstoff an die Doppelbindungen der ungesättigten Fettsäureketten führt zu unphysiologischen Isomeren.

Ein weiteres Verfahren zur Herstellung von Fetten mit hohem Schmelz- und Siedepunkt ist das **Umestern.** Dabei wird unter Zugabe von Katalysatoren das Fett bis zu 200 °C erhitzt und 1–2 Stunden im Vakuum gerührt; die Esterbindungen der Fettsäuren werden dadurch labilisiert, so daß die Fettsäuren andere Positionen am Glyzerinmolekül einnehmen. Durch diesen Prozeß entstehen Fette mit hohen Schmelzpunkten, mit deren Zusatz die Streichfähigkeit niedrig schmelzender Fette verbessert werden kann (herkömmliche Margarinen).

Umestern
durch Hitze erzeugt Fette mit hohen Schmelzpunkten (künstliche Streichfähigkeit).

Nahrungsfette und Cholesterinspiegel

Verschiedentlich wird nach wie vor vom Butterverzehr abgeraten und empfohlen, statt dessen Margarine zu essen – dies als Prophylaxe oder zur Senkung eines eventuell erhöhten Cholesterinspiegels.

Der Serumcholesterinspiegel setzt sich aus dem exogenen (aus der Nahrung stammenden) und dem endogenen (vom Organismus selbst, hauptsächlich von der Leber und der Darmmukosa synthetisierten) Cholesterin zusammen.
Das in der Nahrung enthaltene Cholesterin wird nur zu 25–50% resorbiert, wobei die Cholesterinresorptionsrate vom Körper in Abhängigkeit von der Nahrungs-Cholesterin-Aufnahme reguliert wird. Je höher die zugeführte Cholesterinmenge, desto niedriger die pro-

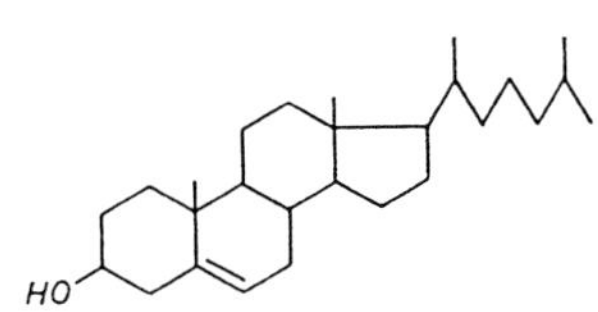

Cholesterin

Prävention und Therapie

Normalisierung der Fettstoffwechselparameter durch eine langfristige Ernährungsumstellung

- Überprüfung bzw. Aktivierung der Regulationsmechanismen
- Darmsanierung
- Überwachung der Stoffwechselparameter (Leber, Eiweißsituation)
- Abbau von Übergewicht
- Reduktion der Gesamtfettzufuhr
- Körperliche Betätigung
- Zufuhr hochwertiger Nahrung mit möglichst geringem Anteil raffinierter Produkte
- Vermehrte Zufuhr von Ballaststoffen

zentuale Resorptionsrate im Jejunum; also wird bei hoher Nahrungs-Cholesterin-Zufuhr zwar mengenmäßig mehr resorbiert, prozentual jedoch weniger. Neben dieser Tatsache ist auch zu beachten, daß das aus der Nahrung resorbierte Cholesterin nur zwischen 5 und 20 % zum Serumcholesterin beiträgt, der Rest wird endogen synthetisiert. Auch zwischen endogener Produktion und exogener Nahrungscholesterin-Resorption besteht ein Regulierungsmechanismus, der bei einer hohen Resorptionsrate die endogene Leber-Cholesterinsynthese senkt und umgekehrt.

Aufgrund der verschiedenen Regulationsmechanismen spielt die Nahrungscholesterinmenge eine untergeordnete Rolle für den Serum-Cholesterinspiegel, bedeutungsvoller erscheinen jedoch der

- **Gesamtfettverzehr** und die
- **Fettsäurezusammensetzung** der Nahrung zu sein.

Ferner ist ein cholesterinspiegelsenkender Einfluß bestimmter

- Ballaststoffe (wie z.B. Pektin) und
- körperlicher Betätigung (Sport) nachgewiesen worden, deren Effekt größer eingeschätzt wird als die alleinige Zufuhr von mehrfach ungesättigten Fettsäuren.

Aufgrund verschiedenster, teilweise widersprüchlicher Studien bezüglich diätetischer Maßnahmen bei Hypercholesterinämie, wobei nach wie vor sehr viele Fragen unbeantwortet bleiben, sollte eine kompetente Ernährungsberatung mehr zu einer ganzheitlichen Betrachtung des Problems (speziell in der Onkologie) übergehen.
Die eingangs erwähnte »Butterphobie« der letzten Zeit sollte entkräftet werden, sofern die Gesamtfettaufnahme in Grenzen bleibt. Außerdem eignen sich die kurzkettigen, gesättigten Fettsäuren, wie sie in der Butter vorkommen, am besten als Trägersubstanz bei der Resorption von β-Carotin und Vitamin E (fettlösliche Vitamine) im Darm.

Hypercholesterinämie bei Tumorerkrankungen

Dieses Thema wird gerade in den letzten Jahren heftig diskutiert und steht nach wie vor im Widerstreit der Meinungen. Weltweit ist man sich nicht einig, ob Hyper- oder Hypocholesterinämie und Serum-Cholesterinspiegel Auswirkungen auf das Tumorgeschehen (oder nur auf bestimmte Tumorarten) haben.
Es werden ständig Studien abgeschlossen, Ergebnisse veröffentlicht, um einige Zeit später von einer neuen Studie widerlegt zu werden.
Der neueste Trend der Expertenmeinungen geht insofern in eine gemeinsame Richtung, als daß eine Normalisierung der Fettstoffwechselparameter durch eine langfristige Ernährungsumstellung (mit der Zufuhr von unbehandelten, pflanzlichen Ölen, Fischölen/Omega-3-Fettsäuren, leichtverdaulichen Fetten aus dem tierischen Bereich und Milchprodukten sowie die Reduktion der Gesamtfettaufnahme) in Kombination mit körperlicher Aktivität und regelmäßiger Laborüberwachung angestrebt werden muß, sowohl in der Prävention als auch in der Therapie.

Praktische Anwendung von Fetten und Ölen in der Diätetik

Inmitten der Fülle von Informationen über die Verwendung von verschiedensten Produkten aus der Fettindustrie bedarf es zeitweise eines Wegweisers und einiger Details sowohl für den Patienten als auch für den Therapeuten.

Der großen industriellen Maschinerie sollen einige Leitfäden gegenüberstehen, die den sogenannten »goldenen Mittelweg« darstellen.

Professor Kollaths Wahlspruch: »Laßt die Nahrung so natürlich wie möglich« schränkt das »Unüberschaubare« auf ein durch- und überblickbares Maß ein, auf Fette und Öle, die nicht Produkte bzw. Errungenschaften der Lebensmitteltechnologie sind, sondern meist in Klein- oder Mittelbetrieben hergestellt werden.
Das betrifft im konkreten Fall unraffinierte Öle aus privaten Ölmühlen oder Reformmargarinen, die nach traditionellem Verfahren in Familienbetrieben erzeugt werden.

Die Sinnhaftigkeit von solchen unraffinierten Fetten liegt in der Erhaltung der natürlichen Inhaltsstoffe aus der jeweiligen Ölpflanze, wie z.B. fettlösliche Vitamine, Bitter- und Schleimstoffe, Ubichinone, essentielle Fettsäuren in der biologisch optimal verfügbaren cis-Konfiguration.

Die Auswahl an »diätetischen Fetten«, Reformölen und -margarinen bis hin zum Fett-light-Produkt ist mittlerweile auch für ein geschultes Auge unüberschaubar geworden, zumal der Werbung kein Trend aus der Reihe der Verbraucher ungenützt entgeht.

Gängige Produkte und ihre Anwendungsmöglichkeiten:

Butter:
In erster Linie Brotaufstrich, rein tierisches Fett, gesättigte, kurzkettige Fettsäuren.

Reformmargarinen:
1. Margarinen mit Milcheiweißanteil, z.B. in Form von Molkenpulver
2. Margarinen ohne Milcheiweißzusatz, bei Kuhmilcheiweiß-Unverträglichkeit bzw. - allergie

Margarinen zum Kochen, Dünsten, Backen (Kuchen, Torten ...)
Öle für diese Zwecke sind z.B. Traubenkernöl, Olivenöl o.ä.

Fette zur Verwendung bei höheren Temperaturen (Frittieren, Ausbacken):

Kokosfett (unraffiniert, ohne Weichmacher), Palmkernfett.

Öle:
»Kaltgepreßt« und unraffiniert, ausschließlich zur Verwendung in der kalten Küche für Salate, Cremes (Öl-Eiweiß-Müsli nach Budwig), Gemüse etc., z.B. Leinöl, Distelöl, Sonnenblumenöl, Mohnöl.

Speiseplan Fette und Öle
Verteilung an einem Tagesbeispiel

Früh	**Butter, Reformmargarine, Vollkorngebäck und Brot** **Topfenaufstrich mit Leinöl oder »Öl-Eiweiß-Müsli«**	
Vormittag	**Vegetarischer Aufstrich mit ungehärteten Fetten und/oder Käse, Quark**	**z.B. Soja-, Distelöl**
Mittag	**Gemüse mit Fleisch (Fisch), gedünstet in unraffinierten Ölen, Butterkartoffeln, Salate**	**Olivenöl, Traubenkernöl, Leinöl, Distelöl, (Kürbiskernöl)**
Nachmittag	**Obst mit Joghurt (gesättigte FS)**	
Abend	**Vegetarische Aufstriche + Vollkornbrot, Suppe + Getreide**	**Leinöl, Weizenkeimöl**

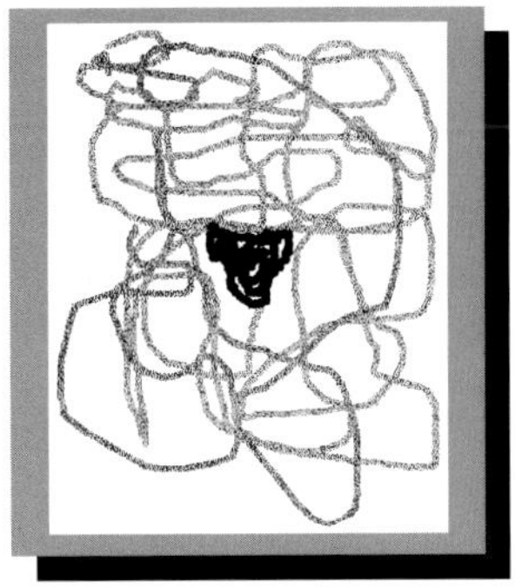

Schematische Darstellung eines Proteins.
Proteine können nur aus einigen Aminosäuren bestehen, aber auch eine Vielzahl von Aminosäuren enthalten. Ihre jeweilige Funktion kann durch ein aktives Zentrum bestimmt sein. Hämoglobin und Myoglobin sind z.B. sauerstofftransportierende Eiweißmoleküle.

Proteine (Eiweiße)

Dieses vom Griechischen proteios (»erstrangig«) abgeleitete Wort wurde im Jahr 1836 von Jôns J. Berzelius geprägt, um die Wichtigkeit jener Stoffgruppe zu betonen.

Proteine sind aus Aminosäuren (AS) aufgebaut, die ihre elementaren Struktureinheiten darstellen. Eiweiße spielen bei allen biologischen Prozessen eine entscheidende Rolle, so z.B.:

- **Enzymatische Katalyse:**

Beinahe alle chemischen Reaktionen in biologischen Systemen werden durch Enzyme katalysiert, von denen bisher mehrere Tausend charakterisiert sind und als Proteine identifiziert werden konnten.

- **Transport und Speicherung:**

Viele kleine Moleküle und Ionen werden durch spezifische Proteine transportiert. So dient Hämoglobin als Träger des Sauerstoffs in den Erythrozyten, während Myoglobin diese Aufgabe im Muskel übernimmt. Eisen wird im Blutplasma durch Transferritin transportiert und in der Leber als Komplex mit einem anderen Protein, dem Ferritin, gespeichert.

- **Koordinierte Bewegung:**

Proteine sind der Hauptbestandteil von Muskelgewebe, dessen Kontraktion durch die gleitende Bewegung zweier Arten von Proteinfilamenten zustande kommt. Auch die Fortbewegung der Samenzellen mit Hilfe ihrer Geißeln beruht auf aus Proteinen bestehenden kontraktilen Systemen.

- **Mechanische Stützfunktion:**

Die hohe Zugfestigkeit der Haut und Knochen wird durch das Faserprotein Kollagen gewährleistet.

- **Immunabwehr:**

Antikörper sind hochspezifische Proteine, die Fremdsubstanzen erkennen und binden können.

- **Erzeugung und Übertragung von Nervenimpulsen:**

Die Antwort von Nervenzellen auf spezifische Reize wird durch Rezeptorproteine vermittelt, z.B. Rhodopsin in den Stäbchen der Retina.

Generell dienen Proteine in allen Zellen als Sensoren, die den Fluß von Energie und Materie lenken.

Eiweiß wird im Kollagen, die anderen Moleküle einschließlich Aminosäuren werden in Mukopolysacchariden gespeichert. In weiterer Folge führt dies zur Speicherung im Blut, den Arterienwänden ... und weiter zu Hypertonie, Hyperurikämie, Hypercholesterinämie, Hämatokrit-Erhöhung usw.

Harnstoffzyklus: Ein Teil des NH_4^+, das beim Abbau von Aminosäuren entsteht, wird zur Biosynthese stickstoffhaltiger Verbindungen verbraucht. Der überschüssige Teil wird bei den Landwirbeltieren in Harnstoff umgewandelt und in dieser Form ausgeschieden.
Die Reaktionsfolge wurde bereits 1932 (somit 5 Jahre vor der Aufklärung des Citratzyklus) von H. Krebs und K. Henseleit erforscht.

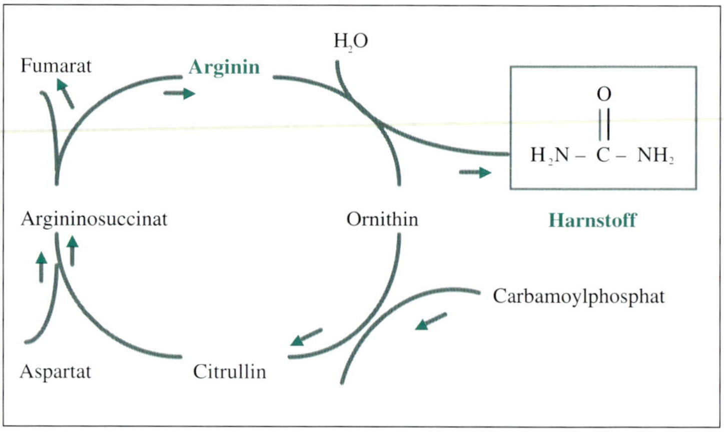

Tumorpatienten benötigen (je nach Ernährungszustand und Ausmaß der Erkrankung) zwischen 0,5 und 1,5 g Eiweiß pro Kilogramm Sollgewicht.

Bei terminaler Niereninsuffizienz oder stark eingeschränkter Leberfunktion muß entsprechend weniger gegeben werden (minimaler Tagesbedarf: 0,4 g/kg KG). In solchen Situationen sollten Proteine immer gemeinsam mit Energiesubstraten verabreicht werden, um die energetische Verwertung der Aminosäuren zu verhindern.

3. Säure-Basen-Haushalt

Bedeutung der Übersäuerung
Die Störung als krankmachende Basis – die Regulation als Basis der Gesundung

Der Säure-Basen Haushalt bzw. das anzustrebende Gleichgewicht stellt in steigendem Maße einen der wichtigsten biochemischen Regulationsmechanismen in bezug auf Gesunderhaltung und Ursachenfindung vor allem bei chronischen Krankheiten dar.
Grundsteine dafür wurden in den intensiven Arbeiten von Sander, Glaesel und Pischinger gelegt.

Ausschlaggebend war die Erkenntnis, daß unsere Regulationssysteme nicht unermüdlich und unerschöpflich funktionieren können, zumal in zunehmendem Maße »Säuren« (durch Umwelteinflüsse, Nahrung und persönliche Verhaltensweisen) unseren Organismus überfluten.

Gerade dieses »Überfluten« ist auch Ursache der Abweichungen vom physiologischen, gesunderhaltenden »Basenfluten«, welche auch den Grundstein für Osteoporose, Degenerationserscheinungen und letztlich auch für Tumorerkrankungen legen.

Alle Funktionen und Funktionsabläufe unseres Körpers sind ganz bestimmten Ordnungsfaktoren unterworfen. Sie werden von sehr präzisen, automatisch arbeitenden Regulationsmechanismen und Schaltzentralen reguliert und mit geringen Toleranzen den lebensphysiologischen Erfordernissen angepaßt. Solche Ordnungsfaktoren sind z.B. die Körpertemperatur, der Blutdruck, der Blutzuckerspiegel und das Säure-Basen-Gleichgewicht.

Ordnungsfaktoren:
- **Körpertemperatur**
- **Blutdruck**
- **Blutzucker**
- **Säure-Basen-Gleichgewicht**

u.v.a.

Grundsätzliches über den Säure-Basen-Haushalt

Unter dem Säure-Basen-Haushalt ist die Ein- und Ausfuhr sowie der Stoffwechsel der Protonen und der Hydroxylionen zu verstehen. Von ihm hängt das chemische Milieu des Körpers ab. Dies ist eine phylogenetisch vorgegebene Größe, deren Konstanthaltung die Grundvoraussetzung für die Existenz und die optimale Funktion des menschlichen Körpers ist.

Salze sind gleichgewichtige Zusammenlegungen von Säuren und Laugen.

Aus allem, was vom Körper aufgenommen wird, entsteht vorübergehend oder endgültig eine Säure oder Base (Basen, Laugen oder Alkali stehen den Säuren gegenüber).
Viele Substanzen werden als Salze aufgenommen, sie sind gleichgewichtige Zusammenlegungen von Säure und Base. Kochsalz beispielsweise entsteht durch die Verbindung von Natronlauge und Salzsäure:

$$NaOH + HCl = NaCl + H_2O$$

Im Körper findet bei der Aufnahme von NaCl der umgekehrte Vorgang statt: Aus Kochsalz entstehen Natronlauge und Salzsäure. Die Natur hat die Ausscheidung für uns nicht leicht gemacht, denn alle Basen (in diesem Fall die Natronlauge) passieren rasch und ohne Schwierigkeiten in ca. 1–2 Stunden die Nieren, hingegen werden Säuren (hier die Salzsäure) nur ganz langsam ausgeschieden und benötigen auch bei bestmöglichen Verhältnissen 1–2 Tage, um die Nieren zu passieren. Bei schlechten Bedingungen dauert es 5–6 Tage und länger, oder es bleibt von diesen Säuren sogar ein kleiner Teil im Körper zurück.

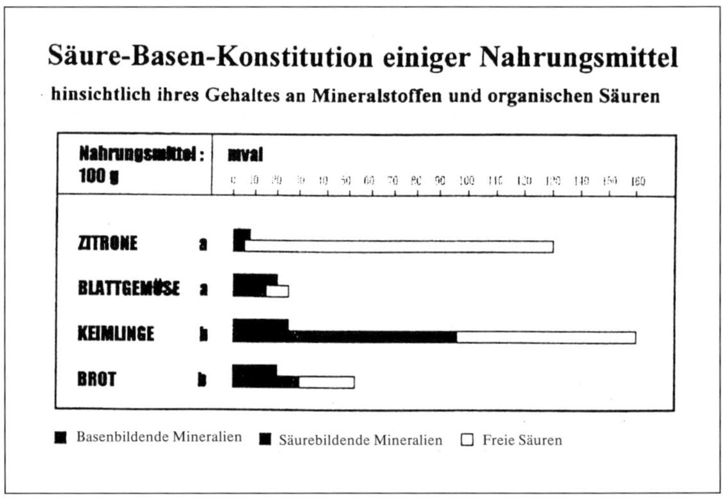

Säure-Basen-Konstitution einiger Nahrungsmittel.

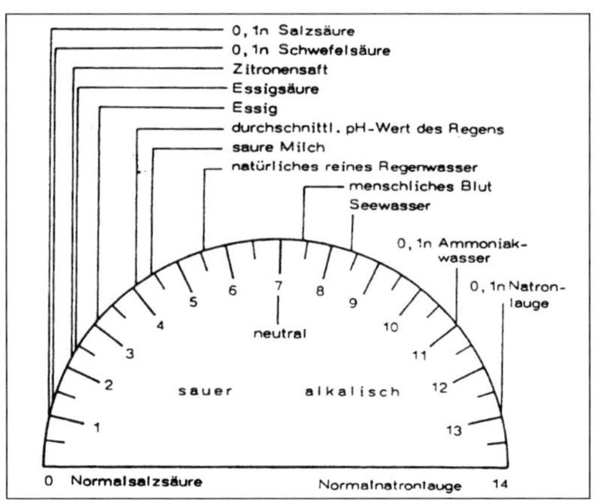

Skala der pH-Werte (nach Glaesel).

Das Bindegewebe – erste Station der Ausscheidung

Wie sich ein Nahrungsmittel auf den Säure-Basen-Haushalt auswirkt, hängt wesentlich von seinem Gehalt an laugenbildenden und säurebildenden Elementen ab. Überwiegen die Basenbildner (Na, K, Ca, Mg) über die Säurebildner (P, S, Cl, N), bezeichnet man das Nahrungsmittel als »basenüberschüssig« und umgekehrt.

Durchschnittlicher Säure- bzw. Basenüberschuß verschiedener Nahrungsmittel:

NM je 100 g	Säure-Überschuß in mval
Getreide, Nüsse	-9
Fleisch, Fisch, Ei	-10
Käse, Quark	-15
	Basen-Überschuß in mval
Gemüse, Kartoffeln	+7
Obst	+7
Milch	+5

Der Gehalt an freien organischen Säuren ist nur im Extremfall von Bedeutung. Die Tabelle gibt einen Überblick über die verschiedenen Nahrungsmittelgruppen hinsichtlich ihrer azidogenen bzw. alkalogenen Qualität. Sie läßt erkennen, daß Körnerfrüchte, Fleisch, Fisch, Käse, Ei usw. stärker azidogen sind als Gemüse einschließlich der Kartoffel.

Aus dem vereinfachten Schema des Kohlenhydratstoffwechsels ist zu erkennen, daß bei ungestörtem Verlauf das chemische Milieu des Körpers unverändert bleibt, obwohl ständig große Mengen von sauren Intermediärprodukten entstehen (Endprodukte sind immer Wasser, Wärme und Kohlensäure).

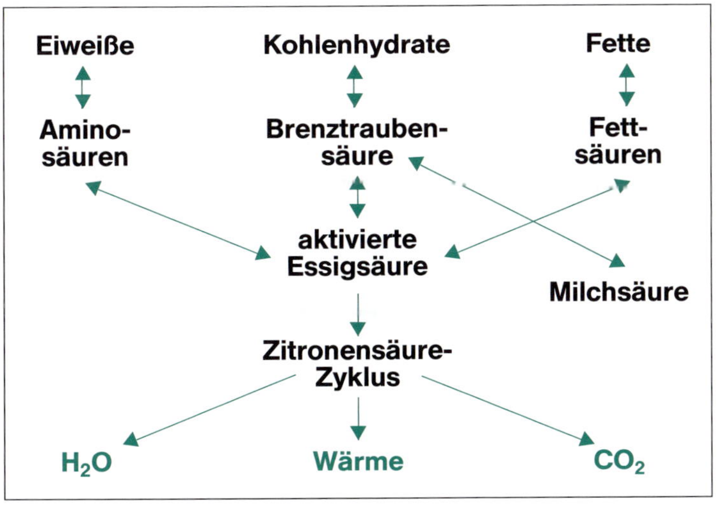

Stark vereinfachtes Schema des Intermediärstoffwechsels, aus dem zu ersehen ist, daß es bei Störungen des Abbaus zu einer Anstauung saurer Metaboliten (Milchsäure) kommt.

Bis zur Ausscheidung der sauren Zwischenprodukte bleiben sie im Bindegewebe deponiert (dazu gehören nicht nur das Unterhautge-

Ein alltägliches Beispiel: die **Muskeltätigkeit:**
Hierbei entsteht unweigerlich und prompt Milchsäure, die bei längerer Beanspruchung in das Bindegewebe abgeschoben wird, da der Muskel bei Milchsäureanhäufung rasch ermüden würde. Wenn das Bindegewebe jedoch von vornherein schon etwas sauer und mit anderen Stoffen überlastet ist, kann die Milchsäure aus dem Muskel nur schwer oder gar nicht abgeschoben werden und es kommt zur Muskelermüdung.
Der gleiche Vorgang findet bei allen anderen Organen statt - in Leber, Gehirn, Darm usw.

webe und Muskelbindegewebe, sondern auch die Gehirnhäute, die Bandscheiben, alle Knorpel, Gelenkskapseln und Bänder).
Die Kohlensäure ist flüchtig und wird über die Lungen abgeatmet, somit bleibt das chemische Milieu ungestört.

Krankheit besteht darin, daß es bei zu starkem Säureanfall und gestörter Aussscheidung zu einer Störung des Metabolismus und damit zu einer Anhäufung von sauren Intermediärprodukten kommt, weshalb die meisten Krankheiten mit einer mehr oder weniger schweren Azidose einhergehen.
Dabei handelt es sich primär nicht um »aktuelle« Entgleisungen des chemischen Milieus der extrazellulären Flüssigkeiten, sondern vielmehr um latente (nach Sander) Gewebsazidosen und -alkalosen im Sinne von Änderungen der potentiellen chemischen Reaktion; also um Veränderungen der Gesamtpufferkapazität im Hinblick auf Pufferreserven in den Geweben einschließlich der Knochen.

Das Basenfluten – Bestimmung der Aziditätsquotienten des Harns

Das äußere Zeichen eines normalen und gesunden Säure-Basen-Gleichgewichtes und damit eines sauberen Bindegewebes ist das Basenfluten im Harn. Etwa eine Stunde nach dem Essen wird beim Gesunden der Harn alkalisch (meßbar mit pH- Streifen oder Lackmuspapier).

Die postprandiale Blutalkalose, die sich in der entsprechenden chemischen Reaktion des Harns äußert, ist den Physiologen schon seit den Arbeiten von F. Sander bekannt, der 1931 seine Methoden der Bestimmung der Aziditätsquotienten des Harnes beschrieb.

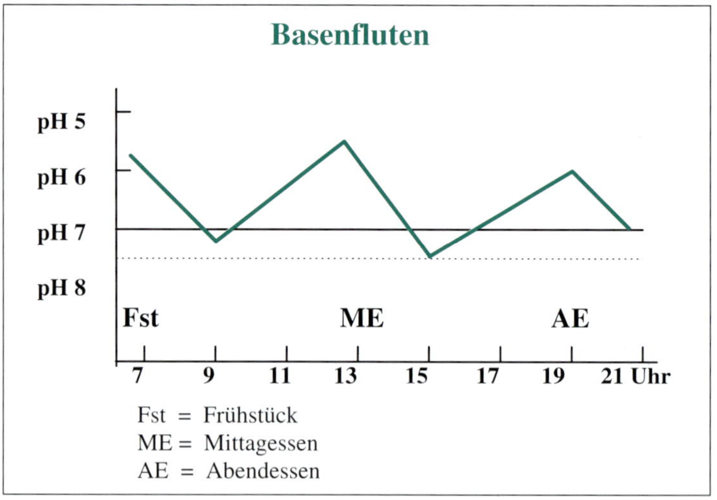

Der Kurvenverlauf ist der unmittelbare Ausdruck des Regulationsgeschehens im SB-Haushalt, welches sich mit zunehmender Entgleisung in die eine oder andere Richtung laufend vermindert, um schließlich in die Regulationsstarre überzugehen, wie die Meßgestalten bei Azidose und Alkalose zeigen.

Die Theorie Sanders gründet sich auf zwei Tatsachen: Zum einen darauf, daß der Organismus seinen Überschuß an Protonen praktisch nur mittels des Phosphatpuffersystems durch die Nieren auszuscheiden vermag, zum anderen darauf, daß man Puffersysteme wegen ihrer Kapazitätsunterschiede nur durch Messung beider Pufferkomponenten erfassen kann.

Einen zahlenmäßigen Eindruck von den zwei wichtigsten Pufferkapazitäten vermittelt folgende Übersicht über den Bikarbonat- und Phosphatgehalt der drei Flüssigkeitsräume des menschlichen Körpers (bei einem Gewicht von 70 kg):

	Intravasal-	Interstitial-	Intrazelularraum
Bikarbonat in mval	80,4	347,0	280,0
Phosphat in mval	6,2	22,4	2800,0

Deshalb werden bei der Sanderschen Harnanalyse sowohl das primäre (A-Zahl) als auch das sekundäre (B-Zahl) Phosphat titriert und aus den Titern nach der Formel

$$\text{Säuren} / \text{Basen} \times 100\% = \text{AQ}\,\%$$

eine Prozentzahl, der Aziditätsquotient (= AQ-Zahl) gebildet, welcher die Bilanz des SB-Haushaltes anzeigt.

Die wasserlöslichen Alkalisalze der mittelstarken Phosphorsäure reagieren in der primären Stufe schwach sauer, in der sekundären schwach basisch.
Gemischte Lösungen des primären und sekundären Phosphates sind die wirksamsten Harnpuffer, weil sie große Mengen H^+-Ionen oder auch OH^--Ionen abpuffern können.

Der Aziditätsquotient berücksichtigt nur die Titrationsazidität, die durch Rücktitrieren des Harns mit NaOH gewonnen wird. Es handelt sich dabei in erster Linie um die durch den Phosphatpuffer gebundenen Säuren. Es kommt zur Rückbildung von HPO_4-Ionen nach der folgenden Formel:

$$H_2PO_4 + OH^- \longrightarrow HPO_4 + H_2O$$

Primäres Phosphat	Sekundäres Phosphat

Genaugenommen müssen zusätzlich noch die Ammonium-Ionen (NH_4^+) berücksichtigt werden, die im Harn ausgeschieden werden.

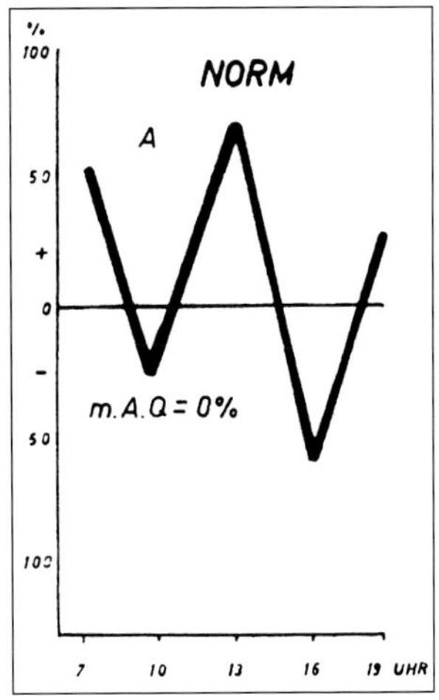

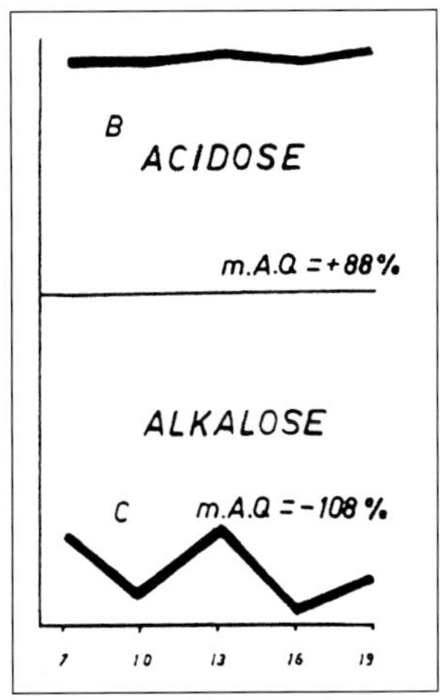

Typische Meßgestalten bei der Harnanalyse nach Sander, bei der der Aziditätsquotient bestimmt wird.

Bei einer chronisch latenten Azidose kann die Ammoniumproduktion erheblich ansteigen, solange die Nierenfunktion nicht eingeschränkt ist.

Die Gesamtsäuresekretion ergibt sich demnach aus der Formel:

$$\frac{\text{Säuren (S)} + \text{Ammonium (A)}}{\text{Basen (B)}} \times 100\% = \text{Aziditätsquotient für die Gesamtsäuresekretion (GAQ)}$$

Methodik:
In einem Diagramm werden 8 Harnproben aufgetragen, die in der Zeit von 6 Uhr früh bis 20 Uhr abends im 2-Stunden-Rhythmus gewonnen werden. Die einzelnen Meßpunkte werden dann zu einer Tageskurve verbunden (siehe Abb. Basenfluten).

Empfehlung:
Diagramm von
8 Harnproben
6 - 20 Uhr

Indikatorpapier:
nur grobe Aussage
(erfaßt nur freie Säuren)

Titration mit 0,1 n NaOH:
Gesamtazidität

Es genügt nicht, *eine* reine pH-Messung des Harns mit Indikatorpapier vorzunehmen, um den SB-Haushalt kontrollieren zu können. Diese einfache Messung ergibt nur eine Momentaufnahme.

Der Harn ist eine gepufferte Lösung; die Säuren sind vorwiegend durch die Pufferung gebunden. Normalerweise wird nur ein kleiner Teil der Säuren in freier Form ausgeschieden. Bei der einfachen Harn-pH-Messung werden nur die freien Wasserstoffionen gemessen; der Gesamtgehalt (die Gesamtazidität) kann nur durch Titration bestimmt werden.

Versetzt man eine Harnprobe so lange tropfenweise mit einer 0,1 n NaOH-Normallösung, bis der eingebrachte Indikator einen Farbumschlag anzeigt und die Lösung schwach rosa färbt, so bedeutet dies den Verbrauch aller H^+-Ionen. Bei vollständiger Umsetzung (Farbumschlag) wird der Endpunkt der Reaktion, der sog. Äquivalenzpunkt, erreicht. Aus der Menge der verbrauchten Maßlösung bis zum Farbumschlag ergibt sich der Gesamtsäuregehalt der untersuchten Harnprobe.

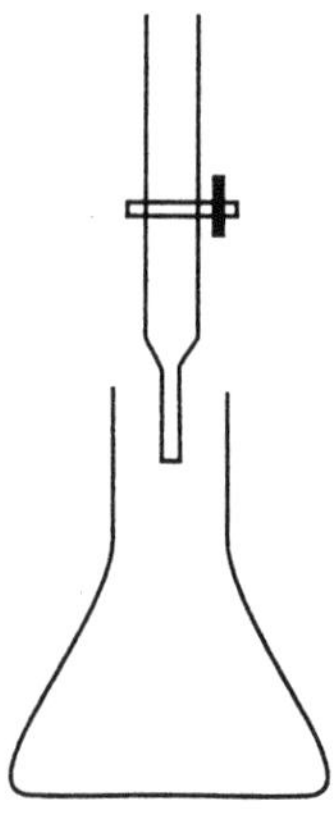

Titration:
1. Freie H^+-Ionen durch OH^--Ionen neutralisiert
2. Dissoziationsgleichgewicht gestört
3. Dissoziation gesamte Säure bis Äquivalenzpunkt (Endpunktrelation)

Im gepufferten Harn kann durch fortgesetzte langsame Zugabe von NaOH die gesamte Säure zur Dissoziation gebracht werden.

Nach dem gleichen Schema werden auch die Basen titriert (schwache Basen werden durch starke Säuren, z.B. HCl, titriert), um letztendlich zu einer standardisierten Meßmethode zu kommen, die vergleichbare Werte ergibt.

Ein AQ-Wert von 0% kennzeichnet die Ausgeglichenheit, positive AQ-Werte bedeuten die Ausscheidung eines Überschusses an Protonen und negative AQ-Werte die Ausscheidung eines Überschusses an Hydroxylionen, entsprechend einer azidotischen bzw. alkalotischen Situation des Organismus.

Durch einen einzelnen AQ-Wert kann nur ein kurzer Abschnitt erfaßt werden, der keine Aussagekraft darüber besitzt, ob es dem Körper gelungen ist, den sein Gleichgewicht bedrohenden Überschuß tatsächlich vollkommen auszuscheiden.

Die Ausscheidungsorgane Lunge und Niere

Das wichtigste Organ bei der Säureausscheidung ist die Lunge, sie scheidet bei jedem Atemzug massiv CO_2 aus. Kohlensäure ist die einzige Säure, die nicht gespeichert, sondern als freie Säure prompt abtransportiert wird.

Das zweitwichtigste Organ der Säureausscheidung sind die Nieren. Hier ist die Entsäuerung nicht so einfach, da eine sehr wichtige Vorbedingung notwendig ist: Bei normalem Blutdruck können Säuren durch die Nieren nicht als reine Säuren, sondern nur als Salze ausgeschieden werden. Welche Säure auch immer im Bingegewebe abgelagert wurde und durch die Nieren ausgeschieden werden soll, sie muß mit einer Base verbunden und als Salz über die Nieren abtransportiert werden.

Diese Salzbildung hat einen weiteren Grund: Eine Säure hat eine gewisse Agressivität, die weder dem Bindegewebe noch den Nieren zuträglich ist. Salze jedoch wirken neutral auf Gewebe, Blut und Niere.

Dies genau ist jedoch auch der heikle Punkt: Es gibt kein unbegrenztes, großes Alkalidepot, das immer und jederzeit jedem Säureanfall gegenüber steht.
Wäre es so, dann könnten alle Menschen immer und unermüdlich Arbeit leisten, könnten essen, was gut schmeckt und Spaß macht, unendlich viele Umweltgifte (einfachstes Beispiel: Auspuffgase) aufnehmen, ohne auch nur irgendeinen Schaden zu erleiden.

Säureausscheidungsorgane:

LUNGE
↘
Abatmung von CO_2

NIERE
↘
Ausscheidung von Salzen

↘
... ohne Alkali ist Säure nicht transportfähig!

Alkaliquellen

- **Magen:**

Das einzige Organ, das Alkali in größeren Mengen erzeugt, ist der Magen, dadurch wird er zur wichtigsten Zentrale für den SB-Haushalt und die Bindegewebsreinigung. Überschüsse können sogar im Harn als »Basenfluten« auftreten.
Diese Alkalierzeugung wird durch die Kochsalzspaltung (NaCl = Verbindung aus Salzsäure und Natronlauge) bewerkstelligt, wobei die entstehende Salzsäure in den Magen geht, das Alkali in das Blut bzw. in das Bindegewebe.

- **Nahrung:**

Die Nahrung stellt möglicherweise auch Alkali im Überschuß zur Verfügung, allerdings nur im Fall einer laktovegetabilen Ernährung, wobei Milch, Kartoffeln, die meisten Salate und Langwurzelgemüse basenüberschüssig sind.
Viele Nahrungsmittel sind neutral, d.h., sie bringen so viel Alkali mit, wie sie selbst zur Verstoffwechslung brauchen. Die restlichen Nahrungsmittel sind Alkaliräuber - sie entziehen dem Körper Basen, die ohnehin zu leicht durch die Nieren verloren gehen und eben nicht uneingeschränkt vorhanden sind.

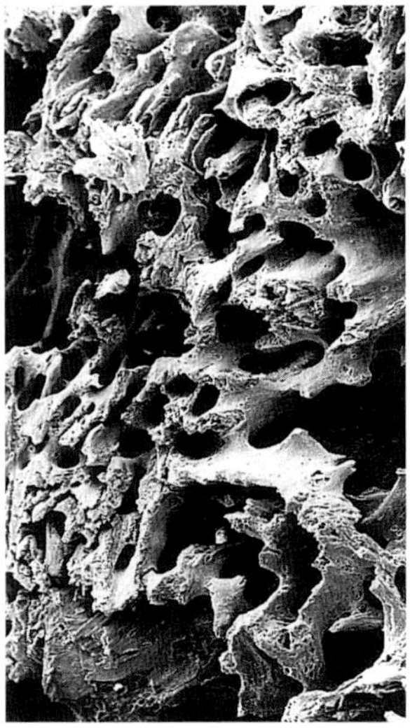

Osteoporose:
Der Organismus ordnet der Entsäuerung höhere Priorität zu als der Festigkeit der Knochen, da er andernfalls in seinen eigenen Schlacken und Säuren zu »ersticken« droht.
Damit ist der Grundstein für eine Osteoporose sicher gelegt!

- **Sparmaßnahme »Rückresorption« in der Niere:**

Wenn die beiden Alkaliquellen Magen und Ernährung ausfallen, muß der Körper zu Sparmaßnahmen greifen: Alkali wird wieder aus den Nieren zurückgeholt, nachdem die Säuren ausgeschleust worden sind. Die Niere kann die Säure-Base-Verbindung blitzartig aufheben, so daß die Säuren als freie Säuren im Harn abgehen und die Basen zurück ins Blut wandern.
Freie Säuren verursachen jedoch Brennen in der Harnröhre; außerdem sind freie Säuren ohne entsprechende Base bereits im Nierenbecken steinbildend, insbesondere dann, wenn zusätzlich noch kleine Entzündungsherde im Nierenbecken vorhanden sind und der Kalziumgehalt im Harn hoch ist.

- **»Angriff« auf das Alkalidepot:**

Wenn diese Alkalisparmaßnahme auch nicht mehr ausreicht, um Alkali für den Säuretransport zu erhalten, dann beginnt der Körper Raubbau an sich selbst zu betreiben; er wird das eigene Alkalidepot angreifen müssen - den **Knochen**! Dieser enthält Kalzium, das basisch ist.
Diese Kalziumdepots werden schon bei einem längerfristigen Gewebe-pH-Wert von 6,8 utilisiert, um einer drohenden Bindegewebsübersäuerung »großräumig« vorzubeugen.
Der SB-Haushalt nimmt somit auch eine Schlüsselrolle beim Kalziumhaushalt ein. Entscheidend für die Wirksamkeit des Kalziums ist in erster Linie sein ionisierter Anteil im Blut; dieser ist wiederum vom pH-Wert (Wasserstoffionenkonzentration) abhängig.
Eine azidotische Stoffwechsellage führt zu einer vermehrten Ionisation von Kalzium, eine alkalische zu einer verminderten.

Gestörte Säure-Basen-Regulation

Erzeugt der Magen Alkali nicht mehr als Reaktion auf die Nahrungsaufnahme, sondern aufgrund der Signale aus dem Bindegewebe, das übersäuert ist und die Schlacken aus den Organen nicht mehr aufnehmen kann, bedeutet dies, daß bei der Kochsalzspaltung zwar Alkali und HCl entstehen, jedoch die Magensäure nunmehr als unerwünschtes Nebenprodukt im Magen auftritt.

Dieser Umstand zieht für den Betroffenen meist unangenehme Folgen nach sich mit Übersäuerung, Sodbrennen, Völlgefühl und Blähungen.
Darüber hinaus wird die Alkalisparmaßnahme über die Nieren aktiviert, wodurch freie Säuren in die Blase gelangen. Dies wiederum verursacht in der Harnröhre Brennen und Schmerzen. Diese Erscheinung wird »chemische Entzündung« genannt und ist prompt durch die Zufuhr von basenhältiger Nahrung oder alkalischer Salze zu beheben.

Die Säuren können auch nicht schnell genug aus den Gelenkkapseln und Knorpeln abtransportiert werden, was wiederum zu Schmerzen führt, fälschlicherweise als Rheuma bezeichnet und dementsprechend behandelt wird.
Tatsächlich sind diese Beschwerden Folge einer Anhäufung von Säure im Bindegewebe, welche unweigerlich in einer sogenannten »Abnützung« bzw. Spondylarthrose oder Arthrose resultiert.

Eine zwangsläufige Folge der Ansäuerung des Gewebes ist die Alkalose des Blutes. Durch den erheblichen pH-Wert-Unterschied in den Kapillaren, wo sich das stark alkalisches Blut und das massiv angesäuerte Gewebe treffen, kommt es vorerst zum niedrigen Blutdruck und dadurch häufig zum Schwindel.

In diesem Stadium tritt das Basenfluten nicht nach den Mahlzeiten auf, sondern irgendwann, auch wenn keine Nahrungsaufnahme erfolgt ist. Symptome sind Wasseransammlungen und Schwellungen, die sich vor allem an Augenlidern und Fingern im Verlauf der Nacht bilden und am Morgen wieder zurückgehen. Diese Wasseransammlungen haben den Sinn der Neutralisation in den Geweben, in denen insbesondere über Nacht Säuren zurückgeblieben sind.

Diese Notmaßnahmen, vor allem die Überfunktion des Magens, können nicht unendlich weitergehen, denn:

1. Der Magen wird durch seine eigene Magensäure an der Kochsalzspaltung gehemmt.
2. Es tritt eine Ermüdung ein mit folglicher Anazidität, wodurch erst wiederum die Kochsalzspaltung eingestellt wird.

Durch das nun ausbleibende Basenfluten kommt es zur Säurestarre im Harn, da auch das Fluten zu unrechter Zeit nicht mehr gegeben ist: Säurestarre mit einem pH-Wert von 5,0 den ganzen Tag über, gekoppelt mit der Anazidität des Magens ist Ausdruck dafür, daß das Säure-Basen-Gleichgewicht massiv gestört ist! Dieser Zustand ist eine der Grundlagen für chronische bzw. maligne Erkrankungen.

Säure-Basen-Regulationsstörung:

- **Magen:** Sodbrennen, Blähungen, Völlegefühl
- **Niere/Blase:** Pyelitis, Zystitis
- **Gelenke/Knorpel:** »Rheuma«, »Abnützung« Arthrose, Spondylose
- **Kapillare/Gewebe:** Alkalisches Blut versus übersäuertes Gewebe führt zu niedrigem Blutdruck, Schwindel
- **Haut:** Schwellungen durch Wasseransammlung

Folgen:

Ermüdung der Alkalibildung des Magens: Anazidität

⇩

Säurestarre

⇩

Grundlage vieler Krankheiten

Weitere Mechanismen zur Beseitigung von Säuren

Für die Reinigung von Säuren in diesem fortgeschrittenen Stadium, gibt es nun mehrere Möglichkeiten:

Säure-Reinigungsmechanismen

Kalziumlösung aus Knochen Ca^{2+}

Kalium aus Organzellen K^{+}

Erhöhung des Blutdrucks (Renin) RR ↑

Langfristige Ernährungsumstellung

⇩

Schrittweise Umstellungsdiät

- Geht der Körper dazu über, Alkali aus der eigenen Substanz zu holen, wird Kalzium aus den Knochen gelöst (bereits ab einem Gewebe-pH-Wert von 6,8). Dieser Vorgang ist jedoch zeitaufwendiger und nicht so effizient wie die Natriumutilisation aus dem Magen oder die Nutzung des Kaliums aus der Nahrung.
Bezüglich der Mobilisierung von Kalzium gibt es einige Barrieren seitens des Körpers, so z.B. das Kalzitonin, das den Lösungsprozeß des Kalziums aus den Knochen verhindern soll.
Auch kann das Kalzium von den Nieren nicht wieder von den Säuren getrennt werden, folglich steigt der Ca-Gehalt des Harns sprunghaft an und damit auch das Risiko der Steinbildung.

- Die zweite Maßnahme der Bindegewebsreinigung ist die Entnahme von Kalium aus den Organzellen. Dies äußert sich an der Muskelzelle als Krampfneigung, am Herzen als Rhythmusstörungen. Letztendlich ist es der Kaliummangel, der die Zellen entpolarisiert!

- Eine andere Variante zur Ausscheidung von Säuren ist die gewaltsame Erhöhung des Blutdrucks durch die Nieren, wodurch – mit Hilfe des Hormons Renin – freie Säuren, die durch Diffusion ins Blut gelangt sind, über die Nieren ausgeschieden werden.

Bis zu diesem Stadium hat es in den meisten Fällen einige Jahre gedauert, was auch den Anspruch auf eine langfristige Ernährungskorrektur bzw. eine lebenslange behutsame Ernährungsumstellung erklärt. Nach Abklärung der Grundvoraussetzungen für eine optimale Verdauung (Gebißsanierung, Kauprozeß, Einspeicheln des Nahrungsbreies) sollten die Änderungen Schritt für Schritt erfolgen, um eine längerfristige Akzeptanz zu gewährleisten.

Speziell der Magen leistet anfangs größten Widerstand gegen eine basenüberschüssige Umstellungsdiät, da er mittlerweile ein nahezu »funktionsuntüchtiger Sack« geworden ist und auf alles und besonders auf jede Änderung negativ reagiert.
Die über Jahre »gewohnten« säurebildenden oder säureüberschüssigen Nahrungsmittel werden - zunächst noch – am besten toleriert, z.B. Weißmehl, Zucker, gesüßte Kompotte . . .

Basenräuber Zucker

Am Beispiel des Zuckers soll veranschaulicht werden, wie aus der basischen Frucht (Zuckerrohr oder Zuckerrübe) ein säurebildendes Nahrungsmittel entsteht:
Weißer Industriezucker wird durch Erhitzen, Reinigen, Raffinieren, Bleichen usw. aus der Zuckerrübe oder dem Zuckerrohr gewonnen. Dabei gehen wertvolle Bestandteile wie z.B. Enzyme, Vitamine, Mineralstoffe (anorganische Salze) verloren. Diese basischen Valenzen müssen vom Organismus bei der Verstoffwechselung des Zukkers zur Verfügung gestellt werden.

Das am leichtest lösliche und wichtigste Salz ist Kalium phosphoricum, das in der Zuckerrübe ausreichend vorhanden ist, jedoch im raffinierten Zucker komplett fehlt – daher die Bezeichnung des weißen Zuckers als »Basenräuber«.

Milchsäure und ihre Sonderstellung

Die Milchsäure ist als organische Säure nach der sauren Milch benannt, in der sie der schwedische Chemiker K.W. Scheele 1970 entdeckte. Sie entsteht im menschlichen Organismus bei der Muskelarbeit und spielt daher im Intermediärstoffwechsel eine beachtliche Rolle.

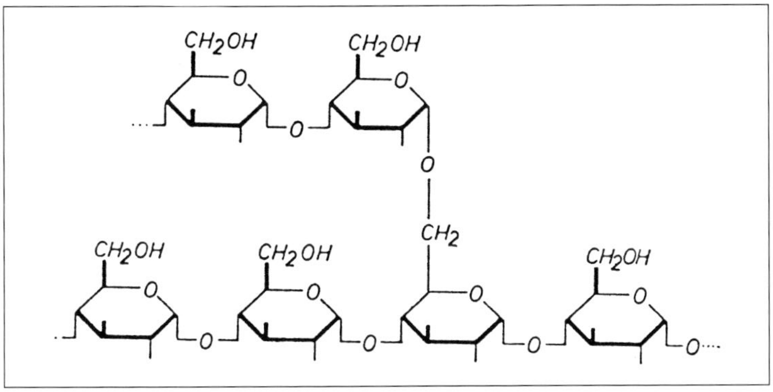

Glykogen ist ein großes, verzweigtes Polymer aus Glukoseeinheiten, die über alpha-1,4-Bindungen miteinander verknüpft sind. Die alpha-1,6-Bindungen treten in einer Häufigkeit von ca. 1:10 auf und sind Verzweigungspunkte.

Glykogen (tierische Stärke) dient der Muskulatur als Energiekraftstoff. Es wird auf dem Blutweg zu den Muskelzellen transportiert und in ihnen gespeichert.

Bei der Muskelkontraktion entsteht durch Spaltung von Glykogen die Milchsäure; diese sogenannte Glykolyse findet unter anaeroben Bedingungen statt. Demnach kann der Muskel auch ohne Sauerstoff Arbeit leisten, geht dabei jedoch eine »Sauerstoffschuld« ein, die nachträglich - während der Erholungszeit - wieder gedeckt werden muß. Nach Beendigung der Kontraktion muß die Milchsäure beseitigt werden, was nur unter aeroben Verhältnissen möglich ist. Sie wird teilweise unter Energiefreisetzung bis zur Brenztraubensäure und dann über den Zitronensäurezyklus und die Atmungskette zu CO_2 und H_2O abgebaut.

Bis zu 4/5 der Milchsäure werden bei ausreichender Sauerstoffzufuhr wieder zu Glykogen aufgebaut. Diese Umkehr der Glykolyse wird Glukoneogenese genannt und findet hauptsächlich in der Leber und im Herzmuskel statt.

Glykogenspeicherkrankheiten sind Kohlenhydratstoffwechselstörungen, z.B. bei Diabetes in der Niere, und schleimige Entartungen (Mukopolysaccharidproduktion ohne Sekretion), wie sie in verschleimenden Tumoren (Gallertkarzinome) vorkommen, so z.B. bei Siegelringkarzinomen (z.B. im Magen). Dabei tritt im Zytoplasma der Zelle eine Schleimvakuole auf, die den Zellkern an den Rand drückt.
Dieser Stoffwechselweg ist von dem Nobelpreisträger O. Meyerhof um das Jahr 1920 erforscht worden.

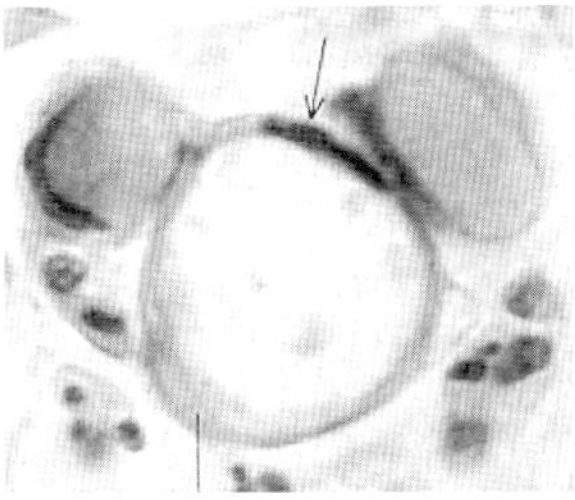

Siegelringzelle bei Gallertkarzinom (HE, 900 x).

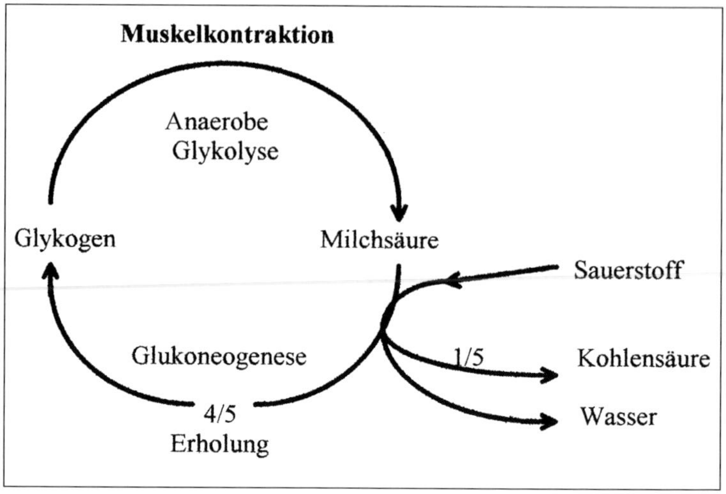

Glaesel-Meyerhof-Zyklus: Bei der Muskelkontraktion wird unter anaeroben Verhältnissen Glykogen in Milchsäure umgewandelt. Kommt es wieder zu einer ausreichenden Sauerstoffversorgung, werden 4/5 der Milchsäure wieder zu Glykogen aufgebaut, 1/5 wird als Kohlensäure abgeatmet.

Rechts- und linksdrehende Milchsäure

Bei der Milchsäure liegt eine optische Isomerie vor, da die beiden Milchsäuren zwar die gleiche Summenformel, aber eine unterschiedliche Wirkung auf polarisiertes Licht haben. Die Isomere sind D(–)-Milchsäure und L(+)- Milchsäure.

Beim anaeroben Abbau des Glykogens wird L(+)- Milchsäure gebildet. Sie ist demnach ein physiologisches Produkt aus dem menschlichen Stoffwechsel und wird daher auch Fleischmilchsäure genannt. In verschiedenen milchsauren Lebensmitteln kommen beide Arten der Milchsäure vor, wodurch sich die gegenseitigen Drehsinne aufheben, was eine optische Inaktivität nach sich zieht. Das resultierende Gemisch (DL-Milchsäure) wird als Racemat bezeichnet.

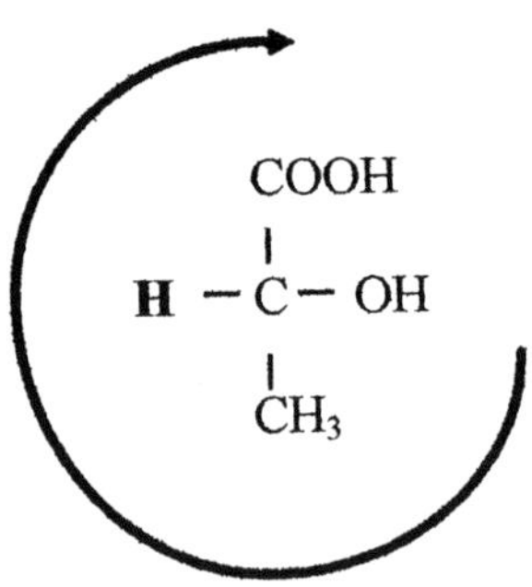

D(–)-Milchsäure (linksdrehende Form, Anhäufung im fortgeschrittenen Stadium einer Karzinomerkrankung; sog. »Gärungsmilchsäure«, Folge: Laktat-Azidose)

Nur die physiologische L(+)-Milchsäure wirkt sich im Energiestoffwechsel aus und wird für die Synthese von Glykogen herangezogen; hingegen wird die D(–)-Milchsäure praktisch nicht in den Stoffwechsel einbezogen, nur in geringem Maße abgebaut und ist auf eine Ausscheidung über die Nieren angewiesen.

Bei ihrer Anreicherung kann es zu Störungen des Milchsäurestoffwechsels kommen, welche vor allem bei chronischen Erkrankungen und Krebs auftreten. Die Krebszelle deckt ihren Energiebedarf überwiegend aus der Gärung, indem sie Kohlenhydrate zu Milchsäure abbaut. Gegenüber der rechtsdrehenden Milchsäure (aus dem Muskelstoffwechsel), bildet sich im malignen Tumorgewebe die linksdrehende Milchsäure (Gärungsmilchsäure).

Im fortgeschrittenen Stadium einer Karzinomerkrankung kommt es daher zur Anreicherung der D(–)-Milchsäure bei gleichzeitigem Anstieg von LDH im Serum und Ausbildung einer Laktat-Azidose.

Diese pathologisch angehäufte linksdrehende Milchsäure kann durch bewußte Zufuhr von rechtsdrehender Milchsäure (über die Bildung des Racemats) unschädlich gemacht werden.

Es kann in diesem Fall durchaus von Ernährungstherapie im Sinne einer Stoffwechselstabilisierung die Rede sein, wobei vermehrt milchsaure Säfte und milchsaures Gemüse auf den Speiseplan kommen.

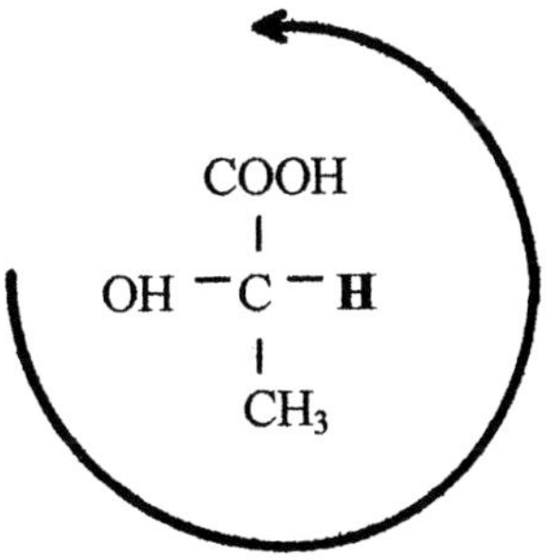

L(+)-Milchsäure (rechtsdrehende, physiologische Form aus dem Muskelstoffwechsel, sog. »Fleischmilchsäure«)

Zusammenfassung

Die in den letzten Jahrzehnten zunehmenden biochemischen und ernährungswissenschaftlichen Erkenntnisse hinsichtlich des Säure-Basen-Stoffwechsels sollten zu neuen Ansätzen in der Behandlung einer Reihe von Krankheiten führen, wie sie oben zumindest kursorisch gestreift worden sind.

Das Zusammenspiel medikamentöser und ernährungstherapeutischer Maßnahmen muß eine neue Abstimmung erfahren und kann nicht mehr länger unabhängig bzw. ungeachtet voneinander »betrieben« werden.

Somit zeigt sich auch ein völlig neuer Weg auf, der viel mehr als bisher grundlegende Störungen und Überlastungen im physiologischen Regulationsbereich berücksichtigt und wegkommt von Denk- und Therapieansätzen, die – wie derzeit – allzuoft nur eine vordergründige Symptomenbekämpfung betreiben.

Ursachen der Übersäuerung

Faktoren: Ernährung, Flüssigkeit, Lebensweise	**Säureüberschüssige, säurebildende Nahrungsmittel**	**Basenüberschüssige, basenbildende Nahrungsmittel**
Fehler in der Ernährung: • Mangelhaftes Kauen • Zu geringes Einspeicheln • Essen mit »Ablenkungsmanövern« (z.B. essen und gleichzeitig fernsehen, Zeitung lesen, telefonieren) • Hastiges Essen im Gehen und Stehen **»Basenraub«** Kostzersetzung bedeutet nicht Verdauung, sondern Gärung. Gärung macht wiederum Säure, Säure muß durch Basen abgepuffert werden. **Organuhr** Jede Nahrungsaufnahme ohne Berücksichtigung der Organuhr oder übermäßige Nahrungsmengen bedingen einen Mehrverbrauch an basischen Verdauungssekreten. **Fehler in der Flüssigkeitszufuhr:** Zu geringe Aufnahme von »leeren« Flüssigkeiten: Wasser, mildes Mineralwasser, Kräutertee. Dies führt zu verringerter Schlacken- bzw. Säureausschwemmung über Niere, Darm, Haut und Lungen. **Fehler in der Lebensweise:** Mangel an ausreichender Bewegung in frischer Luft. Gesunde Arbeit »im Schweiße seines Angesichtes«. Täglich einmal richtig schwitzen durch körperliche Arbeit oder Sport, um das Ausscheidungsorgan Haut zum Entsäuern zu bringen.	Fleisch Fleischwaren aller Art Fleischsuppen Innereien Eiklar (Eidotter ist basisch) Käse (je schärfer und salziger, um so saurer) Fabrikzucker und dessen Produkte Stark kohlensäurehaltige Getränke Kaffee Gehärtete, raffinierte Fette **Im ungefähren Säure-Basen-Gleichgewicht:** Grüne Bohnen (Fisolen) Zuckererbsen Nüsse Hirse Butter Diese Lebensmittel neigen allerdings zu Säurespendern. Bei richtiger Zubereitung mit naturbelassenen Fetten, Kräutern, anderen Gemüsen usw. können Gerichte entstehen, die im Gleichgewicht oder sogar leicht basenüberschüssig sind.	Kartoffeln Milch, Rahm Blattgemüse Wurzelgemüse Gemüsefrüchte Avocados, Tomaten Wild- und Gemüsekräuter Obst Dörrobst Mandeln Basentee **Basensuppe:** In 2 l kaltem Wasser 1/2 kg kleingeschnittene Kartoffeln mit Schale, 100–150 g Gemüse je nach Jahreszeit (Karotten, Sellerie, Petersilie, Krautblatt, Löwenzahn, Brennessel, Schafgarbe, Liebstöckl, Kerbel), Majoran, Kümmel, Zwiebeln, Knoblauch je nach Belieben in einem großen Topf aufsetzen, zum Kochen bringen und ca. 5–10 min kochen lassen. Abseihen und nur den Sud trinken. Das ausgelaugte Gemüse nicht mehr verwenden.

Basenüberschüssiger Tagesplan (Beispiel)

Morgens bzw. vormittags		Mittag		Jause / Abendessen	
1. Frühstück:		**12 Uhr bis 13 Uhr**	Rohkost mit grünem Salat, Gurke, Karotten, Rettich, Tomaten, Kräutern oder nur Blattsalate, angerichtet mit kaltgepreßtem, unraffiniertem Öl und Gärungsessig Gekochte Kartoffeln mit Quark und grünen Bohnen oder Gemüseplatte mit gekochten Kartoffeln und Kräuterquark	**15 Uhr**	1 Tasse schonend gerösteter Kaffee, Sahne oder frische Milch, 1 Scheibe feinvermahlenes Vollkornbrot mit Butter, 1 Pfirsich
6 Uhr 30	Getreideflockenmüsli mit Mandelmus, frische oder tiefgekühlte Himbeeren, etwas Reismalz, Sahne, Kräutertee oder Leinöl-Müsli (mit Äpfeln)			**17 Uhr**	1/8 l milchsauer vergorener Gemüsesaft (verdünnt)
2. Frühstück:				**18 Uhr**	1 Scheibe Vollkornbrot mit Butter oder vegetarischem Aufstrich, evtl. gedämpftes Gemüse als Beilage oder Salat (Rote Rüben, Blumenkohl, grüne Bohnen, Karotten ...)
9 Uhr	1 Scheibe feinvermahlenes Vollkornbrot mit Butter, einige Kirschen oder 1/2 Banane				
10 Uhr	1/8 l Sauermilch mit Johannisbeeren				
11 Uhr	1/8 l milchsaurer Gemüsesaft, verdünnt mit 1/8 l Wasser				

4. Ernährungssonderformen

»Umstellung in der Einstellung«

Wie sinnvoll sind derartige »Krebsdiäten«?

? Krebsdiät ?

Wie wir essen, wird den Tumor nicht heilen, was wir essen, soll aber den Tumor nicht anheizen.

Diese und ähnliche Fragen werden immer wieder an Diätberater/innen herangetragen. Die Tatsache, daß es sie gibt, ist oftmals Anlaß für Spekulationen und Versprechungen auf »Heilung«.

Es gibt keine (und wird auch nie geben) universelle heilungbringende »Krebsdiät«. Indes existiert eine Reihe von unterstützenden Ernährungsformen zur Entlastung des Stoffwechsels, wodurch den Tumorzellen ein schlechtes Terrain geboten wird und der Karzinom-Patient merklich an Lebensqualität gewinnt.

In den meisten Fällen dienen solche Sonderkostformen der Reinigung, Entgiftung oder auch als Startsignal für die lebenslange Ernährungsumstellung bzw. für die »Umstellung in der Einstellung«.

Der folgende Abschnitt ist ein Versuch, aus ernährungsphysiologischer Sicht die bekanntesten Sonderformen der Ernährungspalette zu beleuchten und nach eigenen Erfahrungswerten zu interpretieren.

Die Beschreibung bzw. kritische Bemerkung zu der einen oder anderen Ernährungsform schließt jedoch das Wissen und die Tatsache von aufsehenerregenden »Spontanheilungen« durch eine gezielte Diät nicht aus. Dies sind jedoch Einzelfälle, die niemand vorhersehen kann und daher weder auf eine andere Person übertragbar noch reproduzierbar sind.

Auch »nur gute« oder »zufriedenstellende Ergebnisse« mit einzelnen Sonderformen haben keine allgemeine Gültigkeit; dessen sollte sich jeder »Ernährungstherapeut« bewußt sein.

Ernährungs- und Diätberatung ist eine Form der Betreuung – insbesondere beim Karzinom-Patienten – die individuell abgestimmt und modifiziert werden muß.

- Breuß-Kur
- F.X.-Mayr-Kur
- Vollwertkost
- Schroth-Kur
- Haysche Trennkost
- Eiweiß-Fasten nach Wendt
- Kushi-Krebs-Diät (Makrobiotik)
- Öl-Eiweiß-Kost nach Budwig

Bei der »Breuß-Kur« (modifizierte Fastenkur gegen Krebs nach Breuß) handelt es sich um eine **radikale Saftfastenkur**, die ursprünglich in den 30er Jahren von Dr. Otto Buchinger gelehrt und von Rudolf Breuß (einem der wenigen Naturheilkundigen, die auf die Fastenkur vertrauten) überarbeitet bzw. vervollständigt wurde.

Im Gegensatz zu Dr. Otto Buchinger sen. sah Rudolf Breuß die Krankheit Krebs als eine Indikation für eine 42 Tage Saftfastenkur, wobei die göttliche Heilkraft eine sehr wichtige Rolle spielt.

Breuß hat für seine 42tägige Fastenkur ein **Saftgemisch** zusammengestellt, das in der Hauptsache aus
Roten Rüben,
Möhren,
Sellerieknollen,
Rettich und
Kartoffeln
besteht (dabei kommt dem Kartoffelsaft besondere Bedeutung zu, da er das beste basische Mittel ist).

Bereits einige Tage vor dem eigentlichen Fasten nimmt der Kranke täglich 1/4 der Säftezusammensetzung zu sich, um sich daran zu gewöhnen.

Die **sehr reichliche Flüssigkeitszufuhr** mit
Nierenteemischung,
Salbei,
Storchenschnabeltee und
Ringelblumentee (usw.)
vervollständigt die Kur.

Nach seinen Angaben will Breuß bereits über 1000 Krebskranke mit dieser Kur geheilt haben, sofern die Kranken nicht schon mit Bestrahlungen und Chemotherapie vorbehandelt wurden.

Hinzu kommt noch die Problematik des Abtransportes von Stoffwechselgiften und freien Radikalen, die teils beim Fasten allgemein und speziell bei Tumorzerfall (insofern dies tatsächlich stattfinden sollte) gezwungenermaßen entstehen.

Wenn überhaupt, müßte die Breuß-Kur unter ständiger ärztlicher Kontrolle durchgeführt werden, es müßte unbedingt für eine möglichst optimale Ausscheidung (evtl. Unterstützung durch Tees, homöopathische Präparate, manuelle Lymphdrainage nach Dr. Vodder und/oder Kneipp- Anwendungen . . .) und für die Substitution von Radikalfängern gesorgt werden.

Ich unterstütze und begleite die Kur mit allen notwendigen Kontroll- und Vorsichtsmaßnahmen, jedoch nur auf ausdrücklichen Wunsch der Patienten, die überzeugt sind, die Kur durchführen zu wollen, und auch stark daran glauben, dadurch geheilt zu werden.

Breuß-Kur

Zitat:
»Die Krebsgeschwulst muß während der Fastenkur vom Körper selbst aufgezehrt werden; wer mit dem Fasten Bescheid weiß, dem leuchtet dies ein, denn beim Fasten scheidet der Körper all das aus, was nicht in den Körper hinein gehört, und er trennt in der Tat alles Krankhafte vom Gesunden, solange noch der Körper über die körperlichen Kraftreserven verfügt und der Kranke den starken Glauben an die in ihm vorhandene göttliche Heilkraft besitzt.«

Zitat:
»Wer die seelisch-geistige Seite beim Fasten übersieht, der wird nicht weit kommen. Wir müßten uns ja immer im klaren darüber sein, daß der Glaube das universelle Heilungsprinzip ist, und daß man ohne ihn nur wenig erreichen wird.«

Kritik:

Die Breuß-Kur kann auch heute nicht als effektive Krebstherapie anerkannt werden. Es kommt immer zu starken Gewichtsverlusten und Eiweißmangelzuständen und nicht selten zu Stoffwechselstörungen (Blockaden) aufgrund des Übermaßes an lymph- bzw. harnpflichtigen Substanzen, die den Krankheitsverlauf eher negativ beeinflussen.

F.X.-Mayr-Kur

Eine in zahlreichen Fastenkliniken angebotene Kur ist die sogenannte **Regenerationskur nach F.X. Mayr.**

Je nach den zuvor diagnostizierten Bedürfnissen der Patienten werden wahlweise eine Teefastenkur, eine Milch-Semmel-Diät oder eine milde Ableitungsdiät angeboten. Neben Bädern und Massagen gehören Kneipp-Anwendungen und Spezialbehandlungen zum Programm.

Zielsetzung ist eine größtmögliche Entschlackung und Regeneration des Körpers, die Gewichtsabnahme ist quasi ein Nebeneffekt. Ein positiver Einfluß auf zahlreiche ernährungsabhängige Krankheiten (inkl. Krebs) soll (kann) ebenfalls erreicht werden.

Bei dieser Kur ist zusätzlich darauf zu achten, daß keine Kuhmilchunverträglichkeit bzw. unterschwellige Allergie gegen Kuhmilcheiweiß besteht. In diesem Fall müßte die Milch-Semmel-Diät modifiziert werden, indem statt Kuhmilch Ziegenmilch, Schafmilch, Mandel- oder Reismilch, Kräutertee oder Sojamilch verwendet wird.

Kritik gibt es auch gegenüber dem morgens vorgeschriebenen Bittersalz, das von einigen Patienten als sehr unangenehm empfunden wird (bezüglich Geschmack und Wirkungsweise), wobei sich auch dafür immer wieder akzeptable Alternativen finden lassen.

Als sehr wichtig erscheint mir die ernährungstherapeutische Vorbereitungsphase wie auch die Zeit »danach« in Form der **»milden Ableitungsdiät«** nach F.X. Mayr, welche ohne Zweifel den Verdauungstrakt unterstützt und nicht – wie unsere »Normalkost« – belastend wirkt; nach dem Motto von Hippokrates: »Eure Nahrungsmittel sollten Heilmittel – Eure Heilmittel sollten Nahrungsmittel sein.«

Kritik: ✓

Die Mayr-Kur wie auch die milde Ableitungsdiät stellen nach wie vor einen wesentlichen Baustein in der Therapie von Tumorerkrankungen dar. Sie gewährleisten einen guten Start in Richtung Darmsanierung und Symbioselenkung. Die Kur wird vorzugsweise einmal pro Jahr durchgeführt und trägt gut zur Stabilisierung des Darmmilieus bei.

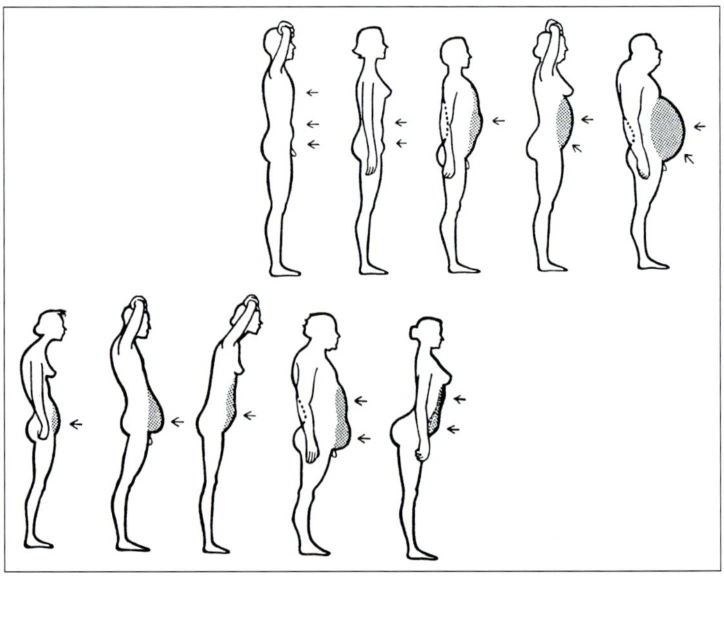

Die Bauch- und Haltungsformen nach F.X. Mayr.

Vollwertkost

Unter dieser Ernährungsform sind verschiedene Richtlinien von bekannten und anerkannten Ernährungsforschern, wie z.B. Kollath, Schnitzer, Bruker, Bircher-Benner (um die wichtigsten zu nennen), einzureihen.

Sie alle hatten unterschiedliche, teilweise recht radikale Ideen, denen jedoch ein sogenannter »goldener Leitfaden« zugrunde liegt:

Die **Beachtung des Säure-Basen-Gleichgewichts**:

Leitsatz:
»Die Nahrung ist nur so gut, wie sie vom Konsumenten aufgeschlossen, verdaut und vertragen wird.«

Vermeidung von
- weißem, raffiniertem Zucker, künstlichen Süßstoffen,
- Weißmehl und -produkten,
- gehärteten, denaturierten Industriefetten,
- Schweinefleisch, Innereien und Fleischbrühen,
- Zusatzstoffen wie Emulgatoren, Stabilisatoren, Farb- und Geschmacksstoffen,
- Konservierungs- sowie Düngemitteln,
- Tabak, Alkohol und anderen Genußmitteln.

Daraus ergibt sich die Liste der Nahrungsmittel, die zu bevorzugen sind:
- Vollkornprodukte aus kontrolliertem biologisch- dynamischem Anbau (Mehle, Flocken, Körner . . .)
- Obst und Gemüse möglichst frisch, roh oder schonend gegart,
- Fette und Öle unraffiniert mit geringer Hitzebehandlung
- Fleisch- und Wurstprodukte von artgerecht gehaltenen Tieren (großteils wird jedoch ganz auf Fleisch verzichtet)
- Fisch ca. zweimal /Woche
- Milchprodukte als Rohmilch oder mit milder Säuerung, hoher Anteil an rechtsdrehender Milchsäure
- Süßungsmittel sind Reismalz, Zuckerrübensirup, Honig, Ahornsirup, Vollrohrzucker...
- Große Mengen an Wasser, Kräutertee, verdünnte, naturbelassene Säfte.

Auch bei dieser Ernährungsweise soll eine individuelle Beratung angestrebt werden, um die richtige Form der Vollwertkost für die jeweilige Lebensweise herauszufinden.

Von dieser Kostform leiten sich spezielle Formen ab wie die
- Ovo-lakto-vegetabile Kost,
- lakto-vegetabile Kost oder die rein
- vegetarischen Formen (Veganer), wozu unter anderem auch die makrobiotische Ernährung zählt.

Die beiden erstgenannten sind mit einigem Wissen über die Grundlagen der Ernährung und über ausgewogene Kostzusammenstellung auch in unseren Breitengraden vertretbar.
Je extremer die Ernährungsgewohnheiten werden, desto unphysiologischer und risikoreicher werden sie bezüglich Mangelerscheinungen (hauptsächlich im Bereich der Proteine, Mineralstoffe, Vitamine: B-Komplex, C, K).

Kritik: ✓

Vollwertkost bedeutet nicht Rohkost und Körner um jeden Preis, vor allem dann, wenn die Zustände und das Allgemeinbefinden alles andere als physiologisch und angenehm sind.

Individuelle Anpassung an die körperliche Verfassung des Betreffenden ist oberstes Gebot.

Schroth-Kur

Eine weitere Abwandlung des totalen Fastens ist die sogenannte Schroth-Kur, im 19. Jahrhundert entwickelt von Johann Schroth, einem Bauern und späteren Naturheilkundler. Sie wird ebenfalls unter ärztlicher Aufsicht in Sanatorien mit einer Kurdauer von 3–4 Wochen durchgeführt.

Als einzige Lebensmittel sind erlaubt:
- trockenes Gebäck,
- wenig Reis oder Grieß und
- leichte Gemüsesuppen.

Die dringend notwendige Flüssigkeit liefern Tees und bis zu 1,5 Liter Wein (!) je Woche.

Trocken- und Trinktage mit unterschiedlicher Flüssigkeitsaufnahme wechseln sich ab.

In einem klinischen Versuch nahmen die Teilnehmer im Verlauf einer 3wöchigen Schroth-Kur 11–12 Kilogramm ab; weitere positive Effekte waren der Abfall des arterioskleroseférdernden Cholesterinanteils (LDL-Cholesterin) und eine Senkung des Blutdrucks. Der durch den Abbau des Körpereiweißes bedingte Harnsäureanstieg muß medikamentös behandelt werden.

Außerdem ist die Alkoholaufnahme, gemessen an der insgesamt geringen Flüssigkeitszufuhr, besonders an den Trockentagen, doch etwas zu hoch.

Abgesehen von der Alkoholmenge dürfen auch der Gehalt an Pestizid- und Herbizidrückständen, schwefel- bzw. quecksilberhaltigen Verbindungen und der hohe Säureanteil des Weines nicht außer acht gelassen werden.

Kritik:

Es ist nicht erstrebenswert, einer Entschlakkungs- bzw. Entgiftungskur mit Medikamenten entgegnen zu müssen, um deren Auswirkungen wieder zu beseitigen.

Um die hohen Mengen an Schadstoffen zu kompensieren, müßten zumindest Radikalfänger in entsprechenden Dosen verabreicht werden. Dadurch könnte der vorprogrammierte Schaden einigermaßen »abgefangen« werden.

Möglicherweise stammt die ursprüngliche Idee zu dieser Fastenkur aus einer Zeit, als die Böden noch gesund und die Reben noch kaum von Schädlingen befallen waren.

Die Haysche Trennkost berücksichtigt die Chemie des Körpers insofern, als sie in einer Mahlzeit Kohlenhydrate und Eiweiß voneinander trennt.

Nach Überlegungen von Dr. Hay und Dr. Walb führen die unüberlegte Mischung von Eiweiß, Kohlenhydraten und Fett sowie die Vernachlässigung der Spurenelemente zu Stoffwechselerkrankungen einschließlich Krebs.

Bei dieser Kostform ißt man Eiweiß und Gemüse mittags und Kohlenhydrate (Stärkemehl) mit Gemüse abends. Aus der untenstehenden Nahrungsmitteltabelle ist die Kostzusammensetzung nach Dr. Hay zu ersehen.

Auch diese Kostform kann nicht als universelle Krebsdiät angesehen werden, man muß ihr aber sehr wohl große Erfolge bei der Behandlung von Verdauungsstörungen (**Dyspepsien**) zugestehen.
In den meisten Fällen muß man mit Gewichtsverlustenvon ca. 3–5 kg KG pro Monat rechnen. Daher erscheint es wichtig, den Patienten über diese evtl. eintretende Tatsache zu informieren bzw. die Kost nur dann zu empfehlen, wenn der Allgemeinzustand des Betroffenen eine Gewichtsreduktion ohne gesundheitliche Einbußen zuläßt.

»Ißt man Eiweiß und Kohlenhydrate zusammen, so erfolgt eine stets ungenügende Verdauung der Stärkemehle, die dann im feuchten und warmen Milieu des Darmes gären.«

Haysche Trennkost

»Die Nahrung sollte in erster Linie aufbauen, in zweiter Linie erfreuen und schließlich mit den Gesetzen der Chemie im Einklang stehen. Die allgemein übliche Ernährung verwirrt die Verdauung, da Eiweiß und saure Früchte Säurelösungen, bzw. Stärke und Zucker Basenlösungen zur Verdauung verlangen.«

Die Verdauung der Stärke beginnt bereits im Mund durch das Ptyalin des Speichels, die Eiweißverdauung beginnt im Magen durch Pepsin auf Säuregrundlage.

Kritik: ✓

Die Trennkost berücksichtigt die Tatsache, daß die gemeinsame Aufnahme von Kohlenhydraten und Eiweißen massiv Gärung und Fäulnis begünstigt; sie stellt daher eine sehr gute Maßnahme zur Behandlung von Dysbiosen dar.

Eiweißfasten nach L. Wendt

Prof. Wendt und Frau Petri beschreiben in ihrem Buch die sogenannte **Eiweißmast** als Grundrisikofaktor für Stoffwechselstörungen bzw. -entgleisungen wie Diabetes, Hyperurikämie, Hypertonie, Hypercholesterinämie, Adipositas und nicht zuletzt Krebs.

Die Theorie von Wendt besagt, daß überschüssiges Eiweiß, das mit der Nahrung aufgenommen wird, nicht immer und nicht über (lebens-)lange Zeit über den Harnstoffzyklus eliminiert werden kann, sondern in Form von »Stausubstanz« bzw. Kollagen gespeichert wird.

Der Mensch besitzt demnach (entgegen der bisherigen Anschauung) sehr wohl **Eiweißspeicher**, die letztendlich die Wurzeln des Übels darstellen.

Es wird zwischen drei verschiedenen krankmachenden Speichermöglichkeiten unterschieden:

- Interstitielles Bindegewebe,
- Blut und
- Arterienwand.

Da nach Wendt Speicher entleert werden können, sind Speicherkrankheiten heilbar bzw. können chronische Erkrankungen und auch Krebs von seiten der Stoffwechsellage positiv beeinflußt werden.

1. Stufe:

- Das Leeren der Speicher beginnt mit einem vierwöchigen strengen Eiweißfasten, wobei auf jegliches tierisches Eiweiß und auf die pflanzliche Eiweißquelle Soja verzichtet werden soll.

2. Stufe:

- Danach kann die Rückkehr zur modifizierten gewohnten Kost erfolgen, wobei auf eine streng vegetarische Mahlzeit pro Tag und einen vegetarischen Tag pro Woche großer Wert gelegt werden soll.

- Dieses 4-Wochen-Programm kann je nach Befinden und Laborwerten halbjährlich bis einmal pro Jahr wiederholt werden.

Insgesamt betrachtet bringt das Eiweißfasten nach Wendt sowohl subjektiv positive Ergebnisse (seitens der Patienten) als auch objektiv signifikante Veränderungen in Richtung Normalisierung der Stoffwechselwerte.

Kritik: ✓

Das Eiweißfasten kann als eine **sehr gute unterstützende Maßnahme in der Therapie von chronischen Erkrankungen inklusive Tumorerkrankungen** angesehen werden.

Budwig-Diät (Öl-Eiweiß-Kost)

Nach neuesten wissenschaftlichen Erkenntnissen kommt der Wirkung der mehrfach ungesättigten Fettsäuren in der Krebsbehandlung eine zunehmende Bedeutung zu. So wird auch die in Vergessenheit geratene und als überholt betrachtete Öl-Eiweiß-Kost nach Dr. Johanna Budwig wiederentdeckt.

Im Rahmen der Öl-Eiweiß-Kost stellt die Harmonie der Fette mit den Eiweißen (leichtverdauliches Milcheiweiß in Form von Magerquark) die Basis einer ausgewogenen, vollwertigen Ernährungsform (Aufbaukost) dar.

»**Hauptgericht**« ist das Leinöl-Müsli (ein Öl-Eiweiß-Müsli, von Dr. Budwig zusammengestellt), das zum Frühstück mit Obst gegessen, jedoch in abgewandelter Form auch tagsüber, z.B. als Mayonnaise oder Salatdressing, verwendet wird.

Das **hochwertige, unraffinierte Leinöl** stellt nach Budwig den zentral wichtigen Wirkstoff unserer Zeit dar. Es genügt nicht, die schädlichen Fette und chemischen Konservierungsmittel sowie künstliche Farbstoffe zu meiden. Nur der richtige Einsatz der hochaktiven Nahrungsfette (Leinöl und naturbelassene Streichfette) gewährleistet eine optimale Nahrungsverwertung und die damit verbundene Zellneubildung bzw. ausreichende Energiegewinnung.

Mittags und abends stehen fleischlose Gerichte auf dem Speisezettel. Zum Mittagessen werden Rohkost (als Vorspeise sollen grüne und andere Blattsalate sowie geraspelte Rübengemüse, Rettich, Kohlrabi u.a.Verwendung finden) mit Leinöl und/oder Kürbiskernöl*, frisches Gemüse, Kartoffeln oder Getreidegerichte empfohlen. Als Nachtisch gibt es eine Quark-Leinöl-Speise.

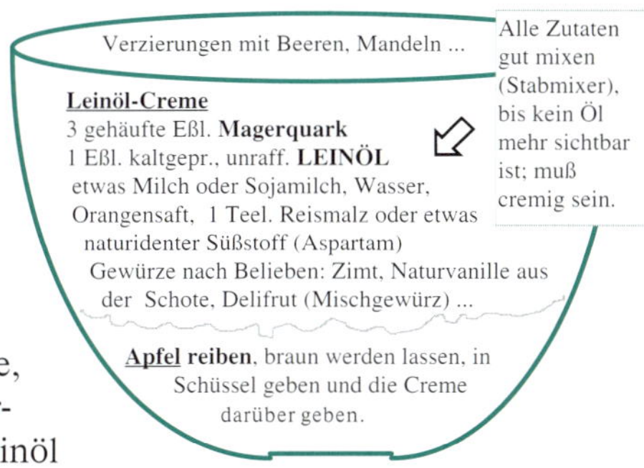

Die **Abendmahlzeit** soll nicht sehr umfangreich sein und nicht nach 18 Uhr eingenommen werden, die Auswahl reicht hier von warmen Getreidegerichten bis zu warmen Suppen bzw. roh geriebenen Früchtespeisen oder vegetarischen Brotaufstrichen.
Getränke: Speziell Sauerkrautsaft und Sauermilch (vor dem Frühstück) erlaubt. Tagsüber nur Muttersäfte (Obst- oder Gemüsesäfte ohne Konservierungsmittel und ohne Zuckerzusatz), Wasser sowie Kräuter- und Früchtetees.

Der Ausschaltung von schwerverdaulichen, herkömmlichen Fetten, Konserven aller Art, Zucker und allen Konditor- sowie Fleisch- und Wurstwaren wird eine besondere Bedeutung beigemessen.
Hauptbestandteile:
Leichtverdauliche, leicht verfügbare Energie und Spannkraft liefernde Öle und Fette (Leinöl und als Streich- und Kochfett Diasan), frisches Obst, Gemüse und Getreide.

Kritik: ✓

Die Öl-Eiweiß-Kost nach Budwig stellt eine **empfehlenswerte ergänzende Vollwertnahrung und Aufbaukost** dar.

* Da es sich beim Kürbiskernöl um ein schwerverdauliches Öl handelt, das auch vom Fettsäuremuster eher als minderwertig eingestuft wird, ist es empfehlenswert, statt dessen unraffiniertes Distelöl zu verwenden. Dadurch ist auch eine bessere Versorgung mit Omega-3- und Omega-6-Fettsäuren gewährleistet.

Kushi-Krebs-Diät (Makrobiotik)

Die Wurzeln dieser makrobiotischen Lehre lassen sich etwa 5000 Jahre auf den chinesischen ZEN-Buddhismus und andere Lehren zurückverfolgen. Diese ostasiatische Philosophie verspricht Glück, Freiheit, Kultur und Frieden. Dabei spielen die gegensätzlichen Kategorien **Yin und Yang** eine tragende Rolle. Diese Kräfte gilt es im Gleichgewicht zu halten.
Die Störung dieses Gleichgewichtes – so meinen die Anhänger dieser Lehre – sei Ursache aller Krankheiten, auch der Krebserkrankung.

Kritik:

Die makrobiotische Lehre ist, weil völlig unwissenschaftlich und gesundheitsgefährdend, **als allgemeine Ernährungsweise oder spezielle Krebsdiät abzulehnen,** da sie den heutigen ernährungsphysiologischen Anforderungen nicht entspricht und als nicht bedarfsdeckend eingestuft werden muß.
Bei kritischer (mitteleuropäischer) Betrachtung dieser fernöstlichen Philosophie bleibt nur übrig, daß durch die makrobiotische Lebensweise die Hoffnung auf Krebsheilung geweckt wird, die jedoch nicht erfüllbar ist.

Die Lebensmittel werden hierbei genauso **nach Yin und Yang** unterschieden wie die Krebserkrankungen.
In einer umfangreichen Liste werden für jede Krebsart die Ernährungsfaktoren angegeben, die mit hohem Risiko für die Krebsentstehung verbunden sein sollten. Beispiele: Ursache des

- Ovarialkarzinoms sind Fleisch, Hartfett, Eier, tierisches Eiweiß, Milchprodukte und Öl,
- des Gebärmutterkrebses Öl, Fett, Zucker, Fleisch, Milchprodukte und Weißmehl.

Für die praktische Ernährungsweise sowohl für Gesunde als auch für Kranke gibt die makrobiotische Lehre Empfehlungen, wie Yin und Yang in ausgewogenem Verhältnis zueinander stehen können. Es werden zehn Stufen des richtigen Essens und Trinkens unterschieden, wobei die Stufenfolge von –3 bis +7 erfolgt.

In der niedrigsten Stufe –3 werden z.B. 10% Getreideprodukte, 30% Gemüse, 10% Suppe, 30% tierisches Eiweiß, 15% Salate und Früchte und 5% Nachtisch verzehrt.

Dieses Verhältnis steigert sich bis zur höchsten Stufe +7, die nur noch aus 100% Zerealien (Getreide und einfache Getreideprodukte) besteht.

Flüssigkeiten sollen so wenig wie möglich getrunken werden (!).

Generell verboten sind:

- Denaturierte Nahrungsmittel wie Zucker, gesüßte Getränke, gefärbte Nahrungsmittel, Konserven, chemisch durch Dünger oder Ernteschutzmittel behandelte Pflanzennahrung, ferner Tee und Kaffee.
- Alle tierischen Nahrungsmittel (Fleisch, Fleischprodukte, Milchprodukte), da sie als chemisch behandelt angesehen werden.

Erlaubt sind dagegen Wild, Fisch und Muscheln (obwohl auch diese Nahrungsmittel einer ähnlichen Fremdstoffbelastung ausgesetzt sind, ganz abgesehen von der nach wie vor radioaktiven Belastung bei Wild).

Verdorbenes oder verschimmeltes Getreide könne man gefahrlos essen, es würde sogar besser verwertet, da Verdauung und Zersetzung in die gleiche Richtung gingen. (Bekanntlich können aber bei der Schimmelbildung krebserregende Stoffe entstehen – Aflatoxine!).

Die makrobiotische Ernährung der höheren Stufen von +4 bis +7 ist so einseitig, daß sie bei konsequenter Einhaltung zum Tode führen kann, was in den USA auch tatsächlich der Fall war.
Diese einseitige Ernährung kann zu Anämie (Eisenmangel), Skorbut (Vitamin-C-Mangel), Eiweiß- u. Kalziummangel führen.

Andererseits werden 30–50 Gramm Meersalz täglich empfohlen – ein Risikofaktor für das Entstehen von Bluthochdruck, gefährlich aber auch, weil salzreiche, flüssigkeitsarme Kost den Wasser- und Elektrolythaushalt im Organismus stören kann: Die Ausscheidung von Salz ist an eine bestimmte Menge Flüssigkeit gebunden.

Allgemeine Richtlinien für eine moderne, gesunderhaltende Ernährung

1e

Ernährungs-fahrplan gesunde Basis

Indikation:

Allgemeine Richtlinien

Onkologie:

Prävention, adjuvante, rezidiv- und metastasenfreie Periode, gute subjektive Befindlichkeit

Ausgabe 1997

Eva-Maria Steinkellner
Dipl. DA & EMB

Indikation:

Allgemeine Richtlinien für eine moderne, gesunderhaltende Ernährung

Onkologie:

Prävention, adjuvante, rezidiv- und metastasenfreie Periode, gute subjektive Befindlichkeit

Ernährungsfahrplan Basisplan

zur Unterstützung und Entlastung des Stoffwechsels nach den Richtlinien für eine moderne, gesunderhaltende Ernährung

Eva-Maria Steinkellner, *Dipl. DA & EMB*

zu aller Anfang

3 wichtige Regeln

- Mäßige Ernährung: 3 Mahlzeiten, bei Verdauungsbeschwerden 5 bis 6 kleine Mahlzeiten über den Tag verteilen.
- Langsam essen, gut kauen: bewußt essen ohne andere Tätigkeiten wie z.B. fernsehen, lesen …
- Ausreichend Flüssigkeit: »leere« Getränke, 2 bis 2,5 Liter täglich.

Vermeide

Jegliche Art von Zucker und Weißmehl sowie alle daraus hergestellten Speisen.
Ferner überreifes Obst und Honig, Ahornsirup, Birnendicksaft.

Schweinefleisch, Schweinefett sowie alle Folgeprodukte: Speck, Wurst, Schinken

Geräuchertes, Gepökeltes

Innereien jeder Art

Alle raffinierten und denaturierten Produkte industrieller Herkunft (Fertigprodukte, Konserven …)

Zusatzstoffe wie Konservierungsmittel, Geschmacksverstärker u.a.

Alkoholika, Nikotin

Verdorbene, verschimmelte, teilweise faulende Nahrungsmittel speziell bei Brot, Getreide, Nüssen (Gefahr der Aflatoxinvergiftung)

Allgemeine Anleitung und Übersicht

Als günstig empfohlen	Günstig aber Menge einschränken	Ungünstig
Nahrungsmittel, die das Krankheitsgeschehen positiv beeinflussen, bzw. keinen nachteiligen Effekt erwarten lassen. Produkte, die im Austausch zu bisher gewohnten verwendet werden sollen. Lebensmittel, die einzeln oder in Kombination mit anderen zur Abdeckung des täglichen Nährstoffbedarfes dienen.	Nahrungsmittel, die nicht als ungünstig zu bezeichnen sind, jedoch limitiert sind, da sie sich in größeren Mengen negativ auswirken können. Beispiel: ❶ Nahrungsmittelunverträglichkeiten bzw. Auftreten von Allergien beim Verzehr von Milchprodukten oder bestimmten Getreidesorten. ❷ Der limitierte Genuß von Kartoffeln, die aufgrund ihres hohen Stärkegehaltes nur maximal 2mal pro Woche verwendet werden sollten. ❸ Zeitweiser Verzicht oder Reduktion von Hülsenfruchten oder Kohlgemüsen, die bekanntlich häufig zu Völlegefühl und Blähungen führen. (Insbesondere nach Operationen und evtl. nach Chemotherapie zu beachten.)	Nahrungsmitel, die aufgrund ihrer Beschaffenheit das Tumorwachstum anheizen können oder sich in bezug auf die veränderte Stoffwechsellage als nicht zuträglich erwiesen haben. Beispiele: ❶ Schnell resorbierbare **Kohlenhydrate** und alle daraus hergestellten Produkte wie Eiscreme, Schokolade, Bonbons, Mehlspeisen ... ❷ Fertigprodukte oder Halbfertigprodukte mit Zusätzen von Konservierungsstoffen, Geschmacksverstärkern, künstlichen Aromen und dgl. ❸ Alkohol täglich bzw. in größeren Mengen ❹ Konserven, »fast food«

Als günstig empfohlen	Günstig aber Menge einschränken	Ungünstig

Kohlenhydrate

Als günstig empfohlen	Günstig aber Menge einschränken	Ungünstig
Vollgetreide: Weizen, Roggen, Hafer, Gerste, Hirse, Grünkern, Buchweizen, Mais, Reis, Dinkel, Amarant. Vollgetreide in Form von ganzem Korn, Mehl, Schrot, Flokken, Grieß, Nudeln oder verbacken zu Brot – je nach Geschmack und Verträglichkeit. Das Getreide sollte möglichst **aus biologisch-dynamischem Anbau** und **gut gereinigt** bzw. **frei von Mykotoxinen (Pilzbefall)** sein. **Vollkornbrote** sind leichter und besser verträglich – speziell in der ersten Phase der Umstellung auf vollwertige Ernährung –, wenn sie feinvermahlen, ohne Zusätze von gerösteten Kernen (Sonnenblumen- oder Kürbiskerne), ohne Körner oder grobe Schrotanteile verzehrt werden. Bei **Vollkornnudeln** eignen sich zu Beginn vor allem Hirse-, Reis-, Buchweizen- oder Dinkelvollkornnudeln, da sie leichter und bekömmlicher sind als die etwas dunkleren, mitunter auch derben Weizenvollkornnudeln.	Verträglichkeit in bezug auf Schrotbrote, Beimengungen von Kernen, ganzen oder grob gebrochenen Getreidekörnern, Samen oder Nüssen. (Verträglichkeit = Gefahr von vermehrter Gasbildung, Völlegefühl, Durchfall oder Verstopfung) **Kartoffeln** sollten wegen ihres hohen Stärkegehaltes maximal 2mal pro Woche verzehrt werden; außerdem würden sonst die anderen Getreidesorten und damit auch die Abwechslung beim Speiseplan zu kurz kommen. Kartoffeln am besten gekocht, gedämpft oder ohne Fett im Rohr gebacken.	**Weißmehlprodukte und schnell resorbierbare Kohlenhydrate:** Zucker in jeder Form; Konditorwaren, Kuchen, Torten, Schokolade, Bonbons, Speiseeis, kandierte Früchte ... Fruchtzucker, Ahornsirup, Birnendicksaft, Gelierzucker, Zuckerrübensirup, Melasse, Yobisweet, Kandiszucker, Honig, Dattelpulpe, Vollrohrzucker ... Herkömmliches Gebäck aus Weiß- (Auszugs-)mehl; Semmeln, Schwarz- bzw. Mischbrot (die dunklere Farbe stammt vom Roggenmehl oder vom beigefügten Zuckercouleur, es bleibt jedoch ein Brot aus Weißmehl). Teigwaren aus Weißmehl, geschälter, weißer Reis, Stärkepulver (Maizena, Pudding). Halb- und Fertigprodukte: Kartoffelpüree, Kartoffelteig, div. »bio«-Vollwert-Trockenaufbereitungen wie z.B. Getreidelaibchen, Gemüseröllchen ... Pommes frites, Chips u. dgl. Die Zufuhr von zusätzlicher Weizenkleie ist aufgrund der hohen Ballaststoffzufuhr durch Vollkornprodukte überflüssig, außerdem ist sie reich an Phytinsäure, welche wiederum die Resorption von Spurenelementen, vor allem Fe, Zn, Cu, Se, hemmt.

Fette

Als günstig empfohlen	Günstig aber Menge einschränken	Ungünstig
Es sollten in erster Linie **unraffinierte, ungehärtete Fette und Öle** verwendet werden. Butter, Reformmargarinen aus unraffinierten Ölen, nicht chemisch gehärtet, z.B. Eden, Eden spezial, Alsan, Vitaquell, »iß fünf«, Naturata. Unraffinierte, kaltgepreßte Öle mit einem **hohen Anteil an mehrfach ungesättigten Fettsäuren** sind zu bevorzugen; Leinöl (therapeutischer Effekt - Öl-Eiweiß-Kost nach Budwig), Distel-, Sonnenblumen-, Sesam-, Raps-, Mohn-, Olivenöl ... Zum Rohgenuß: 1–2 Eßl. von z.B. Leinöl kalt ohne vorherige Erhitzung auf Salate, über gekochtes Gemüse oder Kartoffeln, mit Magerquark verrührt oder einfach aufs Brot. Zum Kochen: Olivenöl oder Eden- bzw. Vitasieg-Margarine zum Dünsten, Anschwitzen (die Temperatur muß so niedrig sein, daß keine Rauchentwicklung entsteht). Vegetarische Schmalzaufstriche als Brotbelag bringen Abwechslung, z.B. Holsteiner, Hamelner, Wiener Schmelz ...	Butter (Sauerrahm-, Sommer-, Bauernbutter) als Streichfett in kleinen Mengen. Schlagsahne, Sauerrahm je nach Verträglichkeit und abhängig von der Stoffwechselaktivität (Labor). Kürbiskern- und verschiedene Nußöle. Frittieren, Herausbacken möglichst selten, stets unter Verwendung von unraffiniertem Kokosfett (Eden, Naturavit).	Alle **herkömmlichen raffinierten** und/oder **gehärteten** Fette bzw. **denaturierten** Öle und daraus hergestellte Margarinen, wie z.B.: Rama, Vita, Thea, Becel ... Öle: Bona, Osolio, Mazola, Vita, Becel, Kronen ..., wenn sie nicht ausdrücklich als unraffiniert deklariert sind. Butterschmalz, Grammelschmalz, Brotaufstrich aus Schweinefett (Verhackertes).

Als günstig empfohlen	Günstig aber Menge einschränken	Ungünstig

Kräuter und Gewürze

Alle Küchenkräuter und natürliche Küchengewürze; frisch, getrocknet, tiefgekühlt oder gefriergetrocknet. **Bei Gewürzmischungen unbedingt darauf achten, daß sie frei von Geschmacksverstärkern, künstlichen Aromen und Farbstoffen sind.** Sparsamer Umgang mit Salz, statt dessen mehr und verschiedene evtl. seltenere Kräuter und Wurzeln einsetzen, z.B. Estragon, Liebstöckel, wilder Majoran, Schabzigerklee, Rosmarin, Kerbel, Koriander, Basilikum, Bohnenkraut, Thymian, Salbei, Weinraute, Gelbwurzel (Kurkuma), Ingwer, Sandelholz, Piment u.v.a.m. Küchenkräuter liefern metallische Spurenelemente, die notwendige **»Basenträger«** darstellen.	Meersalz und Kräutermeersalz Tamari (Sojasauce) und Shoyu stellen den vegetarischen und obendrein noch sehr mineralstoffreichen »Maggiersatz« dar. Miso (in verschiedenen Stärken erhältlich) ist ein fermentiertes Produkt aus Sojabohnen oder Getreide mit Meersalz – eines der besten Darmtherapeutika, besonders während und nach Durchfallerkrankungen. Achte auf die Verträglichkeit von Paprika, Chili oder Pfefferoni.	Senf, Ketchup, fertige Mayonnaisen, handelsübliche Salatsaucen und Dressings, die Natriumglutamate u.ä. enthalten. Gesalzene und gepökelte Waren

Es lohnt sich gerade im Würzbereich, auf **einheimische Qualität** zu achten; ausländische Gewürze und -mischungen sind häufig bestrahlt oder chemisch konserviert.

Suppen

Selbstgemachte Suppen aus Gemüse oder Gemüsebrühwürfel (**ohne** Geschmacksverstärker) wie z.B.: Biofit, Cenovis, Vitam-R, Naturata.		Selbstgemachte und vorgefertigte Knochen- und Fleischextrakte mit Geschmacksverstärkern (Maggi, Fondor, Knorr …), Suppen- u. Saucen-Basis.

Als günstig empfohlen	Günstig aber Menge einschränken	Ungünstig
Getränke		
Alle Sorten von Kräutertees, Leitungswasser bzw. »Umkehrosmose-Wasser«, Volvic, Getreidekaffee, Feigen-, Malz- und Zichorienkaffee. Mildes Mineralwasser (wenig Kohlensäure). Miso-Suppe als morgendliches Basisgetränk.	Mineralwasser, Früchtetees (manchmal schlechte Akzeptanz, da zuviel Säure) 1 x pro Tag röststoffarmer Filterkaffee, z.B. Idee, Organico, Cubita, Pueblo. In Ausnahmefällen: Diätlimonaden mit Zusätzen von Aspartam oder Acesulfam, z.B. Punica.	Limonaden (Cola, Cola light, Fanta, Sprite, Tonic, Almdudler), Fruchtsirupe und handelsübliche »Iso- bzw. Energy Drinks« (Isostar, Red Bull ...) Herkömmlicher und koffeinfreier sowie »magenfreundlicher« Kaffee
Süßungsmittel		
Naturidente Süßstoffe: Aspartam, Acesulfam, Isomalt. (Naturident = auf Aminosäurenbasis, ohne Zyklamat und Saccharin). Erhältlich als: Canderel, Assugrin gold, Kandisin Gourmet in Form von Plättchen oder Streupulver.	Melasse in kleinen Mengen zum Verkochen, Backen (Germteig); max. 1 gestr. Teel./Tag	Herkömmliche Süßstoffe wie Assugrin, Natreen, ... Zuckeraustauschstoffe sind **nur** für Diabetiker geeignet, z.B. Sorbit, Xylit ... Frusello ... Fruchtzucker, Traubenzucker u. dgl.

Indikation:

Onkologie:

zur Erhaltung einer guten subjektiven Befindlichkeit während chemisch-toxischer Therapien, insbesondere bei adjuvanter, aber auch palliativer Chemotherapie

Ernährungsfahrplan Begleitung Chemotherapie adjuvant, palliativ

Verbesserung der subjektiven Verträglichkeit, mögliche Erhöhung der Effizienz zelltoxischer Therapien

Eva-Maria Steinkellner, *Dipl. DA & EMB*

zu aller Anfang

3 wichtige Regeln

- 5 bis 6 kleine Mahlzeiten über den Tag verteilt bis spätestens 20 Uhr.
- Gut kauen und einspeicheln, langsam essen, Zeit nehmen! ESSEN nicht als Nebenbeschäftigung betrachten!
- Ausreichende »leere« Flüssigkeit: 2 bis 2,5 l/Tag. Bei Schwierigkeiten mit der Aufnahme fester Nahrung: Mixgetränke, klare Suppen (z.B. Misosuppe), Cremesuppen aus Gemüse oder Getreide.

Vermeide

Übermäßige, schwer verdauliche Gerichte (hocherhitzte Fette wie z.B. Fritiertes).

Vermeide zuviel rohes Gemüse, ungekochtes Getreide, zu grob vermahlene Brote.

Umstellung

Mit dem Abschluß der Chemotherapie unmittelbare Umstellung des Ernährungsfahrplanes
besonders bei fortsetzender Phase adjuvant:

Plan (1e) mit besonderer Berücksichtigung des Glukoseproblems, bei der oft nach einer Chemotherapie auftretenden Dysbiose zunächst Plan (4e)

Begleitende ernährungstherapeutische Maßnahmen während … … einer Chemotherapie

Durch die Chemotherapie kann es zu Einschränkungen der Verdauungsleistung kommen. Die Nahrung sollte daher in dieser Phase **ent**lastend und nicht **be**lastend sein.

Zusätzlich kleine Mengen von süßen Kohlenhydraten über den Tag verteilt (Bananen, Weintrauben, Dörrobst …).

Weitere leicht verdauliche KH: gedünstete oder gekochte Kartoffeln, Reis, Nudeln, Gemüse.

Kohlenhydrate

Große Mengen »leere« Flüssigkeit, ca. 2,5 l /Tag

(Leitungswasser, Tee, Volvic-Wasser, Umkehrosmose-Wasser …).

Flüssigkeit

Eiweiß-Fasten: tageweise kein tierisches Eiweiß, v.a. während und nach (1–3–5 Tage) der Chemotherapie.

Buchtip: »Eiweißfasten nach L. WENDT/Petri«

Eiweiß

Wenn an den Tagen der Chemotherapie keinerlei feste Nahrung aufgenommen werden kann, dann

⇨ **Milchmixgetränke evtl. mit mildem Joghurt, etwas Quark.**

Ansonsten etwas Geflügel, evtl. Eier verkocht.

Keine Rohkost, kein blähendes Gemüse, kein grobfasriges Fleisch, nichts Fritiertes.

ansonsten

Als günstig empfohlen – aber Menge beachten und eventuell einschränken	Ungünstig

Obst und Gemüse - Fortsetzung

Als günstig empfohlen	Ungünstig
Alle Obst- und Gemüse**säfte** sollten unbedingt im Verhältnis 1:1 mit Wasser verdünnt werden - zur Entlastung des Verdauungsapparates. Vorsicht bei Weintrauben, Bananen, Pflaumen (Zwetschen), Johannis- und Stachelbeeren ... - dabei kommt es häufig zu Völlegefühl und Durchfällen!	Eingebranntes und in Fett gebackenes Gemüse.

Suppen und Gemüse

Als günstig empfohlen	Ungünstig
Alle **einheimischen Gewürzkräuter,** auch weniger bekannte Kräuter wie z.B. Borretsch, Estragon, Liebstöckel, Basilikum, Schabzigerklee, Ysop o.ä., um den Salzkonsum leichter einzuschränken. Kräutersalz mit Meersalz, Halbsalz (enthält weniger Natrium, statt dessen Kalium). Tamari, Sojasauce, Shoyu (sind verschiedene Bezeichnungen für ungefähr das gleiche Produkt). Als Salatdressing eignet sich Gärungsessig mit kaltgepreßten, unraffinierten Ölen und Kräutern. Als Suppenwürze empfiehlt sich vegetarische Suppenbrühe, jedoch ohne Na-Glutamat als Geschmacksverstärker. Würzige Abrundung vieler Gerichte erreicht man auch durch Zugabe von Gewürzen aus der asiatischen Küche, wie z.B. Kräutersalz mit Algen angereichert, Miso-, Misosuppe, Gomasio (gestoßener Sesam mit Meersalz, leicht geröstet), Kurkuma (Gelbwurzel), Koriander, Piment ... Scharfe Gewürze wie Chili, Ingwer, Kren u.ä. sind je nach Verträglichkeit einzusetzen, werden jedoch meist gut akzeptiert. Unverträglichkeiten gibt es erfahrungsgemäß hauptsächlich bei Pfeffer, scharfem Paprika bzw. Pfefferoni. **Getränke:** Möglichst viel »leeres« Wasser (Leitungswasser, Volvic, mildes Mineralwasser) oder Kräutertee, mindestens 2,5 Liter pro Tag!!! 1–2 Tassen leichten Filterkaffee pro Tag, möglichst röststoffarme Sorten, z.B. EZA-Kaffee Organico, Cuba ... oder auch gemischt mit Getreidekaffee, Zichorienkaffee, Malzkaffee ODER 1–2 Tassen Schwarztee	Herkömmliche Gewürzmischungen mit Geschmacksverstärkern (z.B. Grillwürze, Pizzagewürz u.v.m.) Ketchup, Mayonnaise, Senf, fertige Gewürzsaucen, Salatdressings, Cocktailsaucen. Salzhaltige Knabbereien, Nüsse, Chips, Soletti u. dgl. Herkömmliche Suppenwürze auf Fleischextraktbasis, Saucenwürfel, Fondor, Maggi ... Selbstgemachte Suppen aus Fleisch oder Knochen! Getränke: Erfrischungsgetränke und Limonaden mit Zucker und Süßstoff (z.B. Coca-Cola, Cola light, Almdudler, Fanta, Sprite) Große Mengen an Bohnenkaffee oder Schwarztee, Früchtetee, Mineralwasser mit hohem Anteil an Kohlensäure. Unverdünnte Fruchtsäfte – Achtung Säure- u. Zuckergehalt!

Richtlinien bei einer zunehmend katabolen Stoffwechsel-entwicklung

3e

Ernährungs-fahrplan Katabolie

Indikation:

Onkologie:

Sich zunehmend verschlechternde subjektive Befindlichkeit, z.B. bei längerdauernden Chemotherapien, nicht mehr zu hemmender Metastasierung, **fortschreitender Tumorentwicklung,** Eiweißmangelsyndrom, Gewichtsverlust, **Kachexie,** in der prä- bzw. terminalen Phase

Ausgabe 1997

Eva-Maria Steinkellner
Dipl. DA & EMB

Indikation:

Onkologie:

Sich zunehmend verschlechternde subjektive Befindlichkeit, z.B. bei längerdauernden Chemotherapien, nicht mehr zu hemmender Metastasierung, **fortschreitender Tumorentwicklung,** Eiweißmangelsyndrom, Gwichtsverlust, **Kachexie,** in der prä- bzw. terminalen Phase

Ernährungsfahrplan Katabolie

Richtlinien bei einer zunehmend katabolen Stoffwechselentwicklung

Eva-Maria Steinkellner, *Dipl. DA & EMB*

zu aller Anfang

3 wichtige Unterteilungen

Erste Phase:
Hauptsächlich durch Veränderungen der Bluteiweiße (Absinken der Albumine) gekennzeichnet.
Laborkontrolle!
Zufuhr von leicht verdaulichen, qualitativ hochwertigen Nahrungsmitteln, mit entsprechenden kochtechnischen Maßnahmen; Eiweißkombinationen, um eine möglichst hohe biologische Wertigkeit zu erzielen.

Zweite Phase:
Zunehmend klinische Kachexie.
Substitution von Aminosäuren, Mineralstoffen, Vitaminen mittels vorgefertigter Zusatznahrungen (oral, Sonde, parenteral).

Präterminale/terminale Phase:
Respekt und Akzeptanz vor/für die jeweiligen Bedürfnisse des Patienten.

Vermeide

Unterversorgung durch zu geringe Energiezufuhr (die mögliche »Anheizung« des Tumorgeschehens sollte hier im Hintergrund stehen), daher reichlich Kohlenhydrate, Fette, Eiweiß.
Herkömmliche »Stärkungsmittel« wie Weinchadeau, Kalbsknochensuppe, Rindfleischsuppe ...

Austrocknung, notfalls parenterale Flüssigkeitszufuhr.

Essenszwang, wenn Nahrungsaufnahme zur Qual für den Patienten wird.

Präklinische katabole Entwicklung

Im Vordergrund stehen labormäßige Veränderungen, wie sie im Zuge von besonders chronischen Krankheitsverläufen zu finden sind.

Im onkologischen Bereich lassen sich Stabilität oder Labilität des biologischen Gesamtzustandes gut über die Bluteiweiße beobachten.

➔ siehe Kapitel II - LABOR: Eiweißanalytik

Der begleitende Arzt sieht die kommende Entwicklung meist am Verlauf der in bestimmten Abständen erhobenen Laborwerte, ohne daß der Patient irgendeine individuelle Symptomatik zeigt.

Trotzdem besteht aber bereits in dieser Phase Handlungsbedarf, besonders um den Karzinomkranken in eine gute biologische Stabilität zurückzubringen, was Einfluß auf seine Prognose hat (haben kann).

Medikamentös bedeutet dies: allgemeine roborierende Maßnahmen (siehe auch Kapitel IV):

- HEGER-Infusionen,
- vermehrte Gabe von Verdauungsenzymen zur verbesserten Aufspaltung und »Ausbeute« der aufgenommenen Nahrung,
- Medikamente zur Verbesserung der Leberleistung.

Ernährungstherapeutische Maßnahmen beschreibt die anschließende Zusammenstellung.

Klinische katabole Entwicklung bis hin zur Kachexie

Bei Fortschreiten der Karzinomerkrankung steht nicht mehr so sehr die Therapie, sondern die Pflege und das Wohlbefinden des Patienten im Vordergrund.

Gerade die Ernährung kann und darf in diesem Krankheitsstadium nicht mehr so sehr unter dem Gesichtspunkt des Tumorwachstums (Stimulation durch Glukose) gesehen werden. Vielmehr kann die sinnvolle, ausreichende Ernährung ein Mehr an Lebensqualität bringen, die dem Patienten somit nicht vorenthalten werden darf.

Im niedergelassenen, außerklinischen Bereich ist aber auch ein guter Wissensstand um zwei zusätzliche ernährungstherapeutische Möglichkeiten wichtig, da gerade der langzeitig betreuende Hausarzt helfen muß, die Versorgung des - oft schon bettlägerigen - Patienten in allen Bereichen der häuslichen Pflege mitzugestalten:

- Leichte Breikost, wobei Wünsche und Geschmacksrichtungen des Patienten berücksichtigt werden sollten.
- Suppen und/oder Komplett-Trinknahrungen (vollbilanziert, gebrauchsfertig) bzw. Zusatznahrungen in Form von vorportionierten Getränken (mit Trinkhalm) oder Fertigpuddings.
- Sondenernährung.

Präterminales und terminales Stadium

Dieses Stadium verlangt dem begleitenden Therapeuten viel Feingefühl ab:

Die Wertwelt des Sterbenden ist eine andere: Wir müssen seine Bedürfnisse erfühlen, aber besonders auch seine NICHT-Bedürfnisse.

Was für den Gesunden so untrennbar mit dem Leben verbunden erscheint, wird für den Sterbenden oft zur Belastung, wie Medikamente und auch die Nahrungsaufnahme.

Der Kranke braucht nur mehr die Nähe seiner Lieben, Vertrauten, er braucht ganz besonders Ruhe. Lärm tut weh, Lärm stört. Das Herausreißen aus dieser Ruhe führt zu körperlichen Schmerzen.

Das Essen-Müssen reißt ihn auch heraus aus dieser seiner Ruhe.

Wasser ist oft das einzige »Elixier«, das gut tut; schluckweise geben, manchmal nur den Mund ausspülen.
Oft mit einem feuchten Tuch die Lippenpartie befeuchten.

Entsprechende parenterale Elektrolytlösungen kompensieren das Verweigern der Flüssigkeitsaufnahme und stellen oftmals den einzigen Schutz vor der vorzeitigen Exsikkose dar.

Präklinische katabole Entwicklung

Günstige Ergänzungen

Ernährungstherapeutische Maßnahmen

Auch bei gutem subjektivem Befinden des Patienten:
- Basisernährungsplan **(1e)** oder
- Ernährungsplan bei eingeschränkter Verdauungsleistung **(4e).**

Zusätzliche Maßnahmen:

- 1–2 mal pro Woche Fisch in gedünsteter oder gebratener Form.

- Mehr Joghurtmixgetränke oder
  Molkegetränke ohne Zuckerzusatz, jedoch mit Früchten und evtl. Mandelmus oder mit Gemüsesäften bzw. Kräutern vermischt.
  Joghurt sollte nur mild gesäuert sein; Bioghurt, ACE, Lc 1, Bifidus, Biogarde u.a.; dadurch wird eine bessere Verträglichkeit gewährleistet.

- Um den erhöhten Eiweißbedarf in dieser Phase zu kompensieren, eignet sich auch die vermehrte Zufuhr von Magerquark, z.B. in Form des **Öl-Eiweiß-Müsli nach Budwig** (siehe Sonderdiäten) oder
  milde Weißkäsesorten (Schaf- und/oder Ziegenkäse).

- Empfehlenswert ist es, die Wertigkeiten von Eiweißgemischen zu beachten:
  Kombinationen von
  Kartoffel - Ei,
  Getreide - Ei oder Milchprodukte,
  Hülsenfrüchte - Mais oder Getreide.

Ungünstig

Erhöhter Fleisch- und Wurstkonsum

Gegrillte oder fritierte Fische, Dosenfische, geräucherte Fischwaren

Milchmixgetränke aus Süßmilch, fertige Joghurtaufbereitungen, gesüßte, aromatisierte Molkedrinks, industriell vorgefertigte Quarkcremes, Puddings u. dgl.

Klinische katabole Entwicklung bis hin zur Kachexie – I/oral

Wichtige Zusatzmaßnahmen

In dieser Phase liegt die Priorität vorwiegend in der

- **Aufrechterhaltung der wichtigsten Stoffwechsel- und Lebensfunktionen,**
- **Vermeidung der Exsikkose,**
- **Vermeidung von Hypoglykämie.**

Als sinnvolle ernährungstherapeutische Maßnahme hat sich in diesem Fall die Zufuhr von

- **Getreidesuppen** bewährt:
  Getreide in Form von Grieß, Mehl oder Flocken mit geraspeltem Gemüse und Kräutern auf Basis einer vegetarischen Gemüsebrühe.

- Misosuppe auch als Getränk

!!WICHTIG!!

- Beachtung einer ausreichenden **Flüssigkeitszufuhr.**

Bei fehlender Bereitschaft des Patienten muß Flüssigkeit durchaus auch *»eingeflößt«* werden:
in Form von Suppen oder auch handelsüblicher **Zusatznahrung:**
Angereichert mit Eiweiß, Mineralstoffen, Vitaminen, erhältlich in verschiedenen Geschmacksrichtungen von süß-fruchtig bis neutral oder auf pikanter Basis (z.B.: Fortimel, Fortipudding – Fa. Nutricia. Siehe auch Tagesbeispiel nächste Seite).

Bei noch erhaltenem Appetit werden allgemein leichte Gerichte mit Kartoffelpüree, gedünstetem oder gedämpftem Gemüse, gekochten Kartoffeln,
Nudeln mit Gemüse und Fleisch sowie
Fisch leicht gebraten oder gedünstet gut vertragen.

- Milchmixprodukte:
  Joghurtmixgetränke oder
  Molkegetränke ohne Zuckerzusatz, jedoch mit Früchten und evtl. Mandelmus oder mit Gemüsesäften bzw. Kräutern vermischt.
  Joghurt sollte nur mild gesäuert sein; Bioghurt, ACE, Lc 1, Bifidus, Biogarde u.a.; dadurch wird eine bessere Verträglichkeit gewährleistet.

Ungünstig

Fette Fischsorten, z.B. Makrele, Hering, Karpfen, Sardine, und alle Dosenfische

Fritiertes Fleisch und Fisch, Schweinefleisch in jeglicher Form

Altbewährte Kalbsknochensuppen, Bouillon mit Ei oder Rindsuppen aus Knochen, aus Fleisch und/oder Knochen

➘

Kritik zu dem gebräuchlichen WEINCHADEAU:
Abgesehen von der ernährungsphysiologischen Unsinnigkeit birgt dieses altbekannte Mittel auch die Gefahr von Salmonellen!
Kann in einer schon katabolen Situation lebensbedrohend sein.

Klinische katabole Entwicklung bis hin zur Kachexie – II/hochkalorisch

»Astronautenkost«/Sondennahrung

Sofern Appetit und Aufnahmefähigkeit gewährleistet sind, gelten die Maßnahmen von I/oral.

Da der Energiebedarf in dieser Phase sehr über dem Durchschnittswert liegt, ist es meist nicht möglich, die benötigten Mengen über die »normale tägliche Nahrung« zuzuführen.
Es sind auch die möglicherweise eingeschränkte
➜ Verdauungsleistung und
➜ Resorptionsfähigkeit zu berücksichtigen.

DAHER: Hochkalorische Zusatznahrung:
- eiweißfrei, in verschiedenen Geschmacksrichtungen.

Zusätzlich (je nach sonstiger Ernährung)
- Eiweißkonzentrate, welche der Nahrung beigemengt werden bzw. in Mixgetränken Verwendung finden.

Je mehr die Nahrungsaufnahme seitens des Patienten abgelehnt wird, desto mehr können Zusatznahrungen oder letztendlich vollbilanzierte Ersatznahrungen zum Einsatz kommen.

Bei Schluckbeschwerden (z.B. bedingt durch Tumoren im HNO- oder Ösophagusbereich) kann die Nahrungszufuhr mit Sondennahrung bewerkstelligt werden.

Im **präterminalen bzw. terminalen Stadium** ist der Wunsch nach Nahrungsaufnahme meist zur Gänze erloschen.
Keinen ESSENSZWANG ausüben.
Noch so gut gemeinte Ratschläge in diese Richtung hintanstellen, sanft und vorsichtig Flüssigkeit einflößen, Mundspülungen mit Wasser, Kräutertee (z.B. Salbei, Zitronenmelisse, milde Minze, Verbenenblätter) und wiederholtes Benetzen der Lippen.

Tagesbeispiel

Frühstück:
Leichter Filter-Bohnen-Getreidekaffee oder Kräutertee,
Weißbrot mit wenig Butter.

Vormittag:
1 Päckchen Fortimel oder Fortipudding,
Kräutertee oder verdünnter Gemüsesaft.
Evtl. auch geschabter Apfel ohne Schale, braun werden lassen.

Mittag:
Kartoffelpüree und gedünstete Karotten oder Getreidesuppe mit Eiweißkonzentrat angereichert auf vegetarischer Basis;
als Dessert: Kompott aus Äpfeln oder Beeren oder Fortipudding.

Nachmittag:
1 Fortimel oder
Zwieback mit Tee.

Abend:
Basensuppe oder
Misosuppe mit Weiß- oder Graubrot oder
Grießbrei aus Milch-Wasser-Gemisch oder nach Bedarf mit Sojamilch.

Ernährung bei eingeschränkter Verdauungsleistung, dysbiotischen Verhältnissen des Verdauungstraktes

4e Ernährungsfahrplan Dysbiose

Indikation:

Onkologie:

Postoperative Aufbaukost, verminderte Enzymaktivität (Pankreas) - meist nach toxischen Therapien.

Fehlbesiedelung des Kolons mit Fäulnisbakterien und/oder pathogenen Keimen, Pilzen

Ausgabe 1997

Eva-Maria Steinkellner
Dipl. DA & EMB

Indikation:

Onkologie:

Postoperative Auf baukost, verminderte Enzymaktivität (Pankreas), meist nach toxischen Therapien.

Fehlbesiedlung des Kolons mit Fäulnis-bakterien und/oder pathogenen Keimen, Pilzen

Ernährungsfahrplan Dysbiose

Ernährung bei eingeschränkter Verdauungsleistung und bei dysbiotischen Verhältnissen des Verdauungstraktes

Eva-Maria Steinkellner, *Dipl. DA & EMB*

zu aller Anfang

3 wichtige Regeln

- Entlastung des Verdauungstrakts – nicht Belastung mit gut gemeinter, falsch verstandener vollwertiger Ernährung
- **Vollwertige, ausgewogene Ernährung bedeutet nicht Rohkost und Körner um jeden Preis.** Die Nahrung ist für den Menschen nur so zuträglich, wie sie verdaut und vertragen wird.
- Die eingeschränkte Enzymaktivität und die damit verbundene Verdauungsleistung müssen bei der Nahrungsauswahl unbedingt berücksichtigt werden. Exakte Stuhlbefunde (Anaerobier, Aerobier, Pilze)!

Vermeide

Nahrungsaufnahme nach 20 Uhr!
Frischkornbrei, rohes oder zu grob geschrotetes Getreide, grobfasriges Fleisch, holzige Anteile bei Gemüse, Rohkost in geradezu »tierischen« Dimensionen, wenn der Körper darauf mit Meteorismus, Leibschmerzen, Koliken, Diarrhoe oder Obstipation und ähnlichen unphysiologischen Symptomen reagiert.

Dysbiose

Allgemeines

Die krankmachende Überwucherung des Organismus mit Pilzen (vor allem mit Candida albicans u.a. Species) im Bereich von Mundhöhle, Darm, Haut und Genitalien hat zahlreiche Ursachen.
Die Darmschleimhaut ist Aufenthaltsort einer natürlichen Flora (Mikroorganismen, die den Darm besiedeln), deren Aufgabe die Regulation bzw. die Aufrechterhaltung eines optimalen Darmmilieus ist. Dieser Bakterienrasen entwikkelt sich nur auf einer gesunden Schleimhaut und übernimmt die Funktion der Rückresorption von Nährstoffen (Aminosäuren, Mineralstoffe, Spurenelemente u.a.) sowie die Endverdauung der Zellulose von Obst und Gemüse.

Zur Vergrößerung dieses Aufenthaltsortes hat die Darmschleimhaut zahlreiche Zotten (Mikrozotten) und Krypten ausgebildet.

Durch jahrelanges (jahrzehntelanges) »falsches« Eßverhalten (zu große und unregelmäßige Mahlzeiten, schlechtes Kauen, zu kleine Flüssigkeitsmengen) bzw. ständiger überhöhter Allergenzufuhr entstehen chronische Entzündungen.

Therapieschritte

❶ Weglassen der Hauptallergene der ersten neun Lebensmonate

↙

Negatives Immungedächtnis für das ganze Leben

↙

Fehlabbau und Übersäuerung

↙

Mangel an Regenerationsfähigkeit

↙

Zottenaufbau (-regeneration)

Therapie

Weglassen **übermäßiger Eiweißanteile** in der Nahrung

In den ersten neun Lebensmonaten ist der Säuglingsdarm nur für Muttermilch aufnahmebereit und erleidet sehr oft durch Verabreichen von Kuhmilch (konventionelle Babynahrungen) und Hühnereiprodukten (Löffelbiskuit, Nudeln) die oben angeführten Schleimhautirritationen und deren Folgen.

Die zu häufigen Gaben von Antibiotika und fiebersenkenden Mitteln (Salicylate) können eine Reduzierung der Schleimhautdicke und der darauf verweilenden Bakterienstämme zur Folge haben.

Die Langzeittherapie von chronischen und degenerativen Erkrankungen (Chemotherapie, suppressive Therapien, Bestrahlungen) sowie falsches Eßverhalten (Übermaß an Eiweiß und Fett) führen zur Erschöpfung der Funktionen der Schleimhautdrüsen und somit wiederum zu einer Veränderung des Milieus.

Diät, individuell angepaßte Fastenperioden und ähnliches führen wiederum zum Zotenaufbau bzw. zur Zottenregeneration.

Allgemeines

Chronische Entzündungen führen wiederum zu massiven Veränderungen und Irritationen (Dystrophien, Atrophie = zugrundegegangene Schleimhaut) der Zottenstruktur und damit der physiologischen Flora (Bakterienrasen).

Die somit gesteigerte Gärung und Fäulnis (schlecht abgebaute Restnahrung) bedingen eine Veränderung des pH-Wertes im Darmlumen in Richtung Übersäuerung. Pilze sind gegenüber Milieuveränderungen äußerst resistent und können auch durch einen niedrigen pH-Wert kaum oder nicht in ihrem Wachstum eingeschränkt werden.

Dies bildet die Grundlage für die Exazerbation von Pilzkolonien über das »gesunde« Maß ($\leqq 10^2$) hinaus.

Die logische Folgerung für einen zielführenden Therapieansatz muß die Rückführung zu einem gesunden Darmmilieu sein. Voraussetzung ist eine für die Verdauung notwendige und ausreichende Darmbesiedlung.

Therapieschritte

❷ Über die **Alkalisierung** durch Ernährungsumstellung, welche anfänglich mit Basenpulver unterstützt werden kann, wird eine Veränderung des pH-Wertes im Darmbereich in Richtung basisch erreicht.

↙
Veränderung des pH-Wertes zur Norm

❸ Gezielter **Aufbau der Symbionten** durch isopathisch aufbereitete Darmkeimnosoden, die mittels diagnostischer Verfahren (Dunkelfeldmikroskopie, klinische Erfahrung, gesamte Stuhlkultur u.a.) kontrolliert werden können.

Paracoli, Proteus, path. Hefe Candida albicans, Peptostreptococcus, Dysenteribazillen, Bac. Gärtneri, Bac. Morgan u.v.a.

❹ Der **physiologisch richtige Weg** berücksichtigt die Erkenntnisse des **Pleomorphismus** nach Enderlein.

Man beginnt mit der **Umstimmung** durch die Gabe von körpereigenen Mikroorganismen.

↙
Förderung der Toxinausschwemmung aus Lymphknoten und Bindegewebe

Therapie

Bei entsprechender Disziplin bzw. einer entsprechenden »Umstellung der Einstellung« kann auch eine Veränderung im Bindegewebe erreicht werden.

Umstimmung durch die Gabe von Mikroorganismen, die man sowohl über das Eigenblut bzw. den Eigenharn in den Körper zurückführen als auch durch isopathische Arzneien (z.B. Mucokehl, Nigersan) verabreichen kann.

Parenteral:
Eine einmalige Injektion von Mucokehl D5 und Nigersan D5 i.m.

oder oral:
5 Tage lang Mucokehl D5 Tbl. oder Tropfen am Morgen und Nigersan D5 am Abend

Allgemeine Ernährungsrichtlinien

Da die Ernährungsumstellung die medikamentöse Therapie über längere Zeit begleiten soll, ist auf die Ausgewogenheit der Nahrung zu achten.

Es sollten täglich Eiweiß, Fette, Kohlenhydrate zugeführt werden, möglichst auf 5 Mahlzeiten verteilt, da kleine Mahlzeiten besser verwertet und aufgeschlossen werden können als große. Ausgedehnte Mahlzeiten beeinflussen die Darmflora ungünstig, ebenso zu spät am Abend aufgenommene Nahrung.

KEINE Nahrungsaufnahme nach 20 Uhr!!

Eine Mahlzeit pro Tag sollte warm sein.

Wichtige Devise:
Langsam essen und gut kauen damit der Speisebrei gut eingespeichelt und damit vorverdaut wird (kohlenhydratspaltendes Enzym im Speichel).

Therapieschritte

❺ Der nächste Schritt beinhaltet orale Gaben von Fortakehl.

➘

Durch die Gabe von Penicilliumstämmen wird die **pathogene Besiedelung abgebaut** und damit der überaus saure pH-Wert zum Basischen gelenkt.

❻ Mittels homöopathisch aufbereiteter, isopathischer Präparate im Chondritenstadium kann die wieder restaurierte Darmschleimhaut durch eine entsprechende Immunantwort die Restpopulation von pathologischen Hefen abbauen.

➘

Positive Immunantwort

➘

Der physiologische Weg verkürzt die Therapiezeit einer herkömmlichen Symbioselenkung um ein Mehrfaches!

❼ Die **Entlassung aus der Therapie** (Diät + mikrobiologische Therapie) kann nur schrittweise erfolgen, indem man in einem Zeitraum von 1–2 Jahren immer wieder partielle Belastungsversuche mit herkömmlicher Ernährung versucht.

Therapie

Der nächste Schritt beinhaltet orale Gaben von Fortakehl je nach Altersstufe:

Säugling
bis Kleinkind
⇨ 1 x 1/2 Tablette
oder 1 x 5 Tropfen
Ab dem Schulkindalter
⇨ 1 x 1 Tablette
oder 1 x 15 Tropfen
Ab dem 14. Lebensjahr
⇨ 2 x 1 Tablette
oder 2 x 15 Tropfen

Dauer 2–4 Wochen (bis zur Stabilisierung des gebesserten allgemeinen Wohlbefindens)

Albicansan oder Pefrakehl, Tages-Dosierung wie oben bzw. Langzeit-Dosierung 2–4 Monate je nach diätetischer Disziplin

Zur Unterstützung dieser Prozesse werden **Spurenelemente, Mineralien** und eventuell **Enzyme des Pankreas** (Combizym) sowie **Endobionten** (Sankombi D5) substituiert.

Spezielle Ernährungsrichtlinien

Günstig – aber Menge beachten und eventuell einschränken	Ungünstig
Fette und Öle	
Zum Braten und Dünsten eignen sich unraffinierte Pflanzenöle, z.B. Traubenkernöl, Olivenöl, Rapsöl, Sonnenblumenöl. Als Streichfett dienen Butter oder Reformmargarine (nicht chemisch gehärtet).	Fette sollten nie überhitzt werden, stark Angebratenes und rauchende Fette und Öle reizen das Pankreas, fördern den Gallefluß und wirken sich nachteilig auf die Darmflora aus. (Manche Darmbakterien können Galle verwerten und durch die entstehenden Abbauprodukte Durchfälle erzeugen.) Butter ist zum Braten NICHT geeignet, da sie sehr schnell braun wird.
Eiweiß	
Zartes Fleisch vom Geflügel, Lamm, Kalb bevorzugen. Fisch: Am besten eignen sich Forelle, Saibling, Rotzunge, Zander, Teufelsfisch, Angler o.ä. Milchprodukte sind grundsätzlich leicht verdaulich, am besten sind jedoch gesäuerte Produkte wie Joghurt (Biogarde, LGG, LC 1, Bifidus, Acidophilus ...), Quark oder milde Frischkäsesorten bzw. Weißkäse.	Fleisch und Fleischprodukte: Kein Schweinefleisch und dessen Produkte, da grobfaseriges Fleisch von den teilweise auch noch zu wenig vorhandenen Verdauungssäften nur ungenügend aufgeschlossen werden kann und der unverdaute Rest ein gutes Nährsubstrat für die Fäulnisflora im Dickdarm darstellt und deren Wachstum fördert. Von Wild und Rindfleisch ist in diesem Zusammenhang dringend abzuraten! Fische sollten mager, nicht fritiert, gebacken, nicht geräuchert und nicht aus der Dose sein. Bei den Milchprodukten sind auf jeden Fall alle Blauschimmelkäse, Rotschmierekäse und alle gereiften Sorten mit starker Geruchbildung (Quargel, Münster ...) zu meiden. Bei manifester **Kuhmilcheiweiß-Allergie** oder Unverträglichkeit sollten Milchprodukte nur von Schaf oder Ziege bzw. hypoallergene Ersatzmilchprodukte aus Sojabohnen, Stärke, Reis oder Mandeln verwendet werden.

Spezielle Ernährungsrichtlinien

Günstig – aber Menge beachten und eventuell einschränken	Ungünstig

Eiweiß – Fortsetzung

	Auf den Genuß von ungekochter, ungesäuerter Süßmilch sollte verzichtet werden, da die meisten Menschen bezüglich ihrer verminderten Verdauungsleistung nicht oder nicht mehr in der Lage sind, Milch ohne Vorbehandlung zu verdauen. Milch ist ein Nahrungsmittel – mit relativ hohem Energiegehalt – und **kein** Durstlöscher! Große Mengen Milch verklumpen durch den Säureeinfluß im Magen und benötigen damit mehr Zeit und Kapazität, um verdaut zu werden. Rohmilch muß vor dem Verzehr unbedingt 1–2 Minuten auf 60 °C erhitzt werden!

Gemüse

Grundsätzlich sollten alle Gemüsesorten gedünstet oder gekocht bzw. gedämpft sein.	Rohes Gemüse – besonders wenn es verholzt ist – kann von den menschlichen Verdauungssäften nicht angegriffen und aufgeschlossen werden. Die darin enthaltenen Inhaltsstoffe wie Vitamine, Spurenelemente, Enzyme können somit nicht resorbiert werden. Nur der Fäulnisanteil der Darmflora (putride Flora), welcher bei dysbiotischen Verhältnissen zweifelsohne vorhanden ist, ist in der Lage, diese groben Pflanzenteile zu »verdauen«. Dabei entstehen aber neben der Alkoholbildung (Fuselalkohole) große Gasmengen, die zu Blähungen und Koliken führen.

Kapitel VI

Einige Bemerkungen über psychosoziale Probleme im Leben Tumorkranker

Denkmodelle für Arzt und Patient

»Den Tod, den fürcht' ich nicht,
allein ich fürcht' das Sterben«
(Faust, Goethe)

Der Mensch als Dreiheit:

Leib
Geist
Seele

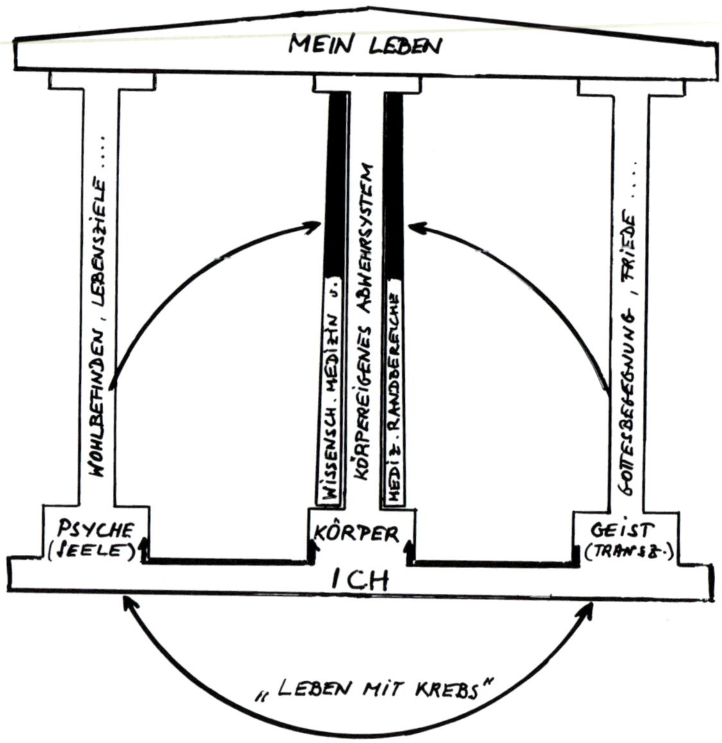

Diese Darstellung stammt aus der Hand von **Dr. Eugen Maierhofer,** der 1992 an den Folgen eines Kolonkarzinoms verstorben ist. Er hat sein Leid(en) in einem Vortrag vor vielen Menschen dargestellt, um zu zeigen, wie ein Betroffener dieses sein Schicksal meistern kann. Er hat mir schon zu seinen Lebzeiten erlaubt, diese Originalgrafik in meinen eigenen Vorträgen und Veröffentlichungen zu verwenden, und ich möchte diese Seiten seinem Gedenken widmen.

Kapitel VI
Einige Bemerkungen über psychosoziale Probleme im Leben Tumorkranker

Körper, Seele und Transzendenz . . .
Leib, Seele, Geist . . .

(siehe Bild links)

Immer wieder wird die Frage gestellt, wie weit psychische Faktoren bei der Auslösung bzw. der weiteren Entwicklung von bösartigen Erkrankungen eine Rolle spielen.

Aus dieser Unsicherheit heraus gibt es geardezu weltanschauliche Konflikte zwischen »Somatikern« und »Naturwissenschaftlern« einerseits und »Psychikern« andrerseits, aber auch zwischen den gelehrten Psychologen untereinander auf der Suche nach der großen Wahrheit. Es wird um die *Krebspersönlichkeit* gerungen, ob und wie weit es sie gibt oder nicht.

Wie immer: Die Wahrheit liegt in der Mitte, im Sowohl-als-auch.

Wurde in den ersten Kapiteln ausführlich über die biochemischen Störungen und Aberrationen in der kanzerösen und präkanzerösen Zelle geschrieben, soll an dieser Stelle über einige auslösende Momente im psychischen Bereich reflektiert werden.

Eines vorausgeschickt:
Jeder Bauplan eines Hauses, jede Konstruktion einer Handlung, ja jede Planung und Regung kann nicht ohne primäre Konzeption in unserer gedanklichen Welt verwirklicht werden. Wir wissen Bescheid um die Kraft unserer positiven und negativen Regungen, die für uns alles leicht machen (»heute geht mir alles flott von der Hand«) oder aber eine geradezu lähmende Wirkung (»mein Gott, was ist los, nichts geht heute weiter«) auf uns ausüben (können).

Das Leben hat keinen anderen Zweck, als daß sich der Mensch in seinen Kräften, Mängeln und Bedürfnissen kennenlernen soll. Wenigstens ist dies der einzige Zweck, der immer erreicht wird, das Leben mag sein, wie es will.

Hebbel

Diese Grundüberlegung führt zu der Erkenntnis, wie sehr die Entstehung von Krankheiten von den Störungen in unserem Ich, in unserer gedanklichen Welt zu suchen ist, ja, wie sehr sie eben Ausdruck, vielleicht sogar Ventil und Verarbeitungsmöglichkeit für unseren Organismus darstellt.

Viele Autoren haben sich mit der »Krankheit als Weg« auseinandergesetzt und die Rückführung der somatischen Beschwerden auf psychische Ursachen gesucht und auch vielfach gefunden. Unsere moderne »Psychosomatik« ist nichts anderes als die gewonnene Erkenntnis über diesen Zusammenhang Leib-Seele.

Daß ein Magengeschwür eine – wenn nicht »die« - »Managerkrankheit« ist, weiß heute schon jedermann (neuerdings ist es allerdings *nur* der Helicobacter...!).

Weiter:
Daß eine akute Depression einen Selbstmord auslösen kann, ist offen sichtbar und verständlich. Wie aber löst der Organismus schwere, *chronische* und weit ins Existentielle gehende Probleme?

Gegen das Ende des Lebens geht es wie gegen das Ende eines Maskenballes, wenn die Larven abgenommen werden. Man sieht jetzt, wer diejenigen, mit denen man während eines Lebenslaufes in Berührung gekommen war, eigentlich gewesen sind. Denn die Charaktere haben sich an den Tag gelegt, die Taten haben ihre Früchte getragen, die Leistungen ihre gerechte Würdigung erhalten, und alle Trugbilder sind zerfallen.

Schopenhauer

Ist es nicht beinahe eine Binsenwahrheit, daß viele chronische Krankheiten als Präkanzerosen bezeichnet werden!
Hinter jeder chronischen Krankheit steht eben das langzeitige, nicht gelöste oder nicht zu lösende Problem, das unseren Patienten immer tiefer hineintreibt in den Zustand der Resignation. Aus dieser heraus ist es ihm aber kaum mehr möglich, aus eigener Kraft zu versuchen, für seine Probleme eine Lösung zu finden oder eben wiederum finden zu wollen.

Im Gegenteil:
Der Hang, gerade chronische Leiden als das Problem selbst anzusehen, in ihnen ein Alibi zu haben für die Unlöslichkeit des eigenen gordischen Knotens, wird elementar und als Schutzwall der Umgebung gegenüber ausgebaut. Schutzwall als Selbstschutz, aber letztlich nichts anderes als vorgeschobener Selbstbetrug.

So verschwindet letztlich die Chance, dem »Bauplan des Krankheitsgeschehens« in uns eine andere Wendung zu geben. Sobald das Stadium der Akzeptanz, der Resignation und des »Pflegens« der Krankheit erreicht ist, ist der Prozeß der Verselbständigung der Störung voll im Gang und nicht (kaum) mehr aufzuhalten.

Daraus leitet sich ab, wie sehr wir der eigene Steuermann unserer Probleme, unserer Mißgeschicke, unserer Unzulänglichkeiten und letztlich unserer physischen Störungen sind.

Somit ist eine der Definitionen des Karzinoms als »später Selbstmord« provokant – und doch:
Gibt es eine Möglichkeit, diesem Teufelskreis zu entfliehen?
Gibt es eine Möglichkeit dazu, wenn ein Ausbruch aus dem gedanklichen Käfig des angeblich so
»Schicksalhaften«, des einfach
»Auf-Einen-Zugekommenen«, der
»Strafe Gottes«
noch einmal versucht wird? Weil gerade noch erkannt worden ist, wo all die Wurzeln unserer Krankheit liegen, weil die Bereitschaft besteht, zurückzugehen bis zu all den »Ur«- Störungen, mit denen sich ein Leben bisher erfolglos herumgeschlagen hat.

Gibt es diese Chance noch? Die Chance der »Umkehr« in einem Leben??

Die Antwort darauf ist leicht und schwer zugleich:
Allein unser Wollen, unsere Bereitschaft, Wahrheit bis zur letzten Konsequenz über uns selbst zu akzeptieren, kann uns »erlösen« von den Grundstörungen in unserem Lebenskonzept.

Liegt aber da nicht auch schon der nächste Haken?
Vielfach wird jetzt der *Kampf* proklamiert:

Wir (eine Familie) werden es schon schaffen!
Ich werden mit allen Mitteln dagegen ankämpfen!
Ich lasse mich nicht so schnell unterkriegen!!

Wogegen wird gekämpft?
Gegen sich selbst? Gegen die Grundstörungen und Fehlverläufe des Lebenskonzeptes?

Das hieße ganz einfach, den Teufel mit dem Belzebub austreiben zu wollen. Niemals kann das »Besiegen« einer Krankheit aus einem gewonnenen »Krieg« heraus gelingen. Die Waffen würden sich gegen einen selbst richten.
Der Kräfteverzehr würde in ein Chaos münden! Es würde alles, was über Beseitigung eines ins Existentielle gehenden Problems gesagt worden ist, gründlich mißverstanden worden sein!

Sagen Sie das Ihren Patienten:
Sie sollen nicht gegen ihre Krankheit kämpfen, damit bekämpften sie sich selbst.

Unsere Patienten müssen wieder lernen, mit sich in Harmonie zu kommen, ge(er)löst zu werden von dem, was sie erdrückt und von dem sie sich letztlich ganz ungewollt erdrücken lassen.

Es sind nicht die bunten Farben, die lustigen Töne und die warme Luft, die uns im Frühling so begeistert. Es ist der stille weissagende Geist unendlicher Hoffnungen, ein Vorgefühl vieler frohen Tage, des gedeihlichen Daseins so mannigfaltiger Naturen, die Ahndung höherer ewiger Bluten und Früchte und die dunkle Sympathie mit der gesellig sich entfaltenden Welt.

Novalis

Ihre inneren Programme müssen umgestaltet werden zu einem neuen, positiven Lebensgefühl hin!! Sie müssen herausgebracht werden aus den Ängsten, die sie niederdrücken.

Sie müssen lernen, den Kopf wieder zu heben, wieder zu lachen, sich selbst und all die Probleme nicht mehr so tierisch ernst zu nehmen. Ja, wir müssen sie lehren, auch ihre Krankheit nicht mehr so ernst zu nehmen, wir müssen sie lehren, daß die Krankheit ihr Helfer ist, aus ihren existentiellen Nöten herauszukommen und nicht umgekehrt.

Auch wenn eine Krankheit schon so weit fortgeschritten ist, daß es eine physische Umkehr nicht mehr geben kann, gilt dieses Prinzip immer noch! Was kann es Größeres und Besseres für einen Menschen geben, als das Leben in Harmonie mit seiner Umgebung und damit sich selbst zu beenden?!

Auch dann haben wir ihn aus seiner existentiellen Not befreit, ist die archetypische conditio humana letztlich doch wieder wahrhaftig geworden.

Über die Wahrheit . . .

Die **fromme Lüge** nützt nur dem Arzt, indem sie ihm hilft, Zeit im Umgang mit seinen Patienten zu sparen.

Ganz entschieden wende ich mich gegen jede Art von *Alibi*-Gespräch! So ist es mir ein ganz besonders ernstes Anliegen, gegen die **fromme Lüge** ins Feld zu ziehen. Es ist einfach falsch, zu behaupten, die Wahrheit zerstöre die Hoffnung.
Wer dies sagt, hat sich nie eingehend mit seinen Patienten beschäftigt.

Ein gewisse, bescheidene Distanzierung von dieser frommen Lüge ist ja in unserer »Medizinerwelt« schon ein wenig zu spüren, aber wieder mit der Flucht in eine neue Halbwahrheit.
Eine neue (alte) These geistert durch die Kongresse und Symposien: Man muß dem Patienten nicht die volle Wahrheit sagen, aber: »Alles, was man sagt, muß wahr sein«.

neue Halbwahrheit

Abgesehen von den wiederum geradezu extremen subjektiven Variationsmöglichkeiten des Therapeuten bleibt der Patient »seiner« Krankheit, »seinem« Schicksal gegenüber weiter entmündigt!

Wenn es wiederum vom Gutdünken des Arztes abhängt, wieviel zu wissen für einen Menschen gut ist, ist der Begriff **Aufklärung** weiterhin ein Absurdum!

Wir haben als Ärzte die Pflicht, dem Patienten seine Krankheit **wahr** darzustellen. Wir haben als Ärzte die Aufgabe, diese **genaue, exakte Wahrheit** zu interpretieren und den Kranken als ganzen, also **mit** seiner Wahrheit zu behandeln.

Hoffnung dürfen wir den Patienten *nie* machen, indem wir ihm etwas *nicht* sagen. Hoffnung müssen wir geben, wenn wir nach der vollen Wahrheit mithelfen, diese gesamte Lebenssituation neu zu gestalten. Dies muß dann die Möglichkeiten des Kranken selbst wie auch das gesamte medizinische Angebot einschließen. Aus diesem gesamten Paket an Wissen heraus kann der Patient eine neue Basis der Bewältigung finden.

Nichts ist schlimmer, als mit einer Unsicherheit allein gelassen zu werden. Schwerkranke Menschen wissen um ihr Schicksal recht gut Bescheid.

Auch wenn es oft nicht offen liegt:
Es gibt sie, diese Ahnung der Schwere eines Geschehens.
Die Vertröstung daß das Magenkarzinom nur ein »Geschwür« gewesen wäre, das man restlos entfernen hätte können, kann vielleicht für eine kurze Zeit eine scheinbare Beruhigung bringen. Die Enttäuschung über den dann jedoch gar nicht so problemlosen Krankheitsverlauf wird den Patienten um so mehr treffen. Ja sie trifft ihn mit Gewißheit stärker als eine wahrhaftige Diagnose zu Beginn des Leidens.

Dies kann keine gute Grundlage eines Vertrauensverhältnisses zwischen Arzt und Patient sein. Die vertane Glaubhaftigkeit kann jede Therapie ad absurdum führen.

Über das Sterben . . .

»Der Tod«, Holzschnitt von Albrecht Dürer

Sterben und Leben bedingen einander.
Um diese banale Weisheit haben sich viele Philosophien und Religionen bemüht. Weil so banal, sind die vielen (wieviele wohl) Gedankengebäude oft so kompliziert geworden, daß auch das Weggehen von dieser Erde (gehen wir weg?) nicht mehr einfach sein darf.
Ja, Sterben ist kompliziert geworden.
Wir wollen ein paar Gründe dafür beleuchten.

Zunächst einmal:

Man soll (darf) nicht mehr sterben.

Die Angehörigen, die »Umgebung«, lassen einen nicht mehr »gerne« sterben, weil sie ja dann so verlassen und dementsprechend arm sind. Mit welch schlechtem Gewissen ist der Sterbende dann beladen, weil er »so etwas tut«.

Die Medizin, die Ärzte, die Krankenhäuser sehen es ausschließlich als oberstes Gebot an, Sterben zu verhindern. Das Erleben der hilflosen Betroffenheit mag ja geradezu peinlich sein. Trotz all der (teuren) Hilfe stirbt »man« trotzdem.

Und selber: Immer sind nur »die anderen« gestorben und jetzt, auf einmal . . .
Was nicht alles noch zu tun gewesen wäre! Die Schulden! O.k., das wäre noch das geringste, die wäre man los. Aber das andere, der Besitz, die Firma, der schöne Garten. Dann sind da noch die weinenden, traurigen Angehörigen. Traurig, traurig . . . und dies und das!
Was für ein verworrenes Netz - ohne Anfang, ohne Ende.
Ohne - ohne? - Ordnung!
Zu engmaschig, um noch durchzusehen, und doch zu weit, um durchzufallen.

Will man sterben?

Man könnte für nicht ganz zurechnungsfähig erklärt werden, sollte (wollte) man dies der Umgebung zu verstehen geben (siehe oben). So verlegt man das Sterben in sein Inneres . . . und trennt das Hören, Sehen, Reden in diese zwei Sphären:
Das mache ich für *dich (euch)*, dies mache ich für *mich* . . ., möchte jedoch das (mein) Sterben so gerne mit *uns* »begehen«. Ich möchte, von euch allen toleriert, sterben dürfen.

Ja, wieder sterben dürfen (lassen).

Man ist allein mit allem, was man liebt.
Novalis

Da hast Du Dein Leid (Leiden), das unsere menschlichen Hilfsmöglichkeiten überfordert. Dieses Leiden, das Dein Leben so unbegreiflich *neu* gemacht hat. Das Dein Leben in eine so enorme, weite

Dimension führt, die wir dir von Herzen gönnen. Du erlebst dies jetzt, wie wir alle dies eines Tages (er)leben werden. Und dieser »Lauf der Dinge« wird uns wieder zusammenführen in einem neuen Licht.

Vergänglichkeit Allzeit präsente Tatsache. Wenn Ärzte dies mit ihren Patienten zusammen begreifen (lernen), wird das jeweils Erreichbare viel dankbarer angenommen werden.

Mut Die Grenzen des Menschen-Möglichen sehen und darüber reden, dazu gehört auch Mut.

Feingefühl das die richtige Sprache finden läßt, das richtige Verstehen dafür, was gerade passiert. Das feine Erfühlen der Wertwelt des Sterbenden, seiner Bedürfnisse ... und besonders seiner *Nicht*-Bedürfnisse. Was uns so sehr mit dem Leben untrennbar verbunden erscheint, wird für den Sterbenden oft zur Belastung, wie Nahrung, Medikamente u.v.a.

Zuwendung Der Sterbende braucht die Nähe seiner Lieben, seiner Vertrauten, nicht so sehr deren Worte! Und er braucht ganz besonders Ruhe.

Ruhe Lärm tut weh. Lärm stört.
Sterben ist wie eine tiefe innige Meditation, wie das leise Fließen eines Wassers. Das Herausreißen aus dieser Ruhe führt zu körperlichem Schmerz.
Das Essen-Müssen, das gut gemeinte Bett-Aufschütteln, auch – für uns (noch) so bedeutende – hygienische Maßnahmen stören und werden als lästig empfunden. (Siehe Geschichte: Herbstschnee – Der Tod der Bergbäuerin.)

Zulassen Nur wenn wir das alles zulassen, wenn wir imstande sind, diesen Abschied mit der angemessenen stillen Trauer anzunehmen, werden wir dem Sterbenden geben können, was er in allen Phasen seines letzten – irdischen – Weges braucht:

Geborgenheit Was immer der Abschied für den einzelnen bedeutet, die Geborgenheit wird Gefühle wie Kälte und Angst in eine weite, unendliche Harmonie überleiten.

Herbstschnee

Es ist ein dunkler, nebliger Herbsttag. Vom Fluß herauf kommen graue Schleier und machen im Tal den Nachmittag düster und kalt. Der Weg führt mich jedoch auf einen bewaldeten Bergrücken, der im November schon den ersten Schnee trägt.

Zeitig in der Früh bin ich schon einmal hier oben gewesen, denn die alte Bäuerin liegt im Sterben und die Atemnot macht ihr zeitweise stark zu schaffen. Am Morgen ist es noch sonnig gewesen, der Schnee weiß blendend und eine klare, schneidende Luft hat einen fast das Atmen vergessen lassen. So, als glaubte die Welt, einem Menschen noch einmal einen schönen Tag geben zu müssen.

Jetzt, am späten Nachmittag, nähert sich der Tod ganz leise dem Anwesen, das sich wie Schutz suchend tief in den Abhang hineinduckt. Sterben – ist ein langsamer letzter Weg. In der Stube ist es fast dunkel, man spürt die Wärme der ganzen Familie für die Großmutter. Sie liegt auf einem alten, verschlissenen Diwan, den sie in den letzten Wochen nicht mehr verlassen hat. Seit nun gut schon zehn Jahren lebt sie mit ihrer Leukämie. Sie hat sich gefreut, wenn sie wieder weniger weiße Blutkörperchen bei den Proben gehabt hat. Denn, daß sie was »Krebsiges« im Blut gehabt hat, das hat sie schon gewußt und verstanden. Und auch das versteht sie, daß ihr Leiden nun zu Ende geht. Aber sie war ihrem Schicksal nie demütig ergeben und hat immer Angst vor dem Tod gehabt. Auch mit achtzig Jahren ist sie noch immer die Bäuerin, ist sie einfach noch immer die Großmutter für Kinder und Kindeskinder. Doch ihre Milz und Leber sind riesengroß und lassen den Bauch weit aus dem sonst abgemagerten Körper hervortreten. Auch andere vergrößerte Organe haben ihr in den letzten Wochen das Atmen oft schwer gemacht.

Wie wenig kann man hier helfen! Ein wenig die Schmerzen und die Angst lindern. Ihr helfen, die eine oder andere Nacht wieder einmal durchschlafen zu können, mit ihr reden.

Sie erkennt mich nicht mehr. In die rechte Hand hat ihr ein Kind eine Kerze gegeben. Doch die blassen Finger haben keine Kraft mehr und so hält man ihr Hand und Kerze. Der Oberkörper ist mit vielen Polstern unterstützt, ihr Gesicht ist schweißig und kalt, die Augen halb geschlossen und ziellos. Der Atem schwer, stoßweise.

Alle in der Stube wissen, daß es zu Ende geht. Sie blicken voller Unglauben, kaum einer von ihnen hat Sterben je so erlebt. Ganz langsam werden die Atemzüge seltener. Nichts bewegt sich im Raum, nur die Kerze wirft ihr unruhiges Licht. Niemand spricht, es weint auch niemand. Zu groß ist der Augenblick, einen Menschen so ganz ohne Hast von uns gehen zu sehen. Kommt noch ein Atemzug? – Ja. – Aber dann . . .

. . . beginnen sie zu beten. Die Natur des Menschen erkennt sofort den Tod – und begreift ihn. Ein »Vater unser«, ein »Gegrüßet seist du Maria« und ein inniges Kreuzzeichen mit »Der Herr laß sie ruhen in Frieden».
Dann erst beginnen die Tränen. Die Schwester, ihr Mann – alle spüren sie plötzlich diesen Verlust. Gerade noch, da hat man mit ihr leiden können. Ihr Puls und ihr Atem waren noch. Auch wenn sie nicht mehr ansprechbar ist, sie war mit all ihrem Leben da.

»Wieso laßt' mich einfach allein«, sagt der Mann immer wieder nach dem Gebet, das seine letzte Gabe für sie war. Auch er hat wenig geschlafen in den letzten Nächten, aber er hat für sie da sein können, hat ihr Trost und Linderung zugesprochen. Nun drückt er ihr die Augen zu, nimmt ihr die Kerze aus den weißen Fingern und legt ihr einen Polster unter das herabsinkende Kinn. »Warum laßt' mich einfach allein», sagt er immer wieder. Die Schwester zieht die Polster hinter dem Rücken hervor und legt die alte Bäuerin flacher zurück. Alle hören, wie dabei noch etwas Luft aus der Lunge strömt und halten unwillkürlich den Atem an – noch ein Lebenszeichen?

Doch nein. Niemand kehrt zurück! Aber – sie wird auf uns warten. Und so bleiben wir noch eine Weile still an ihrem Lager; vielleicht werden wir sie lange nicht mehr sehen.

Zum Schluß . . .

finden Sie Autoren und Methoden angeführt, die mithelfen können, den Prozeß der »Selbstfindung« in die Wege zu leiten, die hinführen zu der Erkenntnis, daß *wir selbst* die Gestalter unseres Lebens sind, des Lebens mit seinen schönen Seiten, seinen Glücksgefühlen, aber auch mit seinen Konflikten, seinen Störungen bis hin zu den geradezu »abgrundtiefen« Kämpfen am Rande unserer Existenz!

Wo immer es möglich und durchführbar ist, bieten wir unseren Patienten diese Möglichkeiten an:

- durch **Literatur**:
  Freitag: Kraftzentrale Unterbewußtsein
  LeShan: Psychotherapie gegen Krebs
  Murphy: Die Macht des Unterbewußten
  Simonton: Wieder gesund werden
  Tepperwein: Botschaft deines Körpers
  (Siehe auch weiterführende Literatur im Anhang III.)

- durch methodisches Erleben einer effektiven **»Selbststeuerung«:**
  Silva mind control
  Re-birthing
  Qi-Gong
  (auch diese Anregungen sind noch beliebig ergänzbar)

Psychische Hintergründe

»Was kränkt, macht krank«
(Ringel)

Der selbst-lose Mensch
(Sein Selbst los sein)

Aggressions-Unterdrückung

Lassen Sie mich all das Gesagte und Geschriebene in dieser letzten, recht einfachen Tabelle noch einmal zusammenfassen, wie ich glaube, daß es drei entscheidende Störungen in einem Leben sein können, so tiefgreifend, so zerstörerisch, daß sie eben an die Grundsubstanz unseres Seins herangehen:

Vieles ist in diesem Manuskript ge- und beschrieben worden, vieles bleibt aber noch offen!
Vieles wird erst noch erforscht werden müssen, viele kleine Bausteine werden Sie selbst zusammentragen müssen, um gerade Ihren Patienten zu helfen.

Nehmen Sie die nebenstehende Dreiecks-Grafik als Rahmen für Ihre Bemühungen, als Ordnungsprinzip – wie so oft schon das Dreieck in unserer Welt und unserem Kultur- und Religionskreis als Symbol für die Einheit des Wesens und der Gedanken verwendet worden ist.

Und machen Sie dann das Beste daraus!

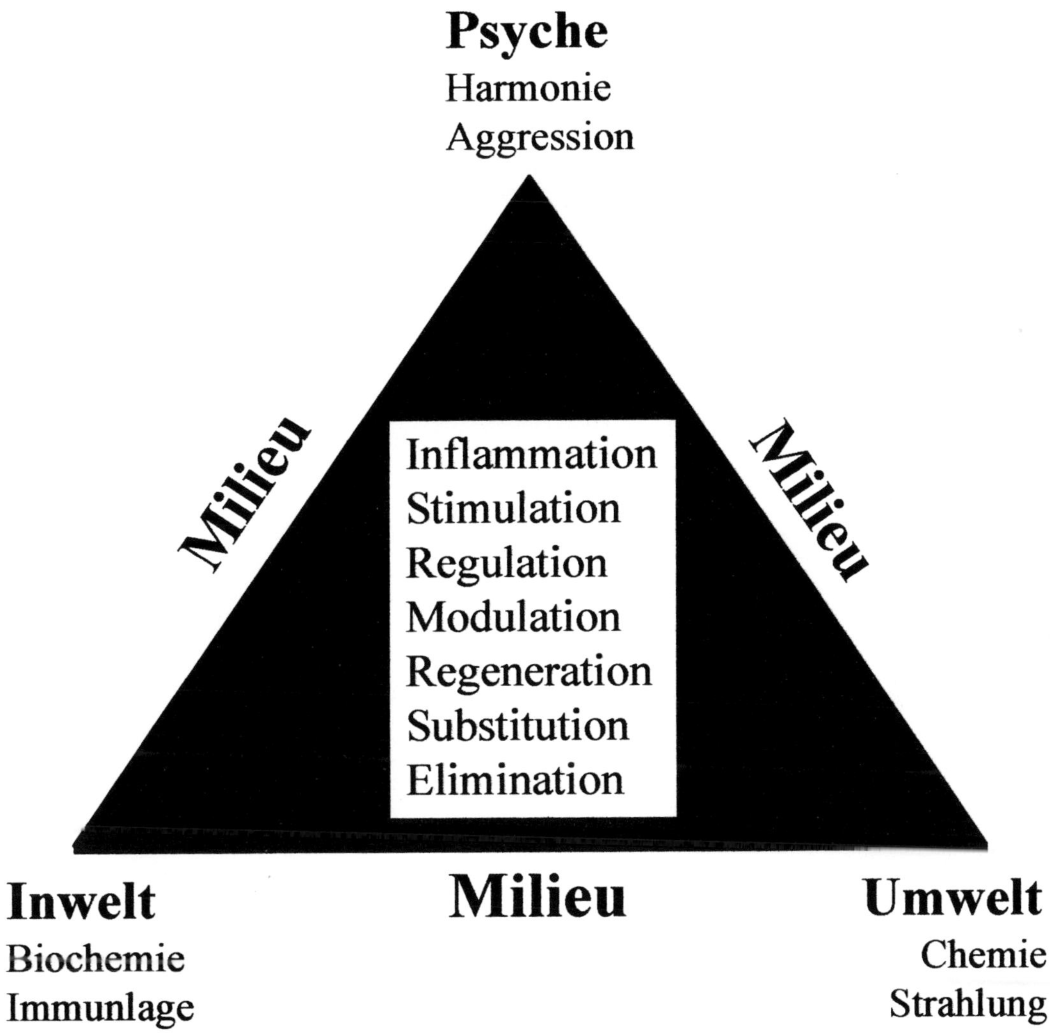
Psyche
Harmonie
Aggression
Milieu
Milieu
Inflammation
Stimulation
Regulation
Modulation
Regeneration
Substitution
Elimination
Inwelt
Biochemie
Immunlage
Milieu
Umwelt
Chemie
Strahlung

Datensystem **onko data 2000**
Jeder ärztliche Kollege und jeder Patient kann
und soll an diesem System teilnehmen

Anhang I

Teilnahme an onko data 2000 Datensystem

zur Evaluierung erweiterter onkologischer Therapiestrategien

Zusendung der Unterlagen

Immunbiologische Therapien in der Onkologie sind alt und neu zugleich:

Aus vielen Beobachtungen, aus einem umfangreichen empirischen Wissen heraus versucht nun die streng auf physiologische Reaktionsweisen ausgerichtete moderne biologische Immunologie für die nächsten Jahre **richtungsweisende Standards** zu erstellen.

Dazu ist aber auch **Ihre Mithilfe** notwendig, die in der **Dokumentation** liegt.

> Ich danke Ihnen für Ihr Interesse und möchte Sie mit allem Nachdruck bitten, sich dem Projekt **onko data 2000** anzuschließen, was für Sie nur einen ganz **geringen Arbeitsaufwand** und **keine Kosten** bedeutet.

Mit jeder Dateneinsendung erhalten Sie weitere Aufnahmebögen zugeschickt, oder Sie notieren uns Ihren durchschnittlichen Bedarf an Protokollen.

Teilnahmemodus, - kriterien, Tumorentitäten sowie Info und Einverständniserklärung für den Patienten sind dem Anhang zu entnehmen.

onko data 2000
ist eine Datenbank zur Erfassung einer unbegrenzten Anzahl onkologischer Patienten, besonders aus dem außer- bzw. nachklinischen Bereich, mit dem Ziel, **neue adjuvante Therapiestrategien** zu evaluieren.

onko data 2000
wendet sich besonders an Therapeuten und therapeutische Einrichtungen, die nach den primären radikalen tumorreduzierenden Maßnahmen **mit erweiterten Therapiestrategien** die Prognose des Karzinomkranken zu verbessern versuchen.

Der Datenpool ist nach jedem definierten Fragenkomplex abfragbar, bei entsprechender Mächtigkeit einzelner geschlossener Gruppen ist das Therapieschema eines jeden Arztes bzw. jeder Arztgruppe vergleichbar.

Diese Bemühungen müssen aber in einem unabhängigen, möglichst internationalen Datensystem evaluierbar sein.

Die Datenerfassung ist derzeit für die beiden deutschsprachigen Länder BRD und Österreich möglich, eine Ausweitung auf weitere Mitgliedsstaaten der EU (Europäische Union) bzw. des EWR (Europäischer Wirtschaftsraum) ist in Aussicht.

onko data 2000
stellt Protokolle zur Evaluierung erweiterter außerklinischer Nachsorge-Strategien in der Onkologie zur Verfügung.

Benutzerkriterien:

➜ **Protokollblätter** Seite 260, 261, 262 zur Datenerfassung benutzen und einsenden (faxen). Die eingetragenen Daten werden von der Datenpool-Administration in das System eingespeist.

➜ Elektronische Datenerfassung:

- **Mailbox:**
Über die angegebene E-mail-Adresse können gespeicherte Arztbriefe oder auch andere Formulare eingeschickt werden. Die Datenzentrale übernimmt den Übertrag in die Datenbank.
E-mail: oego@netway.at

onko data line 2000 ist bis zum Jahresende 1997 vorgesehen.

- **Internet-Protokollbögen** können dann über die Homepage der Österreichischen Gesellschaft für Onkologie (ÖGO) aufgerufen werden. Die Daten bitte direkt am PC eingeben und über die angegebene Adresse absenden.
Homepage OGO: http://www.oego.or.at/oego)

Teilnahmemodus

- Ausfüllen der **Protokoll-Blätter** ❶ bis ❸ für die angegebenen Karzinom-Entitäten (siehe Anhang), teilweise textlich (z.B. Diagnose, Histo), teilweise ankreuzen.
- **Aufnahmezeitraum ab sofort.** Also Aufnahme aller Patienten, die **neu** an einem Karzinom erkrankt sind und in Ihrer Ordination erfaßt werden. Rückdatierbarkeit 3 Monate.
- **Jährliches Update** (wird abgefragt) bzgl.
  - neu aufgetretener **Rezidive/Metastasen,**
  - **Therapie** - gleich oder geändert.

  (Bei vorgeschlagener Standardtherapie - Blatt ❷ - wird die Therapie eher gleich bleiben, bei individuellen Änderungen in den größeren Therapiegruppen bitte diese Veränderungen angeben - Blatt ❸)

Das Datensystem ist zeitlich unbegrenzt, der permanente Datenfluß hat übergeordnete Priorität gegenüber abgeschlossenen Datengruppen.

Die ständige Weiterentwicklung bezieht sich auf die Kompatibilität elektronischer Systeme sowie auf die ständige Präzisierung der Aufnahmequalität.

Mit diesem sehr geringen Aufwand sind Sie in einem Datensystem, das die Grundlage für prognoseverbessernde Maßnahmen aus der Praxis über die Jahrtausendwende hinaus darstellt.

Karzinom-Entitäten

für die Evaluierung immunbiologischer Therapien in der adjuvanten Nachsorge-Phase

In **onko data 2000** werden vorerst die unten aufgeführten Karzinom-Entitäten verwaltet. Es interessiert die der ersten tumorreduzierenden Behandlungsstufe (meist OP, Chemotherapie/Radiatio) nachfolgende Phase, in der es kein manifestes Tumorgeschehen (mehr) gibt.

Diese Phase so lange wie möglich zu sichern (möglichst auf Dauer), ist ja das Ziel aller adjuvanten Therapiebemühungen, ganz besonders aber der adjuvanten Immuntherapie. Die in dieser Nachsorgeperiode verabreichte Immuntherapie soll hilfreich sein (adjuvare), die Prognose deutlich zu verbessern (=Verlängerung der rezidivfreien bzw. der Gesamtüberlebenszeit).

Einsendeaddresse:
Dr. Werner Steinkellner
Datenaufnahme
onko data 2000

A-4594 Grünburg 366
Tel.: 0043 (0) 7257/7611
Fax: 76118

Alle T, alle N, M0; alle Gradings, alle anderen Kriterien

- Mammakarzinom
- Gynäkologische Tumoren
  - Ovarialkarzinom
  - Endometriumkarzinom
  - Portiokarzinom
- Gastrointestinale Tumoren
  - Magenkarzinom
  - Kolonkarzinom (alle Stadien)
  - Sigmakarzinom
  - Rektumkarzinom
- Lungentumoren
  - Bronchuskarzinom
- Urothelkarzinom
  - Nierenbecken
  - Blase
- Plattenepithelkarzinome
  - HNO-Tumoren
  - Zungenkarzinom
  - Ösophaguskarzinom
- Hirntumoren
  - Glioblastom
  - Astrozytom
- Hodentumoren
- Hypernephrom
- Prostatakarzinom
- Melanom
- Sarkome (alle)
- Eigeneintrag

Protokoll
➡ Blatt ❶

onko data 2000
● Übersicht ●

Blatt ❶
onko data 2000 dient dem behandelnden Nachsorge-Arzt in der Praxis zur Datenerfassung. Die Aufnahme aller vorgegebenen Kriterien soll die Frage klären, wieweit adjuvante Behandlungsmodalitäten in der langjährigen außerklinischen Nachsorge eine Verbesserung der Gesamtprognose bringen.

Pat.-Daten:
Name:
Vorname:
Wohnort:
Geb.Datum:
Geschlecht:

Einreicher:
(evtl. zugeteiltes Kürzel od. Stampilie)

Gesamt-Diagnose

Datum	
	Erstdiagnose (Art: Rö, Sono)
....	FNP: maligne/benigne? Kh?
....	Histo: in Stichworten Begutachter
....	präop. Behandlungsbeginn: (z.B. präop.Chemoth.)
....	**OP** (Art: z.B. PE, Nachresekt., brusterhaltend, Ablatio, Hemikolekt.u.a.), Kh?

Staging (TNM)
Grading (I,II,III)
Histo
Hormonrezept. (Öst.,Gest.)
andere
Weitere histopathol. Kriterien (falls vorhanden)
AK gegen PCNA (Aktivität)
Ploidie (DNA-Index)
S-Phase-Fraktion (DNA- Synthese-Rate)
EGF-R (Epidermal Growth Factor Receptor)
Ki67
p53
andere

Adjuvante Therapien

Datum ab/ von-bis	**klinische adjuvante Therapien**
....	☐ Chemotherapie
....	☐ Hormontherapie
....	☐ Radiatio

Datum ab/ von-bis	**erweiterte adjuvante Nachsorge (standard./nicht standardisiert)**
....	☐ immunbiologische Begleitprogramme **während** Chemotherapie/ Radiatio Stichworte:
....	☐ immunbiologische adjuvante Therapie **nach** OP/Chemo/Radiatio – standardisiert lt.Blatt ❷ – *nicht* standardisiert siehe Blatt ❸

An onko data 2000 retour ✉

Datum ab/ von-bis	
....	☐ Ernährungstherapie (mind. 2 ausführliche Beratungen)
....	☐ Psychotherapie (regelm. Betreuung)

Rezidiv bzw. Metastasen

Datum ab/ von-bis.	
....	(hep., pulm., oss. aut alt.)
....	weitere klin. und außerklin. ergänzende Behandlungsmodalitäten (OP, Chemo, Radiatio, biolog. Therapien)

Datum	
....	**Exitus letalis** (tumorbedingt?)

Protokoll ➡ Blatt ❷

onko data 2000 standardisierte Immuntherapie

Erweiterte adjuvante Nachsorge - standardisiert

Immunbiologische **standardisierte** Therapie bei **Lnn-positiven Tumoren**

An onko data 2000 retour ✉

Blatt ❷
Adjuvante Immuntherapien sollten zum besseren Vergleich größerer Patientengruppen möglichst standardisiert, d.h. gleich, sein. Das vorgegebene Therapieschema stellt einen Musterbehandlungstyp für **Lnn-positive Tumoren** dar:
Beispiel:
Mammakarzinome, jedes T/N1,2,x
Kolorektale Karzinome, jedes T/N1,2; Dukes C

Pat.Daten:
Name:
Vorname:
Wohnort:
Geb.Datum:
Geschlecht:

Einreicher:
(evtl. zugeteiltes Kürzel od. Stampilie)

■ IMMUN-TRAINING

mit **einem xenogenen Peptid-Präperat**

Datum ab/ von-bis

- ☐ Thymuspeptide (kurzkettig, niedermolekular)
  - .... ☐ **Thymusextrakt D2** *»Doskar«* (Öst.) 1 x 2 ml/Woche i.m.
    oder
  - .... ☐ **Thymoject** *(biosyn)* (BRD) 1 x 2 ml/Woche i.m.

anstelle eines Thymuspeptid-Präp. kann auch ein
- ☐ Leber-Milz-Peptid-Präp. eingesetzt werden wie der
  - .... ☐ **Factor AF 2** 2 x 2ml/Woche i.m.

und **einem Mistelpräperat**

- ☐ Mistelextrakte wie
  - .... ☐ **Iscador** 2 x wöch. s.c.
    oder
  - .... ☐ **Helixor (A,M ..)** 2 x wöch. s.c.,
    oder
  - .... ☐ **Isorel** 2 x wöch. s.c.
    oder
  - .... ☐ **Eurixor** 1 - 2 x wöchentl. s.c.

zutreff. ankreuzen

»Radikalfänger« (Antioxidanzien)

Datum ab/ von-bis

- ☐ Selen-(Kupfer)
  - .... ☐ **Selen-100-Kupfer** *»Richter«* (Selamin plus) 2 tgl.
    oder
  - .... ☐ **Selenase** (BRD) 3 tgl.
- ☐ Vitamin E
  - .... ☐ **Etocovit** (Öst.) 1 x 1 tgl.
    oder
  - .... ☐ **Detulin 400** (BRD) 1 tgl.
- ☐ Beta-Carotin
  - .... ☐ **Carotaben** 4 - 7 x pro Woche je nach Hautkolorit
- ☐ Vitamin C
  - .... ☐ **Ascorbinsäure** 1 g tgl. (cave: nicht zusammen mit Selen einnehmen, je nach Übersäuerungsgrad mit einem Basenpulver abpuffern)

Protokoll ➡ Blatt ❸

onko data 2000 erweitertes ● Therapie- ● erfassungsblatt

Erweiterte adjuvante Therapie-Strategien in der Onkologie

An onko data 2000 retour ✉

Blatt ❸

Medizinische Einrichtungen und außerklinisch tätige Ärzte, die von der vorgeschlagenen Standardisierung abweichen (möchten), werden ersucht, die individuelle Therapie stichwortartig anzugeben.

Das theoretisch unbegrenzte »Anlagern« von therapeutischen Strategien ist mit einem »Anstrick«-Modus (»knitting«) zu vergleichen.

Pat.Daten:
Name:
Vorname:
Wohnort:
Geb.Datum:
Geschlecht:

Einreicher:
(evtl. zugeteiltes Kürzel od. Stampilie)

Datum ab/ von-bis

Klinische adjuvante Therapien

.... ☐ Chemotherapie
.... ☐ Hormontherapie
.... ☐ Radiatio

Erweiterte adjuvante Nachsorge

Datum ab/ von-bis

☐ immunbiologische perioperative Programme
.... Stichworte:

☐ immunbiologische Begleitprogramme während Chemotherapie/ Radiatio
.... Stichworte:

.... ☐ immunbiologische standardisierte Therapie *nach* Chemotherapie/ Radiatio. (➡ Blatt ❷)

Datum ab/ von-bis
....

☐ immunbiologische **nicht** standardisierte Programme
(ausschließl., zusätzl.)

Zeiträume angeben

☐ Homöopathie
☐ Enzymtherapie
☐ Akupunktur
☐ Herdbereinigung
(Zähne,Amalgamex..)
☐
☐
☐
☐

☐ Ernährungstherapie ab ....

(Vollwert, Bircher-Benner, Makrobiotik ...)

☐ Psychotherapie ab ....

(individuelle Gesprächstherapie, Gruppentherapie, autogenes Training, Visualisierung, umfassende Änderung der Lebenssituation, z.B. Pensionierung, Scheidung ...)

☐ Physikotherapie

(Manuelle Lymphdrainage, MLD, Magnetfeld, Bioresonanz ...)

Einsende-adresse

....

✂ **postalisch oder faxen**

FAX an die

Datenaufnahme

onko data 2000

Fax Nr.:
++43 (0) 72 57 76 11 8

Postadresse:
Dr. Werner Steinkellner
A-4594 Grünburg 366
Österreich/Austria

Ich möchte an onko data 2000 teilnehmen und bitte um die Zusendung von weiteren Protokollbögen sowie den Einsendeaufklebern.

☐ **Aktuelle Erstanmeldung**

Name

Adresse

oder Stampilie

Bitte in Blockschrift ausfüllen

....
Unterschrift und Datum

INFORMATION FÜR DEN PATIENTEN UND EINVERSTÄNDNIS-ERKLÄRUNG

Ihr Arzt hat Sie unterrichtet, daß derzeit in einigen Ländern der EU (Europäische Union) ein Datenerfassungssystem organisiert wird mit dem Ziel, **zusätzliche Therapiemaßnahmen in der Krebsnachsorge genau zu dokumentieren**, um eine sichere Aussage über deren Wirksamkeit machen zu können.

Diese **Zusatzmaßnahmen** werden **als Ergänzung** zu den radikalen klinischen tumorreduzierenden Ersttherapien gegeben, um Ihr **Rezidivrisiko zu senken** und somit Ihre Gesamtprognose zu verbessern. Dies bedeutet für den einzelnen Patienten, **seine Chancen auf ein rezidivfreies Weiterleben bedeutend zu verbessern.**

Die Maßnahmen der klinischen Nachsorge bleiben unverändert.

Diese Zusatzmaßnahmen sind teilweise den teilnehmenden Ärzten und Instituten vorgegeben, Ihr Arzt hat aber durchaus zusätzliche Therapiefreiheit, soweit dies notwendig erscheint.

Bei diesen zusätzlichen Therapiemaßnahmen in der onkologischen Nachsorge kann es sich um **immunbiologische Medikamente** (Biological Response Modifiers – BRM), um **Maßnahmen der Ernährungstherapie** und evtl. **psychotherapeutische Betreuung** handeln.

Ihre **Personalien** können **als Gesamtdatensatz** in das Datensystem eingegeben werden, soweit Sie **einverstanden** sind. Es kann aber auch eine Eingabe über **Initialen** erfolgen, wenn Sie Bedenken bezüglich des Schutzes Ihrer persönlichen Daten haben.

Sollten Sie weitere Bedenken haben, wenden Sie sich bitte an Ihren zuständigen Arzt, der Ihre Fragen weitergeben kann.

Ich, ...

habe den voranstehenden Text gelesen und die darin enthaltene Information verstanden. Ich erkläre mich mit der Teilnahme an dem Datenerfassungssystem einverstanden.

Name des(r) Patienten(in): oder Initialen

....

Geburtsdatum:

(Kopie dieses Formulares verbleibt beim Einreicher, bitte in Kartei gut aufbewahren)

____________________ ____________________

Ort, Datum — Unterschrift des Patienten bzw. des gesetzlichen Vertreters

____________________ ____________________

Ort, Datum — Unterschrift des aufklärenden Arztes

Anhang II

Glossar

Fremdwörtererläuterungen für Patienten und Laien

Abwehrstoffe

Abwehrstoffe sind an der Immunabwehr beteiligt. Dazu gehören Substanzen zur Steuerung der Zellaktivitäten, besonders der Leukozyten und ihrer Untergruppen, Wachstumsfaktoren, ferner Stoffe, die direkt der Fremdzellabtötung dienen (Zytotoxine). Zu den Abwehrstoffen zählen auch die Immunglobuline, also die »fertigen« Antikörper gegen diverse Fremdstrukturen.

Abwehrtraining

Ein in der neueren Zeit vielzitierter Begriff besonders im Laienbereich. Insbesondere fallen darunter Maßnahmen einer gesunden Lebensführung (»Abhärtung«) mit dem Ziel, die körpereigene Abwehr zu verbessern. Weiterhin wird darunter die Verbesserung der psychischen Situation verstanden, sportliche Betätigung, eventuell physiotherapeutische Maßnahmen.
Im engeren Sinne sollte das Abwehrtraining auch beinhalten, grippale Infekte nicht mehr mit fiebersenkenden Medikamenten zu behandeln, um scheinbar gesund zu sein. Derartige Infekte sollten vielmehr (ganz besonders im Kindesalter) im Sinne eines Immuntrainings ausgelebt werden; erlaubt sind allerdings flankierende biologische und homöopathische Maßnahmen.

Agammaglobulinämie

Die Agammaglobulinämie gehört zu den Immunglobulin-Defekten und bedeutet ein Fehlen der Gamma-Globulin-Bildung.

Aids

Abkürzung von engl.: acquired immunodeficiency syndrom = erworbenes Immundefizienz-Syndrom.
Als Ursache wurde das HIV identifiziert, allerdings ist dieses Virus kein einheitlicher Stamm, es gibt zahlreiche Untergruppen. Das Virus wird besonders dann wirksam, wenn das Immunsytem bereits durch andere Maßnahmen massiv vorgeschädigt ist, wie z.B. durch häufige Antibiotika- Einnahme, Rauchen, Drogen, übermäßige/einseitige Ernährung und vieles andere mehr.
Neuerdings wurden auch viele Kranke mit der typischen Aids-Symptomatik gefunden, die aber keine HIV-Belastung aufweisen. Somit ist der Begriff weiter zu fassen und auszudehnen auf alle Formen von Immunschwäche (z.B. Tschernobyl-»Aids«).

Akute-Phase-Proteine

Im Verlauf von Immunreaktionen (z.B. Entzündungen) bilden sich bestimmte Plasmaproteine (siehe Laborliste), die der Steuerung der jeweiligen Reaktion dienen. Akute-Phase-Proteine werden außerdem für die Diagnostik herangezogen.

Albumine

Albumine sind eine Plasmaproteinfraktion; sie stellen die erste typische hohe »Zacke« in der Elektrophorese dar. Die Bestimmung dieser Bluteiweißfraktion gibt gute Hinweise auf eine biologische Stabilität bzw. auf eine akute und/oder auch chronische Krankheitssituation.

Anämie

Bei einer Anämie sind die roten Blutbestandteile vermindert: Hämoglobin, Hämatokrit und/oder Erythrozyten. Es gibt vielerlei Gründe für eine Anämie:

Chronisch entzündliche Krankheiten, Infektanämien, Tumoranämien, Anämien im Rahmen von Nierenkrankheiten und Knochenmarksstörungen, Anämien bei Hämolyse-Krankheiten (Kältehämolysinkrankheit, Wärmehämolysinkrankheit, Medikamentenschäden).

Analgetika

Medikamente zur Schmerzstillung. Zu unterscheiden sind Analgetika aus dem biologischen Bereich sowie Analgetika, die auf rein chemischer Basis agieren (Acetylsalicylsäure, nichtsteroidale Antirheumatika, Suchtgifte).

Antibiotika

Arzneimittel unterschiedlicher Struktur und Wirkung, die zur Abtötung bzw. Wachstumshemmung von verschiedensten Mikroorganismen führen (Bakterien, Parasiten, Pilze). Die wichtigsten Vertreter sind die Penicilline, Aminoglycoside, Cephalosporine und Tetracycline.
Durch den weltweiten massiven und teilweise auch sehr unkontrollierten Einsatz von Antibiotika ist es vielerorts zu schweren Immunschwächen und Auftreten von massiven Keimresistenzen gekommen.

Antiphlogistika

Antiphlogistika sind entzündungshemmende Wirkstoffe. Dazu gehören die nichtsteroidalen Antirheumatika (NSAR), Cortisonpräparate oder Präparate, die sich von Acetylsalicylsäure (ASS) ableiten. Aufgrund ihrer entzündungshemmenden Wirkung sind diese Präparate in der Lage, immunologische Reaktionen zu unterbrechen, und gehören somit in den Bereich der Immunsuppressiva.

Autoantikörper

Autoantikörper bedeuten eine Fehlregulation in der Abwehrlage. Das Immunsystem beginnt körpereigene Strukturen zu attackieren und bildet Antikörper gegen sie aus. Derartige Krankheiten werden als autoaggressiv bezeichnet.

Biologische Regulations-Modifizierung (BRM)

Als BRM-Substanzen werden Stoffe bezeichnet, die das Immunsystem beeinflussen (modifizieren) können. Dazu gehören Substanzen aus dem Bereich der Phytotherapie (z.B. Mistel-, Echinacea-Präparate), der Organotherapie (Thymus, Milzfaktoren) und/oder gentechnisch hergestellte Einzelfaktoren (Zytokine).

Candida-Infektionen

Weitere gebräuchliche Bezeichnungen sind Soor-Infektion oder mykotische Infektionen. Candida albicans lebt als ständiger »Bewohner« hauptsächlich im Mund-Rachen-Raum, im Intestinal- und auch im Genitalgebiet. Dieser Sproßpilz wird normalerweise von der physiologischen Darmflora unterdrückt, kann sich jedoch massiv vermehren, wenn diese physiologische Darmflora – z.B. durch eine Antibiotika-Therapie – geschädigt ist.

Chemotherapeutika

Darunter versteht man hauptsächlich Antibiotika und Zytostatika. In der Onkologie werden im Rahmen der Chemotherapie zytostatisch wirksame Präparate eingesetzt.

Darmsanierung

Die Bakterienflora des Darmes ist für die Funktion der Immunabwehr von entscheidender Bedeutung. Orale Antibiotika sowie Chemotherapeutika stören die natürliche Darmflora ganz massiv, was eine entsprechende Dysbiose (Fehlbesiedelung) nach sich zieht. Eine adäquate Substitution und Maßnahmen der Ernährungsumstellung können mithelfen, die verdrängte physiologische Darmflora wieder zu stärken und aufzubauen.

Differentialblutbild

Im Differentialblutbild werden die Untergruppen der Leukozyten beurteilt, soweit sie unter dem Mikroskop zu bestimmen sind; meist werden sie heute aber von Automaten vordifferenziert. Pathologische Blutzellen (Leukämiezellen, veränderte Erythrozyten, Thrombozyten, Haufenbildungen) sollten immer mit dem Mikroskop nachkontrolliert werden.

Dysproteinämie

Dysproteinämie bedeutet eine quantitative Abweichung im Bereich der Plasmaproteine (siehe auch Elektrophorese). Die einzelnen Fraktionen der Plasmaproteine stehen in einem bestimmten Verhältnis zueinander, Abweichungen im Verteilungsmuster können Hinweise auf bestimmte Krankheiten geben.

Elektrophorese

Die Auftrennung der Serumeiweiße ergibt Albumine und Globuline, wobei sich die Globuline in weitere Fraktionen unterteilen: Alpha-1-, Alpha-2-, Beta- und Gamma-Globuline. Die Verschiebung dieser Fraktionen, die beim gesunden Patienten in einem ganz bestimmten Verhältnis zueinander stehen, bezeichnet man als Dysproteinämie.

Enzym-Therapie

Orale Anwendung proteolytischer Enzyme; diese können Immunkomplexe oder Gerinnungsprodukte auflösen, wodurch sich immunreaktive Situationen beträchtlich verbessern lassen.

Fieber

Viele Infektionen gehen mit Fieber einher. Fieber ist zunächst das Zeichen einer starken immunologischen Reaktion, denn sowohl Lymphozyten als auch Granulozyten erreichen ihre höchste Aktivität bei Temperaturen zwischen 38 und 40 °C. Fieber kann durch Antipyretika-Antiphlogistika unterdrückt werden. Damit wird aber auch die gerade ablaufende Immunreaktion unterdrückt.

Globuline

Globuline sind neben den Albuminen die wichtigsten Plasmaproteine. Sie lassen sich mit Hilfe der Elektrophorese in verschiedene Untergruppen auftrennen. Für die Verlaufskontrolle bei verschiedenen Krankheiten ist der Globulin/Albumin-Quotient von Bedeutung (»Eiweißquotient«).

Granulozyten

Granulozyten sind weiße Blutkörperchen mit »Körnchen« (Granula). Man unterscheidet mehrere Untergruppen:
Die *polymorphkernigen neutrophilen Granulozyten* (PNG) sind normalerweise im peripheren Blut mit 55–70% aller Granulozyten vertreten. Ihre Funktion besteht in der Beseitigung von Bakterien, sie

arbeiten sozusagen als kleine Freßzellen (Mikrophagen). Sie haben nur eine geringe Lebensdauer und gehen bei ihren eigenen Angriffen selbst meist rasch zugrunde. Bei einem Mangel drohen schwere Abwehrschwächen. Bei einer akuten bakteriellen Infektion kommt es sehr schnell zu einer deutlichen Vermehrung.
Die *polymorphkernigen eosinophilen Granulozyten* (PEG) sind im peripheren Blut normalerweise nur mit 2–4% vertreten. Ihre Granula färben sich mit Eosin an, die Inhaltsstoffe dienen z.B. zum »Durchlöchern« von Würmern. Eosinophile Granulozyten findet man auch reichlich in der Umgebung von allergischen Entzündungsreaktionen.
Die Granula der *polymorphkernigen basophilen Granulozyten* (PBG) färben sich mit Methylen blau an. Basophile Granulozyten kommen im peripheren Blut zu ca. 0,5% vor. Sie sind verwandt mit den Gewebsmastzellen (Histamin- Produktion).

Hauttests

Ein synonym verwendeter Begriff ist »kutane Tests«. Sie werden eingesetzt zur Allergiediagnostik sowie zur Feststellung der akuten zellulären Abwehrreaktionsfähigkeit.

Helferzellen

Helferzellen sind mit dem Oberflächenmarker CD4 ausgestattet und aktivieren zusammen mit den Botensubstanzen (Interleukine, Zytokine) andere Abwehrzellen. Bei Autoaggressionskrankheiten werden sehr oft auch höhere T-Helfer-Zellzahlen nachgewiesen. Umgekehrt gibt es bei Immunabwehrschwächen massive Verminderungen (z.B. bei Aids).

Hypoproteinämie

Darunter versteht man den Mangel an Proteinen im Blut. Dieser kann einerseits durch eine verminderte oder verhinderte Proteinsynthese, andererseits durch eine vermehrte Proteinausscheidung hervorgerufen werden.

Immundefizienz

Immundefizienz bedeutet eine reduzierte, geschwächte oder auch nicht mehr vorhandene Immunabwehr.

Immunglobuline

Immunglobuline bilden die Gamma Fraktion der Serumglobuline. Sie werden in 5 Klassen unterteilt: IgA, IgD, IgE, IgG, IgM. Immunglobuline werden von den B-Lymphozyten (Plasmazellen) produziert und wirken als Antikörper gegen Antigene.

Immunkomplexe

Immunkomplexe entstehen bei physiologischen Immunreaktionen, wenn Antikörper gegen Antigene wirksam werden. Normalerweise werden sie durch Makrophagen beseitigt. Bei pathologischer Vermehrung kommt es jedoch zu den Immunkomplex-Krankheiten – das Immunsystem ist in seiner Reaktionsweise massiv behindert.

Immunkomplex-Krankheiten

Immunkomplex-Krankheiten entstehen durch Reaktionen zwischen Antigenen und Antikörpern, wenn der Abbau durch die Makrophagen nicht funktioniert. Die dabei gebildeten Immunkomplexe können sich an Endothelien, Basalmembranen und allen möglichen Gewebestrukturen ablagern, dort zu Entzündungen führen und somit zu einer Schädigung des jeweiligen Gewebes beitragen. Sie können bei Infektionen entstehen, bei bösartigen Erkrankungen, im Rahmen des rheumatischen Formenkreises, bei Nierenerkrankungen und vielen anderen Leiden.

Immunmodulation

Immunmodulation ist die Veränderung der Immunabwehrlage durch verschiedene Medikamente sowohl in Richtung Stimulation als auch in Richtung Suppression.

Immunsuppressiva

Unter Immunsuppressiva versteht man alle das Immunsystem unterdrückenden Einwirkungen. Derartige chemische Einwirkungen sind z.B. Zytostatika, aus dem physikalischen Bereich ist die Strahlentherapie zu nennen, aber auch psychische Situationen wie Angst oder Schrecken können das Immunsystem hochgradig beeinträchtigen.

Immuntherapie

Mit der Immuntherapie soll erreicht werden, daß das Immunsystem normal und zuverlässig arbeitet, um die volle Immunkraft (Abwehrkraft) entfalten zu können (»nur normal ist optimal«).
Besonders bei der Verabreichung von Medikamenten wird auf eine physiologische Immuntherapie Wert gelegt, d.h., die immunologische Reaktionsweise wird möglichst naturgemäß imitiert. Zur Immuntherapie gehören aber auch Maßnahmen der Ergänzung (Substitution) und der Beseitigung von Störfaktoren (Elimination).

Interferone, Interleukine

Interferone und Interleukine gehören zu den Zytokinen; das sind Botensubstanzen, mit denen sich die einzelnen Zellen des Immunsystems untereinander verständigen können.

Killer-Zellen

Killer-Zellen können direkt und ohne Vermittlung fremde Zellen oder Organismen (Viren, Bakterien, Tumorzellen u.a.) angreifen und abtöten.

Komplement

Das Komplementsystem besteht aus Proteinen, die Fremdkörper inaktivieren können. Man kennt neun verschiedene Komplementfaktoren (C1 - C9).

Kupfer

Kupfer ist in vielen Enzymen enthalten. Im Coeruloplasmin, das zu den Akute-Phase-Proteinen gehört, finden sich 90% des Gesamtkupfers. Als Bestandteil der Superoxiddismutase gehört es auch zu den Radikalfängern.

Lektine

Lektine sind Glyko-Proteine, die unter anderem auch als Stimulatoren für das Wachstum und die Reifung von Immunzellen wirken. Besondere Bedeutung haben die Mistellektine erfahren.

Leukozyten

Als Leukozyten werden alle weißen Blutkörperchen bezeichnet. Sie gliedern sich in Granulozyten, Lymphozyten und Monozyten.

Lymphozyten

Lymphozyten werden im Knochenmark gebildet und reifen in der Thymusdrüse (T-Zellen) aus, die B-Zellen im sogenannten hypothetischen Bursa-Äquivalent. Die Untersuchung der Lymphozyten-Subpopulationen erfolgt mittels Durchflußzytometrie.

Makrophagen

Makrophagen stehen bei der Abwehr meist in der ersten Reihe. Sie sind die großen Freßzellen des Körpers, und ihre Hauptfunktion besteht im »Aufräumen« und Beseitigen von Mikroorganismen, Immunkomplexen, Tumorzellen und anderen Zelltrümmern.

Mitogene

Mitogene sind pflanzliche Stoffe oder auch Organpeptide sowie gentechnisch hergestellte Monosubstanzen (Zytokine), die Zellen zur Teilung anregen können (z.B. Mistellektine, Thymuspeptide, Zytokine wie Interferon und Interleukin).

Monozyten

Monozyten sind die Blutmakrophagen. Nach Auswanderung aus den Gefäßen bezeichnet man sie als Gewebsmakrophagen.

Neopterin

Neopterin wird von Makrophagen bei Aktivierung ausgeschieden und ist sowohl im Serum als auch im Harn zu bestimmen.

Neutropenie

Neutropenie bedeutet eine Verminderung der neutrophilen Granulozyten.

Neutrophilie

Neutrophilie bedeutet die Vermehrung der neutrophilen Granulozyten im Blut.

Organotherapie (Organotherapeutika)

Unter der Bezeichnung Organotherapeutika werden Extrakte aus Tierorganen unterschiedlicher Zusammensetzung zusammengefaßt. In der seriösen biologischen Immuntherapie bezieht sich der Begriff heute hauptsächlich auf Thymuspeptide und Milzpeptide.

Plasmazellen

Plasmazellen sind B-Lymphozyten, die nach Aktivierung vermehrt Immunglobuline (Antikörper) produzieren.

Plasmozyten

Das Plasmozytom, auch multiples Myelom genannt, ist gekennzeichnet durch eine ungezügelte Vermehrung eines bestimmten Stammes von B-Lymphozyten (Plasmazellen) im Knochenmark. Diagnostisch wegweisend ist eine Erhöhung bestimmter Immunglobuline (IgA, IgG, IgD, IgE).

Psyche/Immunsystem

Umfangreiche Forschungsarbeiten in den letzten Jahren und Jahrzehnten konnten den intensiven Zusammenhang beider »Systeme« aufgeklären. Mit eingewoben sind auch das Nervensystem und das Hormonsystem; diese netzartige Verflechtung wird auch als Psycho-Neuro-Endokrino-Immunologie bezeichnet.

Radikalfänger

Radikalfänger werden auch als Antioxidantien oder Scavenger-Substanzen bezeichnet. Die »Haupt«-Radikalfänger sind Selen und die Vitamine A, C und E.

Sarkome

Sarkome sind bösartige Erkrankungen des Binde- und Stützgewebes. Damit sind sie abzugrenzen von den Karzinomen, die aus epithelialen Geweben entstehen.

Selen

Selen ist einer der ersten gut erforschten Radikalfänger; es ist Bestandteil der Glutathionperoxidase. Diese entfaltet hauptsächlich eine antioxidative Schutzfunktion. Die derzeitige mittlere tägliche Selenzufuhr in der Nahrung ist sowohl in Deutschland wie auch in Österreich zu niedrig (sie liegt zwischen 25 und 50 µg), eine optimale Selenversorgung sollte zumindest 100 µg pro Tag erreichen und ist nur durch Supplementierung zu erzielen.

Thrombozyten

Thrombozyten (Blutplättchen) entwickeln sich im Knochenmark als Megakaryozyten. Sie spielen eine wesentliche Rolle bei Gerinnungs- und Entzündungsprozessen.

Thrombozytopenie

Thrombozytopenie bedeutet zuwenig Thrombozyten. Wird ein kritischer Wert unterschritten, kann es zu lebensbedrohlichen Blutungen kommen. Dies geschieht häufig im Rahmen von Chemotherapien.

Thymus

In der frühen Kindheit und Jugend ist der Thymus (Briesdrüse) das Schulungs- und Differenzierungszentrum der aus dem Knochenmark einwandernden T-Lymphozyten. Dort erfolgt auch die Selektierung der T-Lymphozyten, je nachdem ob sie eigenes Gewebe erkennen oder Fremdgewebe oder ob sie keine Erkennungspotenz besitzen. Ab dem 20. Lebensjahr bildet sich der Thymus zurück.

Vakzinen

Ganz allgemein versteht man unter Vakzinen Impfstoffe, die dazu geeignet sind, den Körper aktiv zu immunisieren. Das körpereigene Abwehrsystem wird dazu angehalten, Antikörper gegen das jeweils angebotene Antigen zu bilden.

Vollblutanalyse

Vollblutanalysen werden hauptsächlich zur Bestimmung von Mineralstoffen und Spurenelementen durchgeführt. Bei der Vollblutanalyse werden summarisch die Serumwerte und die Werte aus den Erythrozyten bestimmt. Somit gibt diese Methode einen Anhaltspunkt für den intrazellulären Bestand an Mineralstoffen und Spurenelementen.

Zirkulierende Immunkomplexe

Zirkulierende Immunkomplexe bestehen aus miteinander »verklumpten« Antigenen und Antikörpern sowie Komplementfaktoren, die normalerweise von Phagozyten (Freßzellen) beseitigt werden. Ist dieses System gestört, kommt es zu einer Anhäufung von Immunkomplexen, die ihrerseits wieder zu einer Fehlsteuerung des Immunsystems führt (Immunblockade, Autoaggressionskrankheiten).

Zytokine

Überbegriff für eine Reihe von Botenstoffen (Signal- und Steuerstoffe), die es den einzelnen Teilen des Immunsystems ermöglichen, eine Verständigung untereinander aufzubauen. Derartige Botenstoffe werden heute auch therapeutisch eingesetzt, die »Zielgenauigkeit« läßt aber noch sehr zu wünschen übrig.

Weiterführende
Literatur

Anhang III

Kapitel I

Molekularbiologische Grundlagen einer Tumorerkrankung

Baenkler, H.-W.: Faszination Immunologie. Hippokrates, Stuttgart 1992

Beyermann, K.: Chemie für Mediziner. Thieme, Stuttgart 1983

Buddecke, E.: Pathobiochemie. de Gruyter, Berlin 1983

de Duve, Ch.: Die Zelle. Spectrum, Heidelberg 1984

Fisher, J. A.: Krankmacher Antibiotica. Warum die Seuchen wieder kommen. dtv, München 1995

Janeway Ch., Travers, P.: Immunologie. Spectrum, Heidelberg 1995

Karlson, P.: Biochemie. Thieme, Stuttgart 1980

Keller, R.: Immunologie und Immunpathologie. Thieme, Stuttgart 1987

Klemke, R.: Zur Fehlsteuerung der Gen-Expression in den Zellkernen maligner Tumorzellen. Schriftenreihe Krebsgeschehen, Bd. 20, Verlag für Medizin, Heidelberg 1980

Ohlenschläger, G.: Freie Radikale - Radikalkettenreaktionen - oszillierende paramagnetische Suszeptibilitäten in lebenden Systemen und ihre Scavenge-Möglichkeiten. Curriculum oncologicum 2 (1992) 122–139

Ohlenschläger, G.: Komplexe - radikalisch induzierte - Kanzerogenese - in Hazardspiel? Curriculum oncologicum 2 (1993) 54–67

Poli, G., Albano, E., Dianzani, M. U.: Free radicals: From basic science to medicine. Birkhäuser, Basel 1993

Roitt, I. M., et al.: Kurzes Lehrbuch der Immunologie. Thieme, Stuttgart 1991

Schmidt, K.-H., Bayer, W., Dumrese, J., Neumeyer, G.: Immunologie in der Praxis. Hippokrates, Stuttgart 1993

Sengbusch, P.: Molekulare- und Zellbiologie. Springer, Heidelberg 1979

Stryer, L.: Biochemie. Spectrum, Heidelberg 1990

Wießler, M.: Zucker entschärft Zytostatica, Koppelung von Zytostatica an Monosaccharide. Mitteilung in ÖÄZ, Wien 1997

Laboruntersuchungen

Kapitel II

Beaufort, F., Auner, H., Lahousen, M.: Sequentielle Bestimmung zirkulierender Immunkomplexe bei Ovarialtumoren. WMW 13/86, Jg. 136, Hollinek 1986

Dostal, V., Bayer, W., Schleicher, P., Schmidt, K.-H.: Immunmonitoring und additive Immuntherapie. Hippokrates, Stuttgart 1990

Kruse-Jarres, J. D.: Charts der Labordiagnostik. Thieme, Stuttgart 1993

Steinkellner, W.: Diagnostik und zeitanalytisches Monitoring immunmodulatorischer Therapiemodalitäten. Curriculum oncologicum 2 (1992) 4–10

Thomas, L.: Labor und Diagnose. Medizinische Verlagsgesellschaft, Marburg 1992

Uhlenbruck, G., et al.: Plasmaproteine und Akut-Phasen-Reaktanden als Tumormarker bei Malignomkranken. Laboratoriumsblätter 2/83, Jg. 33, Medizinische Verlagsgesellschaft, Marburg 1983

Wachter, H., Reibenegger, J., et al.: Neopterin as a prognostic indicator with carcinoma of the uterine cervix. Cancer Research 46 (1986) 950–955

TNM-System und weitere Klassifizierungssysteme

Kapitel III

Barr, L. C., Baum, M.: Time to abandon TNM staging of breast cancer? Lancet 399 (1992) 915

Endometrial Cancer Staging:
http://gynoncology.obgyn.washington.edu/Documentation/Staging.html

http://www.uicc.ch/hosting.html

http://www.uicc.ch/tnm/tnmnews.html

Kübler, U.: TNM-System reicht nicht zur Krebsfrüherkennung. Ärztezeitung vom 7./8. März 1997

Ovarian Cancer: FIGO Staging System:
http://gynoncology.obgyn.washington.edu/tutorials/Staging.ovarian.html

Sobin, L. H., Wittekind, C.: TNM Classification of Malignant Tumors. 5. Auflage, Wiley, New York 1997

Kapitel IV

Adjuvante, additive und palliative Therapiemaßnahmen

Bystryn, J.-C., Ferrone, S., Livingston, Ph. (Eds.): Specific immunotherapy of cancer with vaccines. Annals of the New York Academy of Sciences Vol. 690 New York Academy of Sciences 1993

Delbrück, H.: Tumornachsorge. Thieme, Stuttgart 1994

Dold, U., Sack, H.: Praktische Tumortherapie. Thieme, Stuttgart 1993

Ebell, H., Beyer, A.: Die Schmerzbehandlung von Tumorpatienten. Thieme, Stuttgart 1995

Gerner, Ch.: Biochemische Analyse endobiontischer Strukturen aus dem menschlichen Blut. Curriculum oncologicum.7 (1997) 6–12

Hager, E. D.: Bedeutung der Thymusdrüse in der Onkologie. Curriculum oncologicum 3 (1993) 68–72

Poli, G., Albano, E., Dianzani, M. U.: Free radicals: From basic science to medicine. Birkhäuser, Basel 1993

Sauer, H.: Zytostatika, Hormone, Zytokine. Thieme, Stuttgart 1995

Scheer, R., Becker, H., Berg, P.A. (Hrsg.): Grundlagen der Misteltherapie. Hippokrates, Stuttgart 1996

Schirrmacher, V.: Krebsimpfung mit Tumorzellen. Spectrum der Wissenschaft 1 (1990) 38–50

Schmidt, K. H.: Antioxidantien in der Prävention maligner Tumore. Curriculum oncologicum 3 (1993) 12–17

Senn, H.-J., Junghi W. F.: Checkliste Onkologie. Thieme, Stuttgart 1991

Smolnig, E.: Die Demaskierung des Krebsproblemes. Carinthia,Klagenfurt 1979

Wrba, H. (Hrsg.): Kombinierte Tumortherapie. Hippokrates, Stuttgart 1995

Ernährung

Kapitel V

Anemüller, H.: Das Grunddiät-System. Hippokrates, Stuttgart 1993

Budwig, J.: Das Fettsyndrom. Hyperion, Freiburg 1994

Budwig, J.: Öl-Eiweiß-Kost. Hyperion, Freiburg 1994

Bürger, B., Ohlenschläger, G.: Ernährungsberatung des Tumorpatienten. Akt. Ernähr. Med. 17 (1992) 293–299

Eisinger, M., Leitzmann, C.: Ernährungstherapie. In: Wrba, H. (Hrsg.): Kombinierte Tumortherapie, S 93–100. Hippokrates, Stuttgart 1990

Elmadfa, I., Leitzmann, C.: Ernährung des Menschen. Ulmer, Stuttgart 1990

Glaesel, K. O.: Gesundheit biologisch gesteuert. 4. Aufl., Glaesel, Konstanz 1994

Kluthe, R., Leitzmann, C.: Krebs und Ernährung. In: Huth, K., Kluthe, R. (Hrsg.): Lehrbuch der Ernährungstherapie, S. 257–260. Thieme, Stuttgart 1986

Körber, K. v., Männle, T., Leitzmann, C.: Vollwerternährung. Konzeption einer zeitgemäßen Ernährungsweise. Haug, Heidelberg 1993

Leitzmann, C., Merkle, G.: Vollwert-Ernährung und Krebs. Curriculum oncologicum 3 (1993) 176–182

Pfannhauser, W.: Das essentielle Spurenelement Selen: Bedeutung, Wirkung und Vorkommen in der Nahrung. Curriculum oncologicum 2 (1992) 194–209

Rauch, E.: Milde Ableitungsdiät. Haug, Heidelberg 1990

Rauch, E.: Lehrbuch der Diagnostik nach F. X. Mayr. Haug, Heidelberg 1994

Renner, K., Canzler, H.: Ernährung und Krebs. Haug, Heidelberg 1990

Repetitorium der Sanumtherapie. Sanum-Kehlbeck, 1993

Sander, F.: Der-Säure-Basen-Haushalt des menschlichen Organismus. Hippokrates, Stuttgart 1985

Schauder, P.: Ernährung und Tumorerkrankungen. Karger, Basel 1991

Scheppach, W.: Ernährung und Tumorerkrankung – Ergebnisse klinisch experimenteller Studien. Akt. Ernähr. Med. 15 (1990) 139–143

Speth, M.: Besonderheiten des Kohlenhydratstoffwechsels in Tumoren. Curriculum oncologicum 4 (1994) 6–12

Walb, L.: Die Hay»sche Trennkost. Haug, Heidelberg 1982

Wendt, L., Petri, S.: Eiweißfasten. Haug, Heidelberg 1989

Worlitschek, M.: Praxis des Säure-Basen-Haushaltes. Haug, Heidelberg 1991

Kapitel VI

Psychosoziale Situation – Denkmodell

Alt, D., Weiss, G.: Im Leben bleiben. Springer, Berlin 1991

Hirshberg, C, Barasch, M.: Unerwartete Genesung. Droemer Knaur, München 1995

Jahrbücher der Österreichischen Gesellschaft für Psychoonkologie, 1090 Wien Berggasse 20/25. Springer, Wien

Krapf, G.: Autogenes Training aus der Praxis. Lehmann, München 1976

Kübler-Ross, E.: Was können wir noch tun? Kreuz, Stuttgart 1982

Kübler-Ross, E.: Verstehen, was Sterbende sagen wollen. Kreuz, Stuttgart 1982

Linemayr, G.: Von der Lebensmelodie LeShans zum Autonomiekonzept. Curriculum oncologicum 5 (1995) 28–34

Miketta, G.: Netzwerk Mensch. Trias, Stuttgart 1991

Schedlowski, M., Tewes, U.: Psychoneuroimmunolgie. Spektrum, Heidelberg, 1996

Stumm, G., Wirth, B.: Psychotherapie – Schulen und Methoden. Falter, Wien 1994

Uexküll, V.T., Bilek, H.P.: Psychosomatische Medizin und Aggression. Curriculum oncologicum 4 (1994) 160–172

Zettl, S., Hartlapp, J.: Krebs und Sexualität. Weingärtner, St. Augustin 1996